原道

第27辑

陈 明 朱汉民 主编

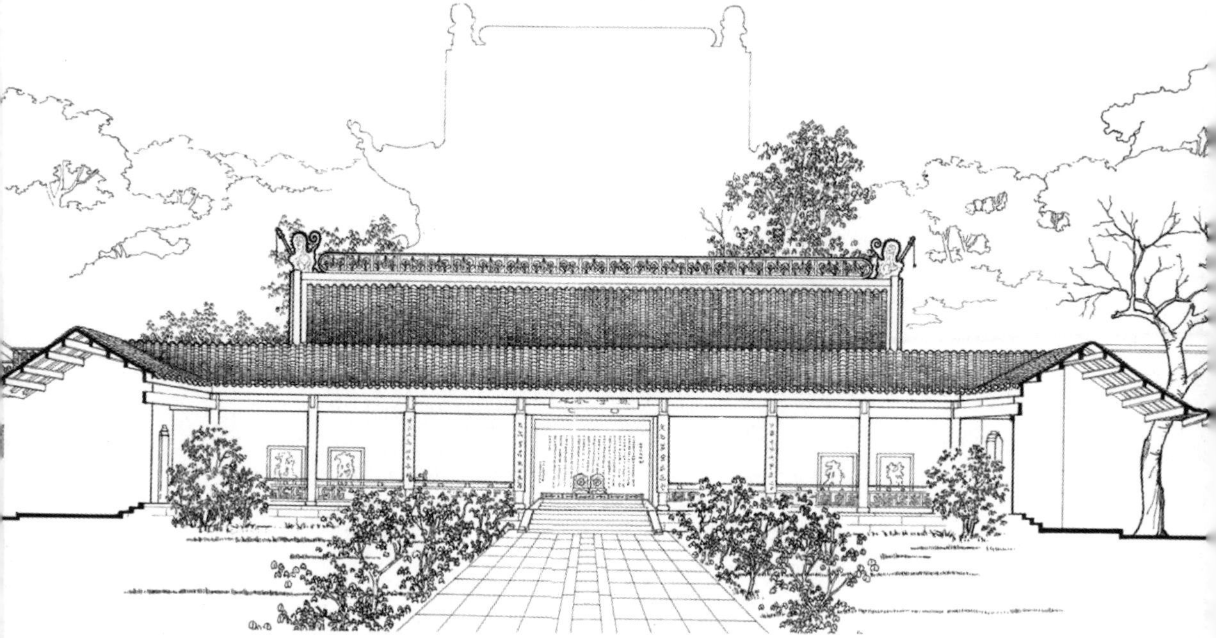

人民东方出版传媒
東方出版社

本辑作者

田飞龙　北航人文社科高研院讲师
朱国斌　香港城市大学法律学院教授
李晓兵　南开大学法学院副教授
曹旭东　中山大学港澳珠江三角洲研究中心副教授
黎沛文　深圳大学港澳基本法研究中心讲师
汪江连　中国计量学院法学院副教授
李少文　北京大学法学院博士研究生
何建宗　北京大学港澳研究中心特邀研究员
陈　明　首都师范大学哲学系教授
王开元　复旦大学哲学学院博士研究生
赵　浩　东南大学人文学院博士研究生
朱仁金　四川美术学院助理研究员
董彦斌　西南政法大学法学研究所研究员
曾小明　湖南师范大学文学院讲师
杨万江　民间儒家学者、《新诸子论坛学刊》编委
张军德　湖南师范大学和文化研究所客座教授

目　录

读书与评论

编后记 / 298

“香港基本法与国家建构”专题

导言：香港基本法的国家建构之维

田飞龙*

在新中国立法史上，香港基本法是“一国两制”伟大构想的第一个制度结晶，也是大胆开创一体多元治理宪制的首要法律创举。香港基本法诞生于我国改革开放初期，是邓小平一代领导人将解决台湾统一问题的战略框架运用于香港问题的积极尝试。我国近现代立宪史的真实主题在消极方面是救亡图存，在积极方面则表现为现代国家建构。如何在儒家文化传统与西方传统之间寻求国家建构资源？如何分辨与改造西方内部多元传统为我所用？革命与改良如何匹配？中国自身的永久和平（清除军阀割据与武力政治）与宪制构造如何获取结构性方案？这些严峻的国家建构问题一直困扰着寻求富强与文明的一代代政治与文化精英，甚至国共两党的核心争端亦在于建国纲领与路线的对峙与分歧。两岸关系之一中各表，花开两朵，所绽放和深化的正是百年中国立宪史的未完成状态。基于对历史和现实负责的政治态度，毛泽东、周恩来一代领导人已开始在非武力解决台湾问题上发展出关于“一国两制”的初步政策框架，但由于两岸谈判始终未能取得突破，该框架的具体法制形式无从谈起。20 世纪 80 年代初，邓小平将“一国两制”框架成功运用于解决香港问题并取得了香港基本法这样的宪制性成就，其所展现的也绝非个别领导人的一时灵感，而是中共治国理政之政治智慧与实践运用的连续性。

香港基本法有大量的制度创新甚或实验，其中对严格主权权力的“下放”达

---

* 田飞龙，北京航空航天大学人文与社会科学高等研究院讲师，法学博士，香港大学 Leslie Wright Fellow（2014-2015）。

到了前所未有的程度（如司法终审权），偏离了单一制国家的主权原理，也超越了一般联邦制的分权极限，甚至突破了旧有的“宗主－殖民”二元宪制，笔者尝试称之为“非联邦的二元宪制”。大英帝国当年为有效管理和维系“宗主－殖民”的二元宪制费尽脑筋，长期纠缠困扰于英美关系、英爱关系、英苏关系等宪制关系，在北美独立、爱尔兰独立、北爱分离运动、苏格兰独立公投等分离事件刺激下，其帝国宪法秩序一步步经由普通自治民主、高度自治的“自治领”而演变为不具有严格国家法内涵亦并非一般联邦制的英联邦体系，名存而实亡。20 世纪的美国宪法学家麦基文教授在《美国革命的宪法观》中非常精致地重构了北美独立革命的宪法争议过程及其思想与历史背景。19 世纪的英国宪法学家戴雪更是在 1885 年出版《英宪精义》之后快速推出《英国议会反对爱尔兰自治的理由》一书以反对时任自由派内阁推动的赋予爱尔兰以高度立法自治权的法案，认为有害帝国宪法秩序与整体利益，戴雪对标志着高度自治的“home rule”保持着宪法学家的敏感、警惕与防范。20 世纪 40 年代初，我国政治学者楼邦彦教授为帮助时任国民政府领袖蒋介石先生统筹协调超国家的远东战区事务，写出《不列颠自治领》一书，其中多处揭示了当时的“宗主国－自治领”二元宪制体系的实质性衰落。

笔者自 2014 年 3 月赴香港大学访问研究开始，即对英帝国秩序下的“宗主－殖民”二元宪制的负面历史经验很感兴趣，翻译出版了麦基文的专著并阅读戴雪的原著，希望从中寻找对香港基本法整体理解的新颖资源。央港关系虽不具有殖民性质，但也与“宗主－殖民”二元宪制分享着“非联邦的二元宪制”的诸多制度特征，所建构的也是高度非均衡的央地关系，共同面临着宪法关系深度整合与认同建构的艰巨难题。

果然，香港基本法之制度进程在为平稳过渡及争取人心创造政治条件的同时，也为回归后的深度治港与两制融合设定了严格的制度限制，恍如政治隔离带，甚至在危机处理中不得不倒逼中央“合宪地”创制出新的治理权力与实施机制，比如 2004 年人大解释实现了政改“三步曲”向“五步曲”的拓展，而 2014 年的白皮书更是以“全面管治权”及 17 年回归治理实践为基础重新确立中央权力的宪制边界与内涵。中央还拟议在“占中”之后制定《特首任命法》《反港独法》等以完善基本法秩序下的中央管治权制度细节。这是中央在治港权力清单上的一个旨在“调整、巩固、充实、提高”的、具有一定的权力回收与再明确效果的宪制构造行为，所要矫正的正是央港关系的宪制性失衡。邓小平所谓的“五十年不变”与该种制度的实验性质相吻合。制度上的实验主义与宪法周期意识深深铭刻于理性务实的邓小平一代立法者的政治心智之中。一代人有一代人的使命，邓小平深信“一国两制”的深层次问题与矛盾可以通过后代人的智慧予以解决，就像他们那一代人创造性地解决香港回归的制度设计难题一样。对未来智慧的信心正是对中华民族“一体多元”之大一统宪制构造能力的信心。

中国在传统上奉行“大一统”政治文化，以郡县制的集权宪制构造有能力的理性国家，其治理模式堪称古代世界一极。但大一统宪制有着处理边疆秩序的高度灵活性，并未将中心秩序模式刚性套用到边疆治理之中。这是古典中华帝国的传统治理智慧。“一国两制”的深层渊源与此智慧有着隐秘关联，从而也就有着尚不为人充分认识和理解的宪制活力与治理力量。在主体秩序之外同时空存在多种治理秩序，这不是一般联邦制的思维，因为后者在宪制设计上更加趋于平等和均匀。这种大一统宪制以对中心秩序的绝对自信和对边缘秩序的高度尊重为辩证逻辑。当然，这种区别对待、和谐共存关系在政治上之所以可能，是以“文明在中心”的文化事实以及中心秩序的绝对自信与力量为严格前提的。历史地看，中国古代，每逢王朝盛世，则四方来朝，一体多元生动有序，而一旦中心动摇或实力下降，则边缘分离倾向必然加剧，甚至出现边缘颠覆中心的政治逆袭（比如元和清）。因此，大一统宪制的稳固维系，其首要条件即为中心秩序的文明优越性及建构整体命运共同体和体系性荣誉的政治能力。

于此衡量，则一方面香港在文明意识上很难作为传统体系之边地，另一方面中央治港又确实存在诸多话语短板和制度能力赤字。香港基本法有着中华帝国边疆治理和殖民地制度的双重来源，我们固然可以借助对传统的追溯来寻求治理智慧，但也要看到基本法秩序的西方属性对中心主体秩序的竞争性与对抗性以及此轮文明冲突的攻守易形。因此，深度研究香港基本法的国家建构之维，要同时超越传统史观和殖民史观，洞悉其文明冲突与互动的复杂性及可对话性。在主权权威充分而实际权力与能力不足的条件下，香港基本法的“一国两制”框架提供了央港关系和谐共生的制度空间，但是在中心秩序通过制度学习与模仿而日益现代化以及香港相对衰落的互动进程中，既往的中央主权谦抑空间就必然会重新被填充。白皮书的“全面管治权”就是一种主权填充就位的宣言。香港的“占中”则是对这一宣言的严格政治抵制。反对派时而宣扬基本法上的高度自治权，时而超出基本法秩序诉诸所谓国际标准，其内心中所忧虑者在于，当“一国两制”之演化不是朝着香港人所理解和期待的“民主化”及港方优势发展，而是朝着内地体制与主权一方移动时，香港人的价值观与生活方式如何维系？这是香港人的政治身份焦虑。而此种共享性身份焦虑正是“占中”运动之广场力量高度爆发的深层原因。

香港基本法作为“一国两制”模式的典型体现，经历了制定过程的繁复博弈与回归后的实际政治考验，在巩固回归政治成果、保持香港繁荣稳定方面起到了基本的宪制作用，但在“占中”运动冲击之下，也暴露出了种种弊端与问题，尤其是对国家建构层面的规划与设计不足，整体影响了香港人对国家与民族的价值认同与制度认同。认同的危机是一切央港冲突与危机的精神根源，从而刺激中央提出“基本法再教育”的命题。内地基本法学者层面有人提出“基本法爱国主义”，但这种偏于薄弱的认同建构方案显然不够充分。白皮书的国家主义则太强，会过分压抑香港基本法中的高度自治精神元素。香港本土精英守护的“香港价值观”则更不可能补益于“一国两制”下的国家建构。香港基本法秩序下的国家认同建构，有着文明冲突的背景和意义。香港不是一个在传统中华帝国秩序下的文明边地，而是承载着西方殖民地文明的代理性单位，而且是西方殖民体系中治理与发展相对成功和精英高度认同宗主国的殖民领地。1997 年实现的不过是政治主权的回归，是客观回归，而国家建构之认同维度聚焦的是严格的心理回归，是主观回归。只有主客观统一协调，回归才真正完成。这里缠绕着殖民史观与回归史观、普通法自由主义与国家主义的多重精神对峙与法理竞争。

我们理解，香港基本法创设的“一国两制”模式是建构“一体多元”治理体系的重大宪法创制，在“分”的意义上高度保障了地方多样性和自治性，但在“合”的意义上则缺乏有意识且有效的制度设计与具体保障机制。香港青年存在严重的国民意识危机，香港回归 18 年来未能改造其过分西方化和本土化的教育体系，未能在最低限度意义上提供对中国历史与政治的客观认知与认同建构。

基本法背景下的“占中”运动及央港双方各自互动策略至少暴露出如下与国

家建构深度相关的问题：1. 如何看待英国殖民香港的正负遗产，尤其是具有一定负面性的殖民史观和激进民主遗产？2. 如何认知和检讨自回归过渡期以来三十余年的香港“回归史观”建构？如何在体制机制上予以有效弥补？3. 白皮书与“8·31决定”代表的国家主义逻辑是否构成基本法模式下香港特区强化国家建构的最优选择？有何负面影响？如何调整？4. 法治是香港社会第一核心价值，在反击“占中”过程中起到基础性作用，如何看待香港法治成就及其对内地法治进程的可能借鉴？如何看待法治对国家建构的作用？5. 如何理解“占中”运动一方面以公民抗命形式争取体制内普选，一方面宣扬“港独”论述和国际干预依赖症？6. 公民抗命与国家建构之间存在怎样的关系？在内地民主化过程中如何认识和定位这一民主运动传统？7. 基本法根植于香港普通法自由主义传统和西方权利文化，对义务规定极其薄弱，甚至条文中并无“公民”，只有“居民”，如何理解作为“中国公民”的香港居民的公民身份及其建构路径？8. “爱国爱港”是一个统战概念和政策用语，切中了香港基本法中的国家建构软肋，但遭到香港社会排斥，如何使这一概念更加具有公民内涵和共和属性？如何发展出“爱国”的生动实践机制与扩展网络？9. “占中”运动同时造成了香港社会的过度政治化和两极化，如何在后“占中”时代开展社会重建？10. 传统文化及其社会实践形式可否成为整合香港与内地政治文化差异的可选路径？11. 区域一体化与经济整合可否提升香港融入国家建构进程的程度和质量？12. 在香港政改闯关失败的背景下如何考虑重启政改的法律与政治条件以及如何评估香港普选前景。我们深信，对上述问题的法政与文化层面的双重研判，将有利于中央治港方略的积极调整，也有利于“一国两制”与基本法之宪制活力的继续释放。同时，这些问题构成后“占中”或后政改时期“一国两制”与基本法研究的基本题域，本专辑的研讨显然不可能完整覆盖并解决所有上述问题，但却是相关研究的一个积极导引。

本专题研讨以“香港基本法与国家建构”为核心题旨，约取编定论文8篇，作者涵盖宪法学内外，分布于央港两地，论题涉及香港基本法历史与制度、普选与政改闯关、香港政党政治、功能界别与代表制、提名委员会制度、委任官员与公务员制度等，以助于从法政与文化的双重层面客观评估和检讨基本法的国家建构功能，为后政改时代的香港治理与国家治理现代化提供分析框架与建议。

第1－3篇是香港基本法的宏观主题研究，相对集中从香港基本法的整体宪制秩序、从总督到行政长官的制度变迁及政改闯关与新治理角度切入，提供了对香港基本法之制度面貌、历史演变及现实进程的详备探讨。

第1篇是朱国斌教授的《新宪制秩序与中央－特区关系》。朱教授是法国公法博士，对香港基本法有深厚研究基础，在香港回归之初曾以《中国宪法与政治制度》一书向回归后的港人介绍内地宪制，获得不少赞誉。朱教授在文中提出作为新宪制秩序的香港基本法的四重典型特征。在此基础上，朱教授分述了三个相关的核心问题：第一，作为新型宪制架构的"一国两制"；第二，新宪制秩序下的"中央"及其之于香港的管治权威；第三，香港管治与基本法。第2篇是李晓兵副教授的《从港督到特首：兼论香港宪制秩序与行政长官的宪制角色》。晓兵是内地宪法学博士，亦有着法国公法访学的经历，是国内香港基本法研究领域的新一代学者和组织活动者。香港的现代治理，无论是港督，还是特首，都在"行政主导"宪制框架下行使行政权力，但基本法下的特首虽有对总督制的某种制度承续，究竟处于完全不同的宪制地位、角色及治理挑战之中，以普选为目标的政改又将赋予其全新的治理主体内涵。如何在适度回望总督制经验的同时聚焦特首治理权及普选下的特首治理前景，是该文论述的主线。第3篇是《政改闯关与新香港治理》。这是笔者对政改闯关前后香港治理主题的一种整合性研究。笔者认识到，"6·18投票"不是香港政改终点，而只是一个更显重要的节点，香港基本法内置的普选目标尚未实现，香港政改未完待续。香港故事具有严格的中国整体治理实验意义，香港的"治理特区"定位应更加明确。新香港治理要回归基本法，重启政改需要审慎研判及储备必要的政治与法律条件。为此，笔者聚焦讨论了如下相关问题：第一，作为国家建构实验的香港基本法；第二，作为港人宪制义务的反"港独"；第三，政改闯关的民主理性与非理性；第四，后政改治理的新思路；第五，聚焦经济民生的有限意义；第六，香港青年的国民意识危机与出路。

第4－8篇是香港基本法制度的专题研究，涵盖香港政党政治、功能代表制与提名委员会以及香港公务员制度。下面简要分述之。

曹旭东博士和黎沛文博士从香港政党政治的角度讨论香港的民主制度现状与特点。曹旭东博士以《香港政党体系的现状、可能与塑造》为博士论文选题，对香港基本法下的这一专题研究有重要推进。曹博士认为香港反对派因“一国两制”之“一国”认同上的困难而发生反体制取向，与西方通常的反体制政党有所不同；香港政党体系处于温和多党制和极端多党制之间，可能因政改通过与否而分别演变成两极化多党制和三角竞争式的极端多党制。政改闯关失败后，香港民主政治常规运作照旧，从 2015 年下半年至 2017 年上半年将相继发生区议会选举、立法会选举和特首选举。这些连番的政治选举周期对香港政党体系之塑造与改变，由于反对派的捆绑否决、“占中”与青年社运派登台以及建制派投票上的乌龙事件，只会更加剧烈甚至富于戏剧性。对未来政党政治出路，曹博士提出了建制派成为政权党的可能性。黎沛文博士的论文《港式“半政党政治”：地区政党的一种发展形态》则聚焦于香港政党政治的历史发展及其核心特色，以“半政党政治”作为对香港政党之发展形态的阶段性概括。黎博士是国内规范宪法学代表人物林来梵教授高足，这些年围绕香港基本法展开博士选题研究，本文属于其中一章，聚焦讨论香港政党在前政党年代、政党产生的酝酿阶段以及政党的产生和稳步发展阶段的发展历程，概括出港式“半政党政治”的三大特征：第一，政党尚处于较为初级的发展阶段，政党普遍规模较小，意识形态不明显，且组织较为松散；第二，香港现行政党体系具有明显的不完整性；第三，香港政党与社会之间表现出一种不正常的关系结构，缺乏厚实的社会基础。香港基本法的有效实施依赖于香港民主政治的成熟，而其要害即在于政党政治的规范有序发展。“占中”之后的“青年组党”问题、汤家骅退党重组“民主思路”以及后续选举周期中的政党分化组合，只会进一步刺激基本法对香港“政党法”之可能架构做出研判、检讨与更新，而这也是国家建构的重要维度。

汪江连博士和李少文博士的论文聚焦于香港基本法中的功能界别与提名委员会制度。根据基本法原初安排，未来适用于特首普选的提名委员会“参照”选举委员会组成，“8·31 决定”将“参照”确定为“按照”，从而在法律上巩固了功能界别在未来提名委员会制度中的基础性地位。功能界别是一种职业代表制，不同于普选式的“一人一票”代表制原理。香港基本法在代表制原理上对行会主义与社会构成本位十分重视，并将之作为立法会与特首的选举政治基础。“双普选”的体制内目标及其进程可能对这一代表制基础产生结构性冲击，中央出于香港繁荣稳定及基本法制度巩固需要，对这一冲击的影响进行了积极的制度预防，包括“8·31决定”的保守性限定。汪江连博士在《香港特区功能界别选举制度的价值功能分析》一文中试图对香港基本法下的功能界别选举制度提供一种价值功能分析，主要从如下三个方面展开：第一，从大众/多数民主到共识民主：双重合法性的民意基础；第二，从平等参与到均衡参与：多元统合性的政治哲学；第三，从立法主导到行政主导：有限自治性的治理功能。李少文博士在《论香港提名委员会制度的民主属性》一文中讨论的则是提名委员会的民主属性与强化路径问题。遗憾的是，“6·18投票”结果使得2017特首普选沿用2012选举委员会模式，基本法第45条上的提名委员会适用于特首普选的制度设计未能如期实现。不过这一讨论仍然具有现实意义，因为一方面香港政改未完待续，重启政改后仍然需要严肃对待提名委员会问题，另一方面对提名委员会之民主属性的持续深入讨论可以帮助形成对该制度的底线共识。李少文博士从提名委员会制度优化和民主改造的角度相对精细地做着“补强”这一提名制度民主性的理论工作，其意义在未来或可被更清晰认知和接受。

何建宗博士是香港基本法研究的港方精英，这在双重意义上成立：他既是特区政府原发展局局长政治助理，属于“高官问责制”下的问责官员，又是清华大学法学院访问学者和北京大学法学院港澳基本法方向博士研究生与研究人员。公务员制度是香港“行政主导制”的核心构成要素之一，“公务员治港”是香港制度特色。特首如不能理顺与公务员的权责关系，则“行政主导”将面临内部梗阻。自2002年推行的高官问责制在一定程度上支持了特首的“行政主导”，但香港相对封闭和高度延续性的公务员制度及其人员体系，仍然构成香港特首管治的重要制约性因素。作为曾经的问责官员，何博士在《基本法秩序下的政治委任官员与公务员》一文中对香港公务员制度的基本法依据、问责制的引入与成效以及香港公务员制度存留的问题与对策进行了富有成效的制度分析与讨论。

以上8篇论文之作者皆属于香港基本法领域的研究精英，或以博士论文做精深储备，或以公法学理做宏观观察与专题研究，或以理论与实践会通之势进行审慎的制度研判，或以对国家建构与基本法学理的独到理解与建树介入发声，其言其行本身就是香港基本法的魅力与活力所引致。尽管如此，本专题之研讨绝非对“香港基本法与国家建构”这一宏阔主题的穷尽讨论，而毋宁是一种有益的导引。只有充分认识到香港基本法研究的国家建构与宪制实验意义，有关讨论才能具有真正的国家法与宪法内涵。“6·18投票”只是一种暂时性政治挫折，不可能终结“一国两制”与基本法探索国家建构新路的伟大历史进程。中央一再重申香港之于内地的“特殊作用”，这在经济改革初期与十八届四中全会以来的新改革时期当有不同的内涵与侧重。新香港治理乃至于国家治理现代化，都要借重于对香港基本法及其制度实验空间、意义和经验的更虔诚敬意和更深刻学理探究。希望本专题诸文能为“一国两制”与基本法在国家建构上的“别开生面”贡献建设性智识一二。

对此，我怀有确信。

新宪制秩序与中央－特区关系

朱国斌*

［内容提要］

“一国两制”是一种新型宪政制度，保障香港长期繁荣稳定是确立“一国两制”的立法原意，“一国两制”是个制度整体，其出发点就是“和而不同”。全国人大及其常委会透过行使立法权和决定权一直在行使着对香港特区的管治权，也是适格的香港政改决策者。在基本法框架下，中央和特区相互负有着政治义务和道德义务。香港基本法乃治港根本大法，“依法治港”是特区管治实践的根本经验，应回归基本法以巩固宪制秩序。

［关键词］

新宪制秩序　一国两制　香港基本法　中央－特区关系　依法治港

香港回归是当代中国历史和香港历史上的重大“宪法时刻”，具有划时代的意义。它标志着香港宪制秩序完成了根本性的新旧更替，以及以《英皇制诰》和

---

* 香港城市大学法律学院教授、法学博士。感谢《原道》编委会、特别是北京航空航天大学高研院田飞龙讲师热情、执着的写作邀请。经与田博士商讨并征得事先允许，本文是在作者近期发表在《大公报》《中国评论》《香港基本法面面观》上的若干论文基础上改造重写而成，特此说明。文内若有不连贯、疏忽漏注之处，敬请读者诸君批评指正（lwzhugb@ cityu. edu. hk）。

《皇室训令》为核心的港英旧宪政秩序的终结。哈佛大学 Mark Tushnet 教授指出，宪政秩序是指“一套合理稳定的制度，透过它，一国的根本决策在一定的持续期内得以制定，同时也包括指导决策的原则”；“这些制度与原则形成体制”。[1]职是之故，宪政秩序由政治的与法律的制度和制度所体现的原则共同构成。中华人民共和国恢复对香港行使主权之日就是香港新宪政秩序确立之时。[2]在中国宪法统率之下，香港新宪政秩序包含如下制度与原则因素：1. 它确立了“一国两制”作为一种新形式的国家内部结构；2. 它创立了另外一种中心与外围关系模式和一种新型的中央地方关系；3. 它创造了调整新型中央与地方关系的相应法律规范；4. “一国两制”作为宪法原则充实和拓展了中国宪法理论与实践。同时，新宪政秩序也是相对于回归前的港英政府宪政秩序而言的。在本文中，作者将从宪法与政治学的角度讨论三个问题：1. 作为新型宪政制度的“一国两制”；2. 新宪政秩序之下的“中央”及其之于香港的管治权威；3. 香港管治与基本法。

一、“一国两制”是新型宪政制度

（一）“一国两制”与宪法

众所周知，香港自古以来就是中国的领土。1840 年爆发的鸦片战争致使清政府签署接受不平等的《南京条约》，香港遂被英国占领，成为英帝国的殖民地。1984 年 12 月 19 日，中英两国政府签署了关于香港问题的联合声明，共同确认中华人民共和国政府于 1997 年 7 月 1 日恢复对香港行使主权，从而实现了长期以来中国人民收回香港的共同愿望。为了“维护国家的统一和领土完整，保持香港的繁荣和稳定”，并考虑到香港的历史和现实情况，中国政府决定，在对香港恢复行使主权时，根据中国宪法第 31 条的规定，设立“香港特别行政区”，并按照“一个国家，两种制度”的方针，不在香港实行社会主义的制度和政策，保持原有的资

---

[1] Mark Tushnet, *The New Constitutional Order* (Princeton U Press, 2003), p. 1.

[2] 著名宪法学家、香港大学法学院荣休教授 Yash Ghai 的一本专著就是以“香港新宪政秩序”为题。参见 Yash Ghai, *Hong Kong's New Constitutional Order: The Resumption of Chinese Sovereignty and the Basic Law* (2nd. Ed., HKU Press, 1999).

本主义制度和生活方式，五十年不变。

“一国两制”是中国人民的智慧结晶，也体现了当时中国领导人的不凡气魄和高瞻远瞩。这不仅是一项伟大的思想创举，更是一种具有历史意义的制度创举和实践。基本法的起草历史和香港特别行政区的回归实践都充分证明了“一国两制”作为一种新型的国家结构模式的开创性、可行性和前瞻性。从比较政治制度与宪法角度观之，“一国两制”是一种具有独创性的国家宪法制度，为解决一国历史问题和中央与地方关系提供了重要参照。重要的是，“一国两制”被18年的回归实践证明整体上是成功的，是具有开放性、拥有生机和活力的国家制度。

（二）保障香港长期繁荣稳定是确立“一国两制”的立法原意

根据宪法，全国人民代表大会为香港量身制作了基本法，规定香港特区不实行与中国内地相同的社会主义制度，这既是为了保障国家对香港的基本方针政策的贯彻落实，又是充分体现“港人治港”和高度自治的政治与法律原则。

香港作为中国的一个特别行政区，与中国其他地方行政单位比较而言，享有无与伦比的高度自治。基本法订立具体条文，授权香港特区依法实行高度自治，享有行政管理权、立法权、独立的司法权和终审权。“特别行政区”这个新的宪法地位为香港的未来带来了巨大生存和发展空间，为香港的持续繁荣稳定奠定了制度性基础。仅举数例以证明高度自治的充分性和真实性。香港特区的行政机关和立法机关由香港永久性居民组成；特区依法保障特区居民的权利和自由；特区不实行社会主义制度和政策，保持原有的资本主义制度和生活方式；特区依法保护私有财产权；对境内的土地和自然资源，特区政府有权管理、使用、开发、出租或批给个人、法人或团体使用或开发，其收入全归特区政府支配；还有，香港原有法律，即普通法、衡平法、条例、附属立法和习惯法，除与基本法相抵触或经特区立法机关作出修改者外，均予以保留。

回顾特区的成功经验，香港特区经济与社会之所以能够持续平稳发展，居民生活水平稳步上升，居民权益得到充分保障，无不归功于中央政府践行高度自治的承诺和特区高度自治体制的贯彻落实。

（三）“一国两制”是个制度整体

“一国两制”是一个完整的概念，对“一国两制”的理解可以追溯到政治伟人邓小平的思想那里。国务院新闻办公室于2014年6月发布的《“一国两制”在香港特别行政区的实践》（以下简称白皮书）对此有全面的论述。白皮书指出：“两制”是指在“一国”之内，国家主体实行社会主义制度，香港等某些区域实行资本主义制度；“一国”是实行“两制”的前提和基础，“两制”从属和派生于“一国”，并统一于“一国”之内；“一国”之内的“两制”并非等量齐观，国家的主体必须实行社会主义制度，是不会改变的。

过分，甚至片面强调“两制”当然不妥，大失偏颇，因为只讲“两制”不讲“一国”不仅背离了制度设计的初衷和根本，同样背叛了“一国两制”之本义。同样，必须指出，一味地突出“一国”也会销蚀掉“一国两制”之价值和意义。这种倾向现阶段发展很明显，这可以从内地学者和一些高级官员的文章和讲话看到读到。我们说，资本主义的香港从宪制上属于中华人民共和国、社会主义中国，这很好理解并必须坚持；但如果把它简单理解为从属于社会主义具体的（政治、法律和经济）制度，那“两制”就不是原来意义的“两制”了。同时，我们也要警惕当今香港社会发展中的旨在排斥“一国”原则的本土主义和民粹主义思潮。只要激进思潮还是停留在思想和言论阶段，我们只需观察分析预测、分解引导消除负面影响。若发展成为激进行动势力，并且展开有组织的行动，特区政府当依法采取行动制止之。与对“一国两制”的理解认识相关，白皮书提出理解香港基本法不能只见树木、不见森林。白皮书的观点是有针对性的。它说：“《基本法》条文之间不是孤立的，而是相互联系的，必须把香港基本法的每个条文放在整体规定中来理解，放在香港特别行政区制度体系中来把握”。针对性在于，因为香港社会有些组织和人物喜欢挑出若干有利条文片面主张权力和权利，并无限放大。“一国两制”作为制度，它是个整体，不能打碎、化整为零、各取所需。

（四）“一国两制”出发点就是“和而不同”

“一国两制”原则的核心是既坚持国家对香港行使主权，又维持香港回归前的基本政治、社会、经济制度不变。“一国”解决的是国家统一问题，即“和”。

“和”就是统一与和谐。“两制”要求维持内地与香港制度的“不同”现状。所以，“和而不同”就是既有国家统一又有地区制度之分别，既维护国家宪政制度的一体又保持不同地区制度运作的相互独立。就此而言，“一国两制”就是“和而不同”，它是中国人民传统智慧的高度结晶。能否达到“和而不同”的境界是检验回归实践成功与否的客观指标。“两制”之下的香港存在充分的政治空间、自由的经济环境和高度的行政自治。然而，有些港人眼里只有“两制”而没有“一国”的概念，或者经济上要“一国”，政治上要“两制”。客观来看，这些人的大多数是从香港的地方利益和个人利害关系出发的，也无可厚非。但近年来有越来越多的人纯粹从本土主义的角度提出非分的政治要求，那就另当别论了。从逻辑和现实来看，在一个主体为社会主义的国家内，社会主义与资本主义这两种性质不同的制度并存这一现象的确存在内在矛盾和张力。从政治发展和经济整合的趋势来看，社会主义和资本主义不会一方“吃掉”另一方，但双方会相互渗透、相互影响、相互补充，因为双方互有需要，可以取长补短、共同发展。

现在看来，这种持续的互动过程也给一些港人带来了忧虑，担心“两制”不再；更有甚者，一些激进人士以捍卫“两制”之名提出“香港城邦论”“香港自决论”和“香港民族论”。[1]这无疑会给我们带来意识形态上的冲击，甚至引发不当的、不切实际的香港“自决”和“独立”的幻想和梦呓。

二、“中央”之于香港的管治权威与政改决定权

（一）谁代表“中央”？

在新宪政秩序和香港基本法之下，在中国现实政治语境下和话语体系中，“中央”或“中央政府”须作广义理解。它包括全国人民代表大会及其常务委员会、中央人民政府即国务院、中华人民共和国国家主席、中华人民共和国中央军事委员

---

〔1〕 代表性著作有陈云：《香港城邦论》，香港天窗出版有限公司2012年版；陈云：《光复本土：香港城邦论II》，香港天窗出版有限公司2014年版；《香港民族论》，香港大学学生会2014年编印；戴耀廷：《占领中环》，香港天窗出版有限公司2013年版。

会这些国家权力主体。[1]根据宪法和香港基本法的有关规定，上述中央机关或中央政府共同、直接和全面地行使对香港特区的管治权。例如，全国人大有权修改基本法，人大常委会有权对基本法作出解释，国家主席出席行政长官及新一届政府就职典礼，国务院总理作为中央人民政府行政首长签署行政长官任命令、听取行政长官述职，中央军委领导中国人民解放军驻港部队等。从立法层面观之，全国人大于1990年4月4日通过《中华人民共和国香港特别行政区基本法》及相关决定。自香港于1997年7月1日回归中华人民共和国以来，人大常委会分别于2004年、2007年和2014年就行政长官选举和立法会产生办法做出过三次决定；分别于1999年、2004年、2005年和2011年对香港基本法做出过四次解释；还在1997年、1998年和2005年作出对基本法附件三所列全国性法律增减的决定。此外，在回归前的1996年和1997年，人大常委会就中国《国籍法》在香港特区的落实和如何执行《基本法》第160条处理回归前的法律分别做出过解释和决定，并于1996年通过《中华人民共和国香港特别行政区驻军法》。概而论之，人大及其常委会透过行使立法权和决定权一直在行使着对香港特区的管治权。

（二）宪法条文梳理和学理辨析

全国人大之于特别行政区管治权权力的文本来源源自宪法和基本法，取决于全国人大的“双重”性质，即它既是“国家权力机关”，又是立法机关。宪法第57条规定：“中华人民共和国全国人民代表大会是最高国家权力机关。它的常设机关是全国人民代表大会常务委员会。”“最高国家权力机关”的官方英文翻译是“the highest organ of state power”。第58条随即规定：“全国人民代表大会和全国人民代表大会常务委员会行使国家立法权”。“国家立法权”即“the legislative power of the state”。

从宪法条文内在逻辑分析，全国人大及其常委会的第一身份是“国家权力机关”；作为“国家权力机关”，它们被赋予“国家立法权”。那么，全国人大到底有

[1] 见王振民：《中央与特别行政区关系：一种法治结构的解析》，清华大学出版社2002年版，第143页。

多少权力呢？宪法学界有代表性的理论主张："全国人民代表大会是全国人民行使国家权力的机关，从理论上说，它应是一个全权机关。"[1]宪法教科书没有关于"全权机关"的准确定义。粗略理解，它是一个拥有全面的权力的国家机关；实质上，它可以被接近译为"totalistic organ"，或者"totalitarian organ"。

支撑"全权机关"理论的是"人民主权"这一根本宪法原则。根据宪法学理，中国立宪立国的基础是"人民主权"原则，人民委托他们的代表透过全国人大及其常委会以人民的名义行使全面的权力，人民是权力最终所有人。宪法第2条和第3条落实了这种安排："中华人民共和国的一切权力属于人民。人民行使国家权力的机关是全国人民代表大会和地方各级人民代表大会"（第2条）；"中华人民共和国的国家机构实行民主集中制的原则。全国人民代表大会和地方各级人民代表大会都由民主选举产生，对人民负责，受人民监督。"[第3（2）条]。

进而言之，全国人大制度在集权原则（即"民主集中制"）统率下，在设计原理上是先集权，再进行职权分工。在实践中，全国人大及其常委会不可能（实际上也不应该）行使全部的国家权力，这就必须将不同性质的职权分配给其他国家机关受理。因为"国家机关既然要分工，就不可能一切国家事务都要集中由它直接处理。全国人大通过宪法和法律确定了各类国家机关之间的职权划分，而把最具决定性意义的职权留给自己"。[2]与此同时，宪法要求，"国家行政机关、审判机关、检察机关都由人民代表大会产生，对它负责，受它监督"[第3（3）条]，即将这些国家机关置于全国人大监督之下。由此观之，我们绝不能将人大制度下的权力分工安排与西方民主国家实施的分权架构进行横向比较，甚至等同之。

从宪法文本上进一步考察，全国人大有权行使15项职权（见第62条），其中包括"（13）决定特别行政区的设立及其制度"一项。许崇德将它们排列列举为以下权力：修改宪法、制定和修改法律、组织其他国家机关、批准国家计划和预算、监督常务委员会和其他等六个方面。[3]为便于对比研究，这些职权也可以具体分

[1] 许崇德主编：《中国宪法》，中国人民大学出版社2006年版，第147页。下划线为引者所加，下同。
[2] 许崇德主编：《中国宪法》，第147页。
[3] 许崇德主编：《中国宪法》，第147-148页。

解为四个性质和类别的权力，即：立法权、任免权（或人事权）、决定权和监督权。[1]即，这四方面职权是“最具决定性意义的职权”（许崇德语）。

作为全国人大的常设机关，常委会同样享有充分而又广泛的职权，共达21项，分属四个方面：立法权、决定权、任免权和监督权。[2]常委会有权行使的这些职权与全国人大的职权是重叠的，二者职权的性质也是相同的，这是由人民主权这一宪法原则和全国人大及其常委会的共同属性（“国家权力机关”）决定的。当然，常委会行使上述职权时是要受制于宪法指定的某些条件的，如：只能“制定和修改除应当由全国人民代表大会制定的法律以外的其他法律”和“在全国人民代表大会闭会期间，对全国人民代表大会制定的法律进行部分补充和修改，但是不得同该法律的基本原则相抵触”等。

（三）全国人大及其常委会：适格的香港政改决策者

就全国人大及其常委会之于特别行政区的职权而言，宪法第31条是基础性条款：“国家在必要时得设立特别行政区。在特别行政区内实行的制度按照具体情况由全国人民代表大会以法律规定。”第31条是宪法授权条款，它明确授权全国人大确立特别行政区内的主要“制度”。这与宪法第62条第13项规定的全国人大“决定特别行政区的设立及其制度”相呼应。此外，宪法第67条第4项常委会有权“解释法律”；“法律”自然包括作为全国性法律的两个特别行政区基本法。对于后一点是无争议的。

一直以来，香港有人对中央政府是否有权就香港政改问题作出决定提出疑问，或表示不解。那么，全国人大常委会是否有充分权力直接就特别行政区制度作出决定或决议？从宪法文本看，的确不存在如此字眼和规定。难道人大关于香港特别行政区的三个决定，即2004年4月26日通过的《关于香港特别行政区2007年行政长官和2008年立法会产生办法有关问题的决定》、2007年12月29日通过的《关于香港特别行政区2012年行政长官和立法会产生办法及有关普选问题的决定》和

---

〔1〕 参见朱国斌：《中国宪法与政治制度》，法律出版社2006年版，第117-123页。

〔2〕 参见朱国斌：《中国宪法与政治制度》，第129-133页。

2014年8月31日通过的《关于香港特别行政区行政长官普选问题和2016年立法会产生办法的决定》，是违宪的？

根据中国宪法理论，上述决定当然是合宪的。概论之，基本理由如下：第一，且是首要的，全国人大及其常委会同为“国家权力机关”和政权机关，享有全面的管治权力与充分的政治权威，其权力来源的正当性不容置疑。第二，常委会作为全国人大的常设机关（而非秘书处），从机构设置和立宪原意来看，它本来就是全国人大的一部分，与全国人大是一体的，二者不可被分割对待。〔1〕“全国人大常委会已经成为中国名副其实的‘行动中的国会’，承担着非常繁重的立法任务及其他工作任务。”〔2〕第三，常委会拥有的职权，其性质与全国人大职权是相同的，其制定的法律与全国人大制定的基本法律在法律效力上是一致的，〔3〕其决定和行为应该被理解为具有宪法和全国人大的授权；即常委会制定的法律、作出的决定从宪法安排和机构性质来看必定是有权立法和决定，行为是正当的。最后，宪法第62条第13项规定全国人大有权“决定特别行政区的设立及其制度”，行政长官选举及立法会产生办法显然包含于“制度”之内；并依据《宪法》第31条即“在特别行政区内实行的制度按照具体情况由全国人民代表大会以法律规定”，全国人大须制定香港基本法将上述制度法律化、制度化。因而可以肯定，全国人大本源性地享有对香港政制事务及其发展的决定权。至于说中国宪法和基本法下的这种宪政安排和制度设计本身是否符合其他民主国家的一般原则和宪政制度，则另当别论。这不是本文的关注点。

为了证明人大常委会有权决定香港政治体制改革及其相应安排，为了说明上述三个决定是符合宪法和基本法律的，我们可以从决定的内容来分析。在“一国两制”之下，管治香港特区的权力可以分为“中央享有的权力”和“特别行政区享有的权力”。〔4〕从事务性质或属性上分析，香港特区事务也可以概况区分为主权范围内事务（“中央事务”）和地方自治事务（“自治事务”）。根据香港基本法第一

〔1〕 参见张千帆主编：《宪法》，北京大学出版社2008年版，第363页。
〔2〕 张千帆主编：《宪法》，第363页。
〔3〕 参见张千帆主编：《宪法》，第360页。
〔4〕 王振民：《中央与特别行政区关系：一种法治结构的解析》，第6章，第7章。

章和第二章，简言之，关于香港的外交、防务和特区内政治制度设计与安排（因为它涉及到特区与中央政府的关系）应该属于中央事务，即由“中央人民政府”或广义的“中央”管理的事务。据此，行政长官选举和立法会产生办法是应当由中央直接负责的事务，这也可以从基本法第45条与附件一、第68条与附件二规定的程序和原则解读出来。从宪法和基本法规定来看，“两个产生办法”的任何变更须经由全国人大常委会“批准”或“备案”这两个宪法法律程序。

历史上的1990年4月4日，全国人大曾经通过《关于香港特别行政区第一届政府和立法会产生办法的决定》。可见，仅就香港政改事务包括“两个产生办法”而言，全国人大及其常委会无疑在“宪制上适格”，即是合宪的决定权主体。对于该种制度性安排，李飞（时任全国人大常委会法制工作委员会副主任）于2004年4月2日在第十届全国人大常委会第八次会议上对《全国人民代表大会常务委员会关于〈中华人民共和国香港特别行政区基本法〉附件一第七条和附件二第三条的解释（草案）》作出的说明中，就明确阐述了该次释法的目的及理据。他指出：“香港特别行政区是直辖于中央人民政府的享有高度自治权的地方行政区域。香港特别行政区的高度自治权来源于中央的授权。香港特别行政区的政治体制是由全国人大制定的香港基本法予以规定的。我国是单一制国家，不是联邦制，地方无权自行决定或改变其政治体制。香港政治体制的发展，涉及中央和特别行政区的关系，必须在香港基本法的框架内进行。修改行政长官的产生办法和立法会的产生办法及立法会法案、议案的表决程序，是香港政治体制发展中的重大问题。是否需要修改和如何修改，决定权在中央。这是宪法和香港基本法确立的一项极为重要的原则，是‘一国两制’方针的应有之义。”

中央政府发布的《“一国两制”在香港特别行政区的实践》（2014）在谈到“全面准确把握‘一国两制’的含义”部分与李飞提出的理据原则上相吻合。

（四）中央和特区权利与义务关系辨析

在宪法和基本法之下，“一国两制”又演绎为“一国两法”这种新型的法律制度安排。在“一国两制”之下，主权者（中央政府）对特区承担有作为和不作为的义务。如“作为”的义务包括：作为国家主体的社会主义制度并不施行于资本主义的香港，中央保证香港的高度自治，保障香港的繁荣稳定。而“不作为”的义务则有：中央不为特区自治事务立法，不干预任何属于特区自治范围内的事务，中央司法权不凌驾于香港法院系统等。但是，作为地方自治单位的香港特区，在从中央那里为居民争取更多权益的同时，同样应对中央政府承担义务，这包括：特区政府有维护中央政府依法治理特区的义务（如主导政治改革），特区立法和行政机关有良好管治的义务，对全国性决策（如反“独”促统）有执行的义务。一言以蔽之，一方既不能以“一国”为理由模糊特区的身份/角色甚至消灭之，另一方也不能以“两制”为依据行变相“独立”之实，搞所谓“民族自决”。

然而，“一国两制”的形成也体现着一种建诸于政治权威秩序之上的政治义务格局，中央和特区相互负有政治义务的格局根源于此。迄今为止，鲜有论者从宏观政治学的视角深入考察中央和特区的政治义务及其形成。在中央和特区关系中，对政治权威的识别决定对谁承担政治义务和承担多大范围的政治义务，并且说明为什么要承担政治义务。不管你认同与否，从中英联合声明到基本法的过程就是香港人识别并接受北京政治权威的过程。制定基本法的初衷（即立法原意）是“为了维护国家的统一和领土完整，保持香港的繁荣和稳定”这两个方面（参见“序言”）。因而，中央和特区相互负有的政治义务都纳入进基本法之中。

推而论之，特区政府对中央政府负有“维护国家的统一和领土完整”包括自行立法落实第23条的政治义务，何时立法当然要视时机是否成熟来定。那种不承认权威、形式上表现为自由主义的观点不能诠释中央和特区关系所代表的政治现实。这是有百害而无一益的，因为它甚至可能会造成无政府主义和“革命的社会主义”，或者出现一种以人民的名义出现的、实为民粹主义的社会运动。事实上，香港政治党派社民联主张和从事的就是这样一种民粹主义的社会运动。

在基本法之下，政治义务是法定义务，因而是无条件的。此外，中央和特区双方还相互负有道德义务。道德义务并不具有法定强制性，也可以是有条件的。中央政府从“保持香港的繁荣和稳定”这一法定义务出发，在2004年中及以后推出了一系列“挺港”措施，这是中央政府履行道德义务的表现，从而提高了中央政府的道德人格。权利和义务关系从来不是单向的，建立在自私且不公平的基础之上的关系也不会持久。特区政府和居民是否也应该经常扪心自问：对于中央政府和内地人民，我们是否已经履行了法定的政治义务和基本的道德义务？

三、“依法治港”是特区管治实践的根本经验

（一）香港基本法乃治港根本大法

法者，治之端也。香港能否实现经济长期繁荣、法治持续昌盛、民主有序发展等善治景象，主要取决于基本法能否顺利实施和遵守。回归历史确已证明，基本法是以“一国两制”为依托的香港新宪制秩序得以成功形塑的保证书。

香港特区新宪制秩序的前提在于保证原有资本主义制度与生活方式的不变。以此为保障，奉消极不干预为圭臬的资本主义香港能够继续保持其在国际经济中的优势地位。“五十年不变”的另一维度在于保持香港原有法律制度不变。通过基本法，源自英国的香港普通法法律体系得以在中国法制下存续。原有法治制度在新宪制秩序下得以保留，体现了基本法对香港在回归前的法律完备、法律人员配置以及法治传统的认可与保障，更构成了作为今日香港核心价值之一的法治精神的基础。香港居民和国际社会对香港法治传统和法律制度的认同与信赖，既是香港持续吸引外国投资者的根本动因，也是香港人引以为豪和区别于内地之处。

基于香港特区“依法保障香港特别行政区居民和其他人的权利和自由”的法律承诺，基本法第3章以列举的方式厘定了香港居民享有的各项基本权利与自由，为香港的人权保障提供了成文的宪制性依据。以被港人视为核心价值的表达自由为例，在坚决维护法治的前提下，港人不时就包括如劳工福利、文物古迹保育、政制发展、教育改革等在内的各种议题以不同方式表达意见。对此，特区政府也始终尊重居民和平聚会示威的权利，回归后的香港法院在一系列判例中伸张和保障了香港居民的言论和表达自由。概言之，对于香港居民而言，其享有的较回归前更为广泛的基本权利和自由有赖于基本法的有效贯彻与执行，这无疑是形塑香港宪制秩序的又一重要手段。然而也要看到，“表达自由”在任何制度之下都是有界限的。不久前发生的“占领中环”运动对人民心目中的法治制度和理念无疑带来了直接的冲击。如何才能让人们重拾法治信心是现阶段应努力的重点。

（二）回归基本法以巩固宪制秩序

基本法历经了准备阶段（制定通过到实施开始）、法治化阶段（实施开始至政改启动）和 2013 年开始的民主化阶段。在最后这一阶段，基本法的着力点在于如何顺利推进“双普选”，以最终落实发展香港民主政治的远大宏伟目标。然而在 2015 年 6 月 18 日，香港立法会否决了政府提出的政改方案，从而使得政改的未来面临很多变数。香港社会围绕政改这一问题一直争议不断，社会也持续趋于分裂状态，以“占领中环”运动为代表的政治对抗将争议推向了极致，“6·18”立法会否决将这种状态暂时凝固化了。何去何从，看来一时难见分晓。

此时此刻，香港宪制秩序的修筑与巩固面临考验，“一国两制”的典范意义也饱受质疑。究其本质，矛盾与冲突的深层次根源在于“一国两制”之下香港宪制秩序具有某种因传统和体制差异而与生俱来的内在张力。这种张力应如何消解呢？归根结底，我们还是应该回归基本法，只有依赖基本法设定的原则和框架才能逐步解决社会冲突和矛盾，包括政治改革这一重大议题。实际上，被誉为“创造性杰作”的基本法所拥有的内生性独特构造具备这种消解能力。我们确信，正如香港法院认为那样，作为“活的文件”的基本法具有包容、妥协以及平衡与再平衡的制度改造能力，应该并且能够适应不断变化的社会环境。概而言之，回归基本法乃是巩固香港新宪制秩序的唯一途径。

四、结语

“一国两制”是中国执政当局提出的创造性的举措，它既解决了历史遗留问题，又能够保持一地行之有效的基本制度继续有效。它体现了变与不变的辩证关系，打通了统一与多元价值观之间的通道，活用了中国立法的原则性与灵活性，创造了一种新型的中央与地方关系结构和模式，在中国宪法之下形塑了一种新型宪法制度。然而，我们看到，这一新型制度的创立与运作从来没有一帆风顺过，十八年的回归实践磕磕碰碰，历经风吹雨打，取得今日之成就实为不易。所以，我们首先应该正面评估特别行政区回归与发展史。

就中央政府与香港特别行政区关系而言，在确认中央对于香港的“全面管治权”（白皮书用语）之余，我们特别需要思考中央管治香港的管治哲学和方式方法。“积极不干预”或曰放任式的管治实践固然难以为继了，而威权式的管治方式不一定就长期有效。就特别行政区管治而言，行政长官和政府施政遭遇到种种掣肘，困难重重，除了现行制度缺失和行政长官个人素质等因素之外，管治正当性和政府民主性也是重要原因。有很多经验和教训值得我们从理论层面上反思和制度层面上检讨。套用内地的话来讲，香港目前的状况就是一种“新常态”。今日香港发生的这一切都是有原因的，只是我们以前没有那么警惕、发觉、预测，进而予以防范。回归以来，香港社会在继续繁荣的表象之下，思想界进入了迷失、混沌和分裂状态，比如要找出主流思想来是很困难。“新常态”还会持续一段相当长的时间，并将围绕两个方面展开，一个是政改，另一个是管治，而两者其实也是互为关联的。是的，香港需要思考、重新定位。

最后，管治问题从来就不仅仅是一个法律问题；就香港特别行政区而言，它同时是、甚至更是一个政治问题。研究“一国两制”下的中央特区关系除了围绕宪法和香港基本法展开之外，我们要始终关注中央政治与政策这一大环境的相应变化，否则，研究将会是闭门造车，或者隔靴搔痒。

从港督到特首：兼论香港宪制秩序与行政长官的宪制角色

李晓兵*

[内容提要]

港英时期的政治模式确立了港督的宪制角色，这是理解香港回归前宪制秩序的关键。彭定康的政改方案在很大程度上改变了香港的宪制秩序，总督宪制地位的松动和调整给香港带来宪制秩序上的“突变”，也为香港回归之后的治理带来诸多难题。香港回归中国是香港管治主权的一次转移，也是香港新宪制秩序形成的起点。基本法确立的行政长官制度承接回归前的政治模式，又有着全新的制度设计和宪制基础，但由于行政长官产生方式尚未定型，其宪制角色依然处于发展和变迁过程之中。香港未来政治发展过程依然围绕行政长官的产生方式及其宪制角色而展开，这也是香港宪制秩序重塑和形成的过程。

[关键词]

香港　总督　行政长官　宪制秩序　政制改革

* 李晓兵，南开大学法学院副教授，台港澳法研究中心执行主任，法学博士。本文的成稿得益于香港城市大学法律学院朱国斌教授的督促和讨论，深圳大学港澳基本法研究中心邹平学教授对于本文的修改和完善提出了中肯的意见，在此一并表示衷心的感谢。

香港回归中国，既是一个主权转移的过程，也是香港宪制秩序重新塑造和形成的过程。根据《香港特别行政区基本法》第43条的规定，香港特别行政区设置了行政长官。与过去港英统治时代的总督制度相比，行政长官制度有着全新的设计理念和宪制基础，但同时也是对香港回归之前政治制度的一种承接，而且行政长官制度本身也正处在演进和发展过程之中。在回归之后，随着香港政治发展过程的展开，行政长官制度也在不断地进行调试。特别是围绕行政长官选举方式和政制改革方案的争议，日益成为牵动香港社会各界人士的热点问题。全国人大常委会在2007年12月29日做出决定，香港将在2017年可以普选产生行政长官，这实际上为香港特首普选目标的实现划定了时间表。将来，如果香港特别行政区行政长官普选的目标最终得以实现，这无疑将改变现有的宪制秩序，行政长官在特别行政区宪政体制下的角色将重新调整和定位。从2014年7月15日行政长官梁振英向全国人大常委会提交《关于香港特别行政区2017年行政长官及2016年立法会产生办法是否需要修改的报告》，到今年6月18日香港立法会投票过程中特区政府提交的政改方案被否决，这一结果让香港500万合资格选民无法于下次行政长官选举时行使民主投票权利，也意味着香港特区政府在过去20多个月坚持不懈推动香港政改的努力暂告一段落，2017年香港特区行政长官选举将继续沿用2012年1200人选举委员会选举的办法，香港基本法所确定的普选目标的实现过程依然存在着各种不确定因素。本文就围绕上述的这些问题展开分析，以期对香港特别行政区行政长官制度的演进进行梳理，并对香港特别行政区新宪制秩序下行政长官的宪制角色进行探讨。

一、《英皇制诰》与《皇室训令》下的香港总督

（一）港英宪制秩序下总督的宪制角色

英国占领香港之后，究竟以什么样的模式来统治香港成为殖民者首先必须解决的重要问题。当时的英国驻华商务总监和全权代表义律在其不到一年的任期内曾发布《义律公告》，宣布设立香港统治机构和行使法律的准则，并自封为香港最高统

治者。[1]之后，濮鼎查接替义律作为英国驻华商务总监和全权代表，后来又被任命为第一任香港总督，英国政府委任他全权负责香港的管制事务，但是对于香港这块“殖民地”的政治体制仍未做出及时的安排。直到1843年4月5日，英国国玺大臣以《英皇制诰》的名称发布“香港宪章”，其中对于香港“殖民地”政府的体制做出了安排，并对香港总督的权限也做出了规定，主要包括：1. 英皇陛下政府委派港督治理香港，并成立立法局。立法局成员有公职人员，或其他英皇陛下政府委派的人士组成。枢密院亦有权就立法局成员委员的委任作出决定；2. 港督在咨询立法局的意见后，可以有权订立任何法例，来维持香港的和平、稳定和良好管治，但立法局制定的法例必须遵从英国枢密院订立的所有规例；3. 港督需要定时召集行政局会议，向其提供行政的意见，枢密院保留委任行政局成员的权力；4. 港督有执掌和使用香港殖民地公章的权力；5. 港督有全权委任法官和太平绅士；6. 港督有全权豁免50英镑以下的罚款；7. 港督有全权赦免罪犯和减刑；8. 港督有全权按充分的理由，将香港任何官员停职；9. 当港督因为死亡或其他原因出缺，英皇陛下政府会任命署理港督，继续管治香港；10. 香港所有文武官员和居民都要服从港督，并协助他在香港施政。[2]

1843年4月6日，英国皇室又发布了构成1917年《皇室训令》蓝本的《致濮鼎查训令》，其主要内容包括：1. 任命濮鼎查为香港殖民地的总督和驻港英军总司令；2. 立法局必须至少有两位成员出席，加上港督在场才可以举行会议；3. 立法局就任何法例和规则的立法以及其讨论，必须由港督本人首先提议才可以进行；4. 港督每半年将立法局的会议记录，向英国政府汇报；5. 港督不能提议或通过任何法例，去限制宗教自由、准许英国许可的货币以外的汇票、纸币和钱币为法定货币、通过公共或私人的彩票筹集政府资金；6. 在立法局全体成员反对的情况下，港督仍有权订定和发布法例；7. 行政局有三名成员，再加上港督本人。行政局成员由英国政府任命，行政局必须至少有两名成员出席，加上港督本人，才能举行会议。港督必须听取行政局的意见，但会议讨论的问题，必须是由港督本人首先提

〔1〕《义律公告》可以被看作是香港政制的最早文件，但由于不是英国皇室或政府发布，因而是非正式的。参看，李昌道：《香港政治体制研究》，上海人民出版社1999年版，第2页。

〔2〕蔡思行：《香港史100件大事》上，中华书局2012年版，第52-53页。

出。如果港督的施政完全和行政局的意见相左，他需要向英国政府做出全面的解释；8. 港督只能通过公开拍卖的方式出售官地。[1]

《英皇制诰》第2条规定，皇室授权并指令总督兼任总司令行使在其职权范围内的一切权力；总督权力来源依据本制诰及经御笔签署及盖上御玺而办法予他的委任状，经御笔签署及盖上御玺而时时办法予他的皇室训令，枢密院敕令，皇室通过一名重要国务大臣传达指令以及本殖民地现行及日后制定之有效法律。因此，港督到任的时候应随身携带三份重要的法律文件，即委任状、特许状（即《英皇制诰》）和圣谕（即《皇室训令》）。委任状是英皇发给总督的就职文件，特许状是确定港督的职权，大概地指出总督的职权范围，附带若干其他有关说明。圣谕则是进一步授权总督组织行政局和立法局，以便协助他创制及修改法例，议定行政大计。[2]《英皇制诰》和《皇室训令》一般被视为是香港的宪制性法律文件，香港基本的政治架构和制度就是由这两个宪制性法律文件所奠定。当然，港督行使职权还要依据枢密院敕令、英国政府的指令以及香港的法律。

从1843年到1997年，英国政府在这150多年里一共任命了28位香港总督。从第一任总督濮鼎查到末代总督彭定康，他们秉承英国皇室的意旨，忠诚地贯彻和执行英国政府的政策。历任总督在香港拥有巨大而广泛的权力，包括主持香港的行政机关行政局和立法机关立法局，并委任两局议员的权力；在所有议案上也有“最终否决权”；主持行政局并统揽最高行政权，委任行政局全部议员；同时作为立法局和行政局主席，行政局和立法局在总督施政上只担任顾问及辅助角色；委派法官和太平绅士的权力和对政府所有公务员（除布政司、财政司、律政司和英国驻港三军司令）进行纪律行动（如罚款）甚至解除其公职；赦免囚犯（包括死囚）和免除罚款的权力；有权将官地授予他人及机构等等。这些权力的行使让港督获得了无可置疑的政治权威，这让英国政府更容易通过港督实现英国对香港殖民统治的目标。同时，港督作为港英政治制度权力体系的中心，又对香港宪政秩序产生着重要的塑造作用。

---

〔1〕 蔡思行：《香港史100件大事》上，第53页。
〔2〕 参见白嘉时：《政府的根基》，《政府与民众》，香港政府印务局1962年版，第2页。

英国在香港通过任命总督实现有效的统治，港督从最初的兼职到后来的专任，并作为港英政府总揽大权者，可谓是集数种重要的宪制角色于一身。李昌道教授认为，按照英国法制，香港总督是英皇在香港的全权代表，英皇是香港的最高统治者。[1]他同时还认为，香港确立并坚持行政主导原则，这是香港回归之前香港宪制秩序的重要特点，也是保障香港政府有效管治、香港经济繁荣和政治稳定的重要原则。他将香港所确立的这种政治模式的特点总结为，由港督为首的香港政府负责香港的管治，制定和提出各项政策和法案，同时设立行政局和立法局作为港督的政策和立法的咨询机构。[2]关于港督的宪制角色，另有观点则认为，港督具有双重地位，既作为“领域的首长”，又作为“政府的首长”。[3]也有观点认为，香港总督具有双重身份的法律地位，既是英皇在香港的代表，又是港英政府的首长。不过，也有学者持不同的看法，即认为香港从来就不是一个独立的政治实体，因此，港督不能代表香港地区，只能说他是英皇在香港的代表。在实质上，香港总督既是英国占领香港主权的象征，又是英国政府对香港行使治权的标志。[4]在这个意义上，全面地理解和认识香港总督的宪制角色及其演变，也是理解英国管治香港的政治模式及其所确立宪制秩序的关键之所在。

（二）政制改革与总督宪制角色的改变

如果从英国近代在全球进行殖民的过程来看，总督制度是英国在全球拓展其势力范围的有效管制方式，但是其本身也随着客观形势的变化而不断发生变迁。比如，加拿大总督自1952年起都是由加拿大公民担任。又比如，澳大利亚总督作为英王（英国国家元首也是澳大利亚的国家元首）的全权代表，在法理上由澳大利亚总理提名，而由君主任命，拥有很大的权力，但自从英国在20世纪30年代确认了各自治领的独立地位以后，从未拒绝过澳大利亚总理提名的总督。因此，澳大利亚总督的任命和罢免从那时起就已经掌握在澳大利亚总理的手中。

---

〔1〕 李昌道：《香港政治体制研究》，第1页。
〔2〕 李昌道：《香港政治体制研究》，第116页。
〔3〕 参见白嘉时：《政府的根基》，《政府与民众》，第2页。
〔4〕 刘曼容：《港英政府政治制度论（1841-1985）》，社会科学文献出版社2001年版，第41-42页。

但是在香港，总督的宪制地位在过去一百多年间基本上没有发生大的变化，以港督为中心的政治体制也没有发生大的变动。有学者就把港英政府政治制度喻为“帝国管理机构的早期活化石”，甚至认为“香港则依然根据一个基本上和形式上保持其 19 世纪时的原貌的宪法来管理其事务”，“在 130 年来几乎没有什么改变”。〔1〕这其中主要的原因是港英当局对于香港地方政制改革的诉求没有给予充分的关注和回应。在相当长的时期内，以港督集权为核心的行政主导体制得以绝对实施，英国政府对于香港事务有绝对的控制权。在二战结束之前，港英政府仍是一个非常典型的具有专制集权的、封闭的殖民地政治体制。〔2〕而从二战结束到“九七问题”出现之前，港英的殖民政府在政制上的新猷依然有限。〔3〕

香港在 19 世纪出现的几次政制改革的要求均被英国政府拒绝，二战结束之后杨慕琦恢复总督职务之后提出了其所主导的政制改革计划，即“杨慕琦计划”，但该计划在提出六年之后被迫流产，英国政府在 1952 年 10 月宣布“在香港推行大规模的政制改革是不合时宜的”。〔4〕之后，香港 20 世纪 60 年代所酝酿的政制改革因为“六七风暴”而被港英政府搁置，直到麦理浩任总督期间，香港才实施了一系列保守而务实的政制改革措施，比如，适当改变行政局的人员结构，大幅增加立法局非官守议席，但并未对行政局及立法局作重大的改革，两局所有议席仍然维持委任制，香港市政局的改革和作为香港最基层的议政组织的区议会的创立是其任内的一个亮点，这些政制改革并未触动香港政治体制的基本框架。〔5〕

但是在香港回归之前，由末代总督彭定康在 20 世纪 90 年代前期所主导的政制改革则在很大程度上改变了香港的宪制秩序，总督的宪制地位开始有了松动和调整。彭定康所提出的《政改方案》主要内容包括：1. 行政局和立法局分家。2. 总督不担任立法局主席，立法局主席由立法局议员互选产生。3. 以立法制约行政。行政局和立法局分家以后，总督将以行政机关首长的身份向立法局负责，就重大事

---

〔1〕［英］迈因纳斯：《香港的政府与政治》，上海翻译出版公司 1986 年版，第 1 页。

〔2〕刘曼容：《港英政府政治制度论（1841-1985）》，第 305-314 页。

〔3〕刘兆佳：《香港的独特民主路》，香港商务印书馆 2014 年版，第 54 页。

〔4〕蔡思行：《香港史 100 件大事》下，第 26 页。

〔5〕参看蔡思行：《香港史 100 件大事》下，第 124-129 页。

项向立法局报告工作，从而建立起立法制衡行政的机制，逐步形成以立法为中心的政制体制。4. 降低投票年龄，将选民的年龄由原来的21岁降低至18岁。5. 在地区直选实行单议席单票制，由选民投出1票在1个选区选出1名代表。6. 新增功能组别选举方式。功能组别议席由21席增加至30席；新增9席以个人投票取代团体投票，将功能组别的选民范围扩大到全港270万工作人口中所有符合资格的选民。7. 强化区议会功能，扩大区议会的职责、功能和财政预算，使其在处理影响区内居民的问题上负起更大的责任。8. 改变区议会和市政局的成员构成。9. 成立一个独立的直接向总督负责的选区分界及选举事务委员会，负责重新划定选区和选区分界的工作。10. 成立选举委员会。

对于彭定康的《政改方案》，中国政府给予了强烈的批评和抵制，因为这一做法明显违反了《中英联合声明》，违反了与基本法相衔接的原则，违背了中英双方已经达成的协议和谅解。〔1〕这一政改方案付诸实施的结果就是给香港的顺利回归制造了新的障碍，也为中英在过渡期内的合作带来不尽的变数，并给香港回归后政制发展带来新的困难。有学者评价指出，这是让立法机关性质发展成为一个制衡政府的独立组织，令其具备所谓有效地代表市民所需的独立性；让立法局拥有可以明确而独立地管理本局的事务的职权；让港督辞去立法局主席，他以行政首长身份向立法局负责，定期接受议员质询和讨论政府政策。重要出访活动和其他董事事务要向立法局汇报，把行政首长和行政机关置于立法局的监督之下。这完全是改变行政主导原则，向立法主导转变。〔2〕从香港宪制秩序的演进的角度来看，香港回归之前港督职权的调整和角色转变一方面意味着港英政府试图开启香港“代议政制”实践，另一方面也是对香港过去一百多年宪制传统的一种简单而激进的背离。对此，香港的政治人物就指出，港英政府这是利用中国政府所作出的“五十年不变”的承诺做文章，他们解读为“中国政府讲的五十年不变，并非一九九七年的香港情况五十年不变，而是一九八四年的情况五十年不变”。因此，港英政府的应对策略就是要采取“十三年大变，五十年不变”的政治战略，即利用“九七”前十三

〔1〕 张连兴：《香港二十八总督》，朝华出版社2007年版，第383页。

〔2〕 李昌道：《香港政治体制研究》，第120页。

年的统治时间进行代议制改革，彻底改变香港的政体，使这种制度在“九七”之后保持不变。为此，就要将立法会从港督的咨询机构变成代议机构。[1]在此过程中，总督宪制角色的转化是重中之重，它给香港带来的是一种宪制秩序上的“突变”，香港回归之后的很多治理上的难题就是源于这一极具技巧性的政治操作和看似符合“民主化趋势”的重大改变。

二、《香港特别行政区基本法》下的行政长官

（一）香港新宪制秩序下行政长官的宪制角色

香港回归中国，为特别行政区量体裁衣而制定的香港特别行政区基本法正式开始实施，因此，这既是香港管治主权的一次转移，也是香港新宪制秩序形成的起点。香港基本法所确立的行政长官制度与过去港英统治时代的总督制度相比，有着全新的制度设计和宪制基础，但同时也是对于香港回归之前政治制度和实践模式的一种承接，而且其制度本身也尚未完全定型，从行政长官的产生方式到其本身的法律定位，也都正处在发展和变迁过程之中。

1984 年 12 月 19 日，中英双方在北京签订《联合声明》确立了中华人民共和国对香港的基本方针政策，其中包括根据宪法的规定设立特别行政区，特别行政区直辖于中央人民政府，并享有高度的自治权；特别行政区现行的法律基本不变；特别行政区政府由当地人组成；行政长官在当地通过选举或协商产生，由中央人民政府任命。基本法的上述规定是对《联合声明》的尊重，但是需要指出的是，《联合声明》并非行政长官制度的法源。香港现任行政长官梁振英在 2014 年 4 月 4 日接受记者采访时就表示，从《联合声明》可以清楚知道：中国政府在 1984 年签订的《联合声明》的基本方针政策，已经由 1990 年颁布的《基本法》法律条文“规定之”，而且将《联合声明》这 11 条基本方针政策，更具体而细致地写成 160 条的

---

〔1〕 强世功：《政制发展之谜》，《读书》2008 年第 10 期。

《基本法》法律条文。〔1〕

1990年4月4日，七届全国人大三次会议通过《香港特别行政区基本法》规定，国家根据《宪法》设立香港特别行政区。根据香港基本法的规定，行政长官除了是香港特别行政区的首长，也是香港特别行政区行政机关的首长，这赋予了行政长官代表特区基本的法律地位和宪制角色。同时，在中央与特区关系中，行政长官也具有无以替代的重要地位，扮演着重要的宪制角色。行政长官作为国家依法设立的特别行政区的首长，除了对特别行政区负责，也须要对中央人民政府负责。因此，在"一国两制"之下，行政长官的宪制地位至为特殊，也至为重要。有学者指出，与港英时期的总督宪制地位相比，回归后的香港行政长官的宪制地位已经改变。如果说港督是英国女王在香港的代表，那么行政长官就成为香港这个地方行政区域的代表者。在上述特区政府阐释的原因中，行政长官首先是特区首长，而不仅仅是普通的政府委托代理者。正是因为香港行政长官代表了香港特区，所以他还承担了许多的礼仪性身份，如接受市民馈赠。行政长官作为特区首长，更多的是特区的抽象人格象征。〔2〕本文认为，香港特别行政区行政长官的法律地位具有双重性，行政长官不仅仅是香港特别行政区的代表，也是中央人民政府管制香港的代表，这一职位在香港新的宪制秩序中处于一个连接点的地位，是中央人民政府与特别行政区权力的交汇点，也是理解香港回归后特别行政区新宪制秩序形成和政治制度有效运作的关键，因此，行政长官的产生及其职权的正常行使是"一国两制"在香港实践取得成功的关键一环。

但是，需要注意的是，对于香港特别行政区行政长官的宪制角色的解读不应该仅仅根据香港基本法，还应该结合《中华人民共和国宪法》规定来展开。《宪法》第31条规定："国家在必要时得设立特别行政区。在特别行政区内实行的制度按照具体情况由全国人民代表大会以法律规定。"第62条规定："全国人民代表大会行使下列职权：……（十三）决定特别行政区的设立及其制度；……"这意味着国

---

〔1〕 梁振英：《要调查中国有无违反〈中英联合声明〉是自己不懂〈声明〉》，中国新闻网，http://www.chinanews.com/ga/2015/04-04/7185090.shtml。

〔2〕 徐斌：《香港行政长官宪制地位研究——从〈基本法〉弹劾条款切入》，《政治与法律》2014年第6期。

家最高权力机关对特别行政区的设立和制度来作出决定，行政长官的法律地位及其职权都来自最高权力机关的决定。1990 年 4 月 4 日，七届全国人大三次会议还通过了《关于〈中华人民共和国特别行政区基本法〉的决定》，其中特意对其合宪性作出判断："《香港特别行政区基本法》是根据《中华人民共和国宪法》按照香港的具体情况制定的，是符合宪法的。香港特别行政区设立后实行的制度、政策和法律，以《香港特别行政区基本法》为依据。"此外，香港特别行政区首任行政长官董建华先生在提出辞职后当选为全国政协副主席，这样的安排和实践已经成为中国宪法实践中的重要的宪法惯例，等等。这些基本制度和实践为理解香港特别行政区行政长官宪制角色提供了生动而丰富的例证，现行宪法在特别行政区当然具有法律效力，因此，行政长官的宪制角色既要放在特别行政区来理解，也要放在宪法所确立的国家基本制度中来认识。

（二）行政长官的职权与行政主导原则

香港基本法中并没有明确规定香港的政治体制以行政主导为基本原则，但是从基本法各个部分的规定来看，特别是对于行政长官职权以及与其他机关关系的规定，行政主导的原则得到了较为充分的体现。肖蔚云教授就指出，行政主导是起草香港基本法政治体制时的一个指导原则，也是保持了 1997 年前香港原有政治体制中行之有效的特色，这有利于提高行政工作效率。这种行政主导作用具体表现在行政长官具有香港特别行政区首长和特别行政区政府首长两重身份，具有较大的权力，它可以说是一种行政长官制。以行政为主导就要依照香港基本法更好发挥以行政长官为首的行政的作用。[1]

香港基本法对于行政长官的职权所做的较为广泛的规定主要体现在第 48 条之中。在基本法所规定的这些广泛的职权中，有的是行政长官作为特别行政区首长和特别行政区的代表而享有的，有的是其作为特别行政区行政机关的首长而享有的。除了这一条的规定，香港基本法"行政长官"这一章节的其他条款也有关于行政

---

〔1〕 肖蔚云：《论香港基本法的十项关系》，《论香港基本法的三年实践》，法律出版社 2001 年版，第 2-3 页。

长官职权的内容，比如，行政长官如认为立法会通过的法案不符合香港特别行政区的整体利益，可在三个月内将法案发回立法会重议（第49条）；行政长官如拒绝签署立法会再次通过的法案或立法会拒绝通过政府提出的财政预算案或其他重要法案，经协商仍不能取得一致意见，行政长官可解散立法会（第50条）；行政长官在立法会拒绝批准政府提出的财政预算案时可向立法会申请临时拨款（第51条）；由行政长官从行政机关的主要官员、立法会议员和社会人士中委任行政会议的成员，并决定其任免（第55条）；主持行政会议（第56条）等。应该说，基本法中关于行政长官权力广泛的规定为行政主导的实现提供了制度基础和前提条件。从基本法关于行政权和立法权的配置来看，香港特别行政区政治体制的设计总体上是一种“强行政、弱立法”的体制。而行政长官所拥有的解散立法会的权力，以及对于立法会议案的提出和法案的签署实质性权力，都让行政长官在特别行政区的政治体制中居于相对较为优势的地位。

但是，从实践的效果来看，这种制度设计并未达到预期的效果，而是被现实的政治操作所改变和“阻击”。早在2000年香港回归三周年之际，梁爱诗女士曾指出，过去两年，有些人批评行政立法关系不好，其实任何的机制都需要经过一段时期，才可以运作顺利。她认为，按照基本法第62（1）条，行政机关负责制定并执行政策，它执行政策时需要按第62（5）条拟定并向立法会提出法案。她认为，法律的制定、修改和废除的权力在立法会，立法会提出法律草案受第74条所限制。议员可以提出修订，但限于在原有法案范围内，还要符合基本法，如果修订适当，政府可以采纳修正案，如果修正不合理，政府会有些议员反对，分组投票，确保各阶层利益都得到照顾，最后如果政府不能接受的修正案被通过，政府仍可以收回法案，因此，立法主导权属于行政机关，但是通过法律的权力属于立法机关，正好实现行政立法机关，相互配合、相互制衡。她还提出，虽然特区有可行的机制，仍需实施时的经验，因此初期的政治是无可避免的，随着更多的会议，更多的实例，立法机关的管理慢慢地开始建立起来，并希望下一届议会运作能更顺利。[1]然而在之后的2003年，特区政府向立法会提交了《国家安全条例》草案，但在立法会中

---

〔1〕《梁爱诗司长致词》，《论香港基本法的三年实践》，第4页。

不能形成足够的支持票，最后行政长官被迫宣布撤回《国家安全条例》草案。此举不仅影响了特别行政区行政机关和立法机关之间的信任，也让行政长官在同时面对中央政府和特别行政区时施政的困难。在2005年，特区政府向立法会提交的《2007年行政长官及2008年立法会产生办法建议方案》，因为未能获得足够的支持而让香港回归后的第一次政改的努力无果而终。[1]今年，特区政府向立法会提交的《行政长官普选办法公众咨询报告及方案》，最终在立法会也未能获得通过而让香港政改进程再次遭遇重大障碍。由于这些政府方面所提出的重要的议案在立法机关屡屡遭遇障碍而无法顺利过关，特别是近年来，立法会"逢中必反""逢特区政府必反"的立场和做法让"行政主导"原则几乎沦为一种"纸面上的设想"。

香港特别行政区过去十多年的政治发展进程表明，行政长官的权力在现实的政治过程中遭到削弱和侵袭，行政长官的权威遭到质疑和否定，行政长官的施政受到严重的牵制，基本法所确立的政治体制的行政主导原则未能得到充分落实的趋势并没有得到改变，而今，立法扩权、司法能动、行政弱势的局面俨然已经形成定格。如何推动香港在政治力量的整合并通过实践来形成新的"宪制性惯例"，让基本法所涉及的行政主导的政治体制发挥出来应有的效果，这是未来特别行政区政制发展的重要课题。对于这样的一种现实，特别行政区前任立法会主席范徐丽泰曾作出如下的评论，现在政府的"行政主导"，不如说是"行政主动"更准确，政府有制定法案、议案的主动权，但是在整个社会发展的进程中，政府没有强大的号召力，不能充分发挥引领作用。[2]正是在这个意义上，我们说香港特别行政区行政长官的宪制角色依然在发展和变迁之中。

（三）宣誓效忠的制度设计与行政长官爱国爱港的基本要求

香港基本法规定了宣誓效忠制度，其中第一百零四条规定："香港特别行政区行政长官、主要官员、行政会议成员、立法会议员、各级法院法官和其他司法人员在就职时必须依法宣誓拥护中华人民共和国香港特别行政区基本法，效忠中华人民

---

〔1〕参见《港府就政改方案作调整曾荫权吁以民意为依归》，中国网，http://www.china.com.cn/zhuanti2005/txt/2005-12/20/content_6066417.htm。

〔2〕张力平：《范徐丽泰："港人治港"高并不排除政党治港》，香港《紫荆》2004年第11期。

共和国香港特别行政区。”这一规定既是对世界各国任职宣誓制度的通常做法的接受，也是基于特别行政区法律地位和行政长官宪制角色本身的必然要求。作为中国宪法下所规定的一个高度自治的特别行政区，行政长官既是特别行政区的首长和代表，具有领导香港特别行政区政府以及负责执行基本法和依照基本法适用于香港特别行政区的其他法律等重要职权，如何向中央政府和特别行政区负责，宣誓效忠制度就是这样的一个基本设计。而宣誓本身也是由行政长官的宪制角色和法律地位所决定的，这与当下所热议的行政长官爱国爱港的基本要求之间具有内在的一致性。

在港英政府时期，宣誓制度是英国向世界彰显其占领香港、宣示主权和治权的一种法律形式，也是通过港督对英皇效忠宣誓维护英国对于香港实际管治效力的重要一环。《英皇制诰》第3条明文规定，港督上任时必须“按照维多利亚女皇陛下在位第三十一、三十二年通过之《宣誓法》”，“进行效忠宣誓、受任宣誓和司法宣誓”。历任港督在就职典礼上在首席按察司监誓下，分别宣读效忠宣誓、受任宣誓及司法宣誓三项誓词。其中“效忠宣誓”誓词为：“本人，×××，谨遵法律宣誓：本人必竭诚向女皇伊利沙伯二世陛下及其继位人效忠。此誓。”“受任宣誓”的誓词为：“本人，×××，谨此宣誓：本人奉委为香港总督，并为女皇伊利沙伯二世陛下效力，一定尽忠职守，努力服务。此誓。”“司法宣誓”的誓词为：“本人，×××，谨此宣誓：在奉委为香港总督及其后可能出任宣誓及声明条例第三附表所指之任何其他司法职位时，定当为女皇伊利沙伯二世陛下效力，尽忠职守，努力服务，并遵行香港法律与习俗，以不惧、不偏、不私、无私、无欺之精神，为全体民众主持正义。此誓。”通过这样的宣誓制度，确立了港督效忠英国的法律义务，也为港督行使职权确定了最为根本的施政原则，即无条件服从英皇并将其内化为施政的基本理念，在具体的施政活动中不得有损英国国家利益。

在香港回归过程中，香港特别行政区筹备委员会曾于1997年5月23日通过了《全国人民代表大会香港特别行政区筹备委员会关于香港特别行政区有关人员就职宣誓事宜的决定》，这是根据香港基本法第104条的规定就宣誓问题做出的专门决定，其中要求：“香港特别行政区行政长官、主要官员、行政会议成员、临时立法会议员以及终审法院常设法官和高等法院法官在一九九七年七月一日香港特别行政区政府成立暨就职宣誓仪式上宣誓就职。”行政长官就职宣誓誓词为：“本人××× （姓名），谨此宣誓：本人就任中华人民共和国香港特别行政区行政长官，定当拥护中华人民共和国香港特别行政区基本法，效忠中华人民共和国香港特别行政区，尽忠职守，遵守法律，廉洁奉公，为香港特别行政区服务，对中华人民共和国中央人民政府和香港特别行政区负责。”香港回归后，香港特别行政区对回归前的《宣誓及声明条例》进行了较大的修改，其中关于行政长官誓言的规定与上述的筹备委员会就宣誓问题所做的专门决定中的誓词基本相同。从行政长官就职宣誓的实践来看，在历任香港特别行政区行政长官的就职仪式上，都是由国家主席或国务院总理来监誓，大部分情况下是行政长官直接向国家主席宣誓。从这一做法可以看出，国家在这个问题上给予了特别行政区超规格的礼遇，显示了国家对于特别行政区每一届新政府筹组过程的充分关注和高度重视。行政长官通过就职宣誓既表达了行政长官爱国爱港的政治立场，也宣示了中央政府对香港特别行政区的管制权，以及特别行政区和中华人民共和国之间基本的法律关系。这是对行政长官宪制角色的确认和表现，也是一种高度政治化的法律实践。另外，还要进一步明确的是，在宪法和基本法的关系这一根本问题上，不可忽视宪法在特别行政区的效力。香港基本法第 44 条规定：“香港特别行政区行政长官由年满四十周岁，在香港通常居住连续满二十年并在外国无居留权的香港特别行政区永久性居民中的中国公民担任。”这意味着宪法关于公民基本义务的规定对于行政长官也具有拘束力，宪法第 54 条规定：“中华人民共和国公民有维护祖国的安全、荣誉和利益的义务，不得有危害祖国的安全、荣誉和利益的行为。”行政长官的就职宣誓表达了特别行政区和中华人民共和国之间的法律上和政治上的联系。其作为公民要维护祖国的安全、荣誉和利益，而其作为行政长官就是要通过其对中央政府和特别行政区负责来体现其基本的法律义务和政治责任。

三、2017 年政制改革与行政长官宪制角色之变化

（一）香港政制改革与行政长官选举方式的改变

香港回归之后第三次启动的政制改革的一个基本目标就是要在 2017 年实现行

政长官的普选，也就是要修改行政长官的产生办法，当然还包括对立法会产生办法进行修改的考虑。香港基本法第45条规定："香港特别行政区行政长官在当地通过选举或协商产生，由中央人民政府任命。""行政长官的产生办法根据香港特别行政区的实际情况和循序渐进的原则而规定，最终达至由一个有广泛代表性的提名委员会按民主程序提名后普选产生的目标。行政长官产生的具体办法由附件一《香港特别行政区行政长官的产生办法》规定。"香港基本法附件一《香港特别行政区行政长官的产生办法》第7条规定："2007年以后各任行政长官的产生办法如需修改，须经立法会全体议员三分之二多数通过，行政长官同意，并报全国人民代表大会常务委员会批准。"这是香港特别行政区实施行政长官普选最基本的法律依据。2004年4月6日，全国人大常委会通过了《关于〈中华人民共和国香港特别行政区基本法〉附件一第七条和附件二第三条的解释》，其中提出："上述两个附件中规定的2007年以后各任行政长官的产生办法、立法会的产生办法和法案、议案的表决程序'如需'修改，是指可以进行修改，也可以不进行修改。"在此基础上，全国人大常委会进一步完善并确立了修改附件一和附件二相关条文的基本程序，即"是否需要进行修改，香港特别行政区行政长官应向全国人民代表大会常务委员会提出报告，由全国人民代表大会常务委员会依照香港基本法第45条和第68条规定，根据香港特别行政区的实际情况和循序渐进的原则确定。修改行政长官产生办法和立法会产生办法及立法会法案、议案表决程序的法案及其修正案，应由香港特别行政区政府向立法会提出。"这一解释确立了著名的"香港政改五部曲"的基本法律渊源，这是全国人大常委会在基本法解释过程中对于基本法实施程序的一个完善。

2004年4月26日，全国人大常委会又通过《全国人民代表大会常务委员会关于香港特别行政区2007年行政长官和2008年立法会产生办法有关问题的决定》，其中认为，"香港社会各界对于2007年以后行政长官和立法会的产生办法如何确定仍存在较大分歧，尚未形成广泛共识。在此情况下，实现《香港基本法》第四十五条规定的行政长官由一个有广泛代表性的提名委员会按民主程序提名后普选产生……的条件还不具备。"并作出决定：2007年香港特别行政区第三任行政长官的选举，不实行由普选产生的办法。在此前提下，2007年香港特别行政区第三任行政长官的具体产生办法……，可按照香港基本法第四十五条……的规定和附件一第七条……的规定作出符合循序渐进原则的适当修改。

2007年12月29日，全国人大常委会通过了《关于香港特别行政区2012年行政长官和立法会产生办法及有关普选问题的决定》，其中确定了行政长官的“普选时间表”：“2012年香港特别行政区第四任行政长官的具体产生办法……可以作出适当修改；2017年香港特别行政区第五任行政长官的选举可以实行由普选产生的办法”。其中还特别重申了“香港政改五部曲”。2010年8月28日，全国人大常委会批准了香港特别行政区行政长官及立法会产生办法修正案，2012年选举第四任行政长官人选的选举委员会将由原来的800人增加至1200人，四大界别以相同比例增加委员的名额，不少于150名的选举委员可联合提名行政长官候选人，每名委员只可提出一名候选人。2013年12月4日至2014年5月3日，香港特别行政区政府启动了实现“双普选”目标的前期法律程序，就2017年行政长官和2016年立法会产生办法进行为期5个月的公众咨询。2014年7月15日，行政长官梁振英向全国人大常委会提交《关于香港特别行政区2017年行政长官及2016年立法会产生办法是否需要修改的报告》，这是香港“政改五步曲”迈出了实质性的第一步，但是之后，全国人大常委会所做出的决定引发了香港社会激进政治力量的持续不断的杯葛和反对。2015年6月18日，特区政府提交的以实现行政长官普选为基本目标的政改方案在立法会被否决，70名议员中有28名议员投反对票。

（二）他山之石：法国1962年总统选举方式的变化

根据法国1958年制定的第五共和宪法第6条和第7条的规定，共和国总统任期7年，由选举团选举产生，选举团包括议会议员、省议会议员、海外领地议会议员，以及由市镇议会所选出的代表。共和国总统的选举方式采取两轮多数投票制，即在第一轮投票中采用绝对多数制。如果第一轮投票没有结果，共和国总统在第二轮投票中根据相对多数制选出。这样一种通过庞大的选举团选举总统的方式在1962年通过公民投票修改宪法的办法进行了修改。

关于法国总统的宪法角色，戴高乐一贯主张：“法国最高的和永久的利益必须首先从国家元首身上得到保证”，而这“唯一的办法是由人民来选举共和国的总统”。因此，1962年法国宪法修改其实是戴高乐关于第五共和宪政体制设计的重要一环。戴高乐自己在其《希望回忆录》中吐露了这次宪法修改的基本动因和策略，他承认在1946年的贝叶演说和后来的1958年由他主持的制宪过程中，并没有提出国家元首必须由普选产生，他也曾主张总统由基础广泛的属于全国范围的选举团选出。但是，这样的做法其实是一种富有谋略的政治过程，他写道，“其实，我当时是认为最好不要毕其功于一役。在我决定向全国要求把政权从政党的控制下拯救出来，由总统而不是由国会作为权力和政策的源泉时，我就认为，最好还是暂缓完成这项巨大的改革”，“等到新宪法的实践证明最高权威按照宪法掌握政权并不会产生独裁的时候，才是向人民建议彻底改革的时机。我一开始就有亲自担当国家元首职责的意图。由于过去的历史和现今的环境，由于我所担负的任务，我上台的方式不过是一种无足轻重的形式而已。但是，考虑到今后，我决定在七年任期届满之前把这方面的制度建立起来”。[1]但是，通过公民投票对宪法进行修改是根据宪法第11条赋予总统的特权，戴高乐认为总统选举方式的修宪提议涉及“公共权力的组织”，当然，这样的主张并非完全地无可置疑，因为，宪法第89条精确地规定了修宪程序，通过公民投票方式来进行修宪不是不可以，但是必须得到议会的一致同意。而议会应该是不可能对这样的修宪提议表示支持的，戴高乐估计对于这一提议有“2/3的国民议会议员和9/10的参议院议员是无论如何不会接受的”，于是只有走公民投票这一着险棋。

这一次公民投票的时间是1962年10月28日，投票的结果是，在法国本土有1200多万人投赞成票，790多万人投反对票，总体来看，赞成票占有效选票的62%，反对票占38%。[2]这一法律草案在公民投票中获得了通过，即1962年11月6日的公投立法。这实际上是实现了对1958年宪法第6条和第7条，以及1958年11月7日关于总统选举的n 58-1064组织条例进行修改，其主要目标是实现共和国总统的选举方式的改变，将原来“共和国总统由议会议员、省议会议员、海外领地议会议员以及市议会选出的代表组成的选举团选举产生”修改为“共和国总

---

〔1〕 戴高乐：《希望回忆录》，中国人民大学出版社2005年版，第268-269页。

〔2〕 Date：28 octobre 1962；Objet：*Approuvez-vous le projet de loi soumis au peuple français par le président de la République et relatif à l' élection du président de la République au suffrage universel.*

统由直接的、普遍选举产生”。这一次宪法修改是第五共和宪法发展过程中最有争议的一次修改，也是最为重要的一次修改。之所以说这是最有争议的一次修改，是因为这次修改不仅仅引发了内阁的严重危机，并最终导致国民议会根据宪法的规定启动了弹劾程序。之所以说这一次宪法修改最为重要，是因为它改变了第五共和宪政体制的原始设计，真正地让法国第五共和从议会制转向半总统制半议会制，使得法国第五共和的宪政体制能够与其历史传统相结合，在与基本的民主理念不相背离的同时，又能确立总统的权威和权力正当性基础。

就这次公民投票的时机和背景来看，1962 年初，阿尔及利亚战争已接近尾声，一些政党对欧洲经济一体化和大西洋军事一体化进行严厉批评，并且也得到了一些盟国政府的支持，1962 年 4 月，《富歇尔计划》谈判破裂，戴高乐的欧洲政策遭到了一些议员的谴责。5 月 17 日，美国总统肯尼迪谴责法国。而阿尔及利亚问题的解决让一些议员失去了权力基础，又引发了议会中的一些抗议……种种迹象表明，戴高乐及其政府在诸多问题上正在面临着被动，而随着法国从阿尔及利亚顺利脱身，各种政治力量又开始寻找新的战斗机会。8 月 22 日，戴高乐有惊无险地躲过了在 Petit-Clamart 的暗杀，他认为这是一个有利的“战机”。于是，8 月 29 日，戴高乐通知内阁“准备建议修改宪法，以确保政权的持续性”。9 月 12 日，戴高乐向国务会议提出了关于共和国总统由直接选举产生的公民投票法案。戴高乐认为，宪法第 3 条第 1 款规定，国家主权属于人民，人民通过其代表或公民投票来行使国家主权，而宪法第 11 条规定，共和国总统可以将涉及公共权力机构的组织、国家的经济、社会与促进公共服务或授权批准国际条约方面的法律草案提交公民投票表决，而选举共和国总统显然是一件关于公共权力组织的事项。9 月 20 日，他在电视讲话中向全法国人民解释其宪法改革的计划，提出“我们体制的关键问题是，要有严格制度，由法国人民的理智和情感来选定总统，作为国家的元首和法国的引路人”。“为了使总统内阁有效地承担这样的任务，他必须明确地得到全国的信任。”“采取最民主的途径，即公民投票的途径，这是宪法简单明了地规定了的：‘共和国总统可以采取公民投票的方法向全国提出任何法律草案’”。

对于戴高乐修改宪法的主张，反对派给予了激烈的批评，主要是集中在这次宪法改革所选择的程序问题上。事实上，国会两院的议员们大部分都是不愿意自动地放弃他们手中所掌握的选举共和国总统的权力的，何况绕开宪法第89条关于宪法修改程序的规定，直接地诉诸宪法第11条所规定的公民投票，对于第五共和宪法来说，这本身也是极具危险的举动。向来政治立场比较模糊的参议院议长斯滕·莫奈维尔在9月30日对此进行了激烈的反击，他认为政府的做法是“预谋策划、为所欲为、居心叵测和肆无忌惮地违反宪法”。〔1〕他还特别地指出，如果使用宪法第11条来进行宪法修改，这无疑就是对宪法的一次背叛，那么，“不信任案就是一个直接的、合法的，宪法的答复。”〔2〕

蓬皮杜总理根据戴高乐的指示起草宪法修改的草案，该草案按照惯例被提交给最高行政法院进行审查，最高行政法院则对于政府的修宪建议也提出了保留意见以示反对，并且将其秘密的讨论和表决结果泄露给媒体。戴高乐对此格外震怒，于是随即在10月2日批准了召集公民投票的法令和法律草案，并于10月3日公布于政府公报。戴高乐在10月20日还向国会递交了一个咨文说明其做出修宪决定的理由，而国会早已经按捺不住，并于10月4日通过了对政府的弹劾案。〔3〕国民议会的480名议员中有280名投了赞成票，达到了法定的绝对多数，弹劾案在国民议会通过，刚刚上任不久的蓬皮杜总理只好于10月6日向戴高乐总统提出辞职，而戴高乐则让蓬皮杜继续行使总理的职权，并按照宪法规定的程序礼貌性地咨询两院议长意见。之后，便于10月10日公布了解散国民议会重新进行议会选举的决定。因为修宪的内容和程序的选择而引发如此激烈的政治冲突，这无疑已经构成了法国第五共和的又一次“宪法危机”，可以说，这一危机可谓是空前绝后，因为不但在以前法国宪法修改过程中没有出现过的，在此之后的宪法修改也没有引发过如此严重的法律后果。需要特别提及的是，这一次公民投票还引发了宪法委员会的一次合宪性审查，即在公民投票结束之后，修宪法案正式公布之前短暂的间歇，参议院议长莫奈维尔又启动了最后的一招——根据宪法第61条的规定将该修宪法案提交给宪法委员会进行合宪性审查，要求宪法委员会对于公投立法的合宪性进行审查。宪法

〔1〕［法］雅克·夏普萨尔、阿兰·朗斯洛：《1940年以来的法国政治生活》，全康康等译，上海译文出版社1981年版，第470页。

〔2〕吴国庆：《战后法国政治史》，社会科学文献出版社2004年版，第175页。

〔3〕［法］雅克·夏普萨尔、阿兰·朗斯洛：《1940年以来的法国政治生活》，第470页。

委员会在其裁决中采取了保守的立场，即以狭义解释的方法，拒绝对于在公民投票中通过的法律的合宪性进行判断，因此，这最终让这场 1958 年宪法诞生以来最为严重的宪法危机得以化解。〔1〕

这次宪法修改的直接结果是改变了总统的选举方式，但是从长远的影响来看，总统选举方式改变为普遍直接选举产生增加了总统权力的合法性和权威性，因为总统的权力基础来源于法兰西人民直接的授权，比国民议会议员和参议院议员要更为广泛，同时，也大大地扩展了总统的权力，使得总统在第五共和宪政体制中的角色更加重要和突出，“双首长制”的架构和轮廓日益明显，除了在“共治时期”之外，总理几乎完全地听命于总统，甚至可以随时被总统要求辞职。从这个意义上，通过 1962 年的这一次宪法修改，法国第五共和的宪政体制获得了“第二次再生”的机会。

（三）行政长官普选对其宪制角色的影响评估

2013 年 11 月 12 日，香港特区基本法委员会主任李飞 22 日在香港重申了“三个坚定不移”：中央对 2017 年行政长官实行普选的立场是坚定不移的，行政长官普选办法必须符合香港基本法的规定和全国人大常委会决定的立场是坚定不移的，行政长官必须由爱国爱港的人担任的立场是坚定不移的。他同时也指出，中央政府、香港特区行政长官和政府落实行政长官普选的立场是坚定的。处理香港普选问题既是特区的责任，也是中央的责任。在香港落实行政长官普选，既有中央的权力，也有香港特区的权力。李飞在其讲话中指出，行政长官和特区政府具有重要的宪制角色，他还对行政长官的宪制角色又进行了阐述：香港行政长官普选有一个特殊的地方，这就是香港是中国的一个地方行政区域，直辖于中央人民政府，行政长官必须由中央人民政府任命，对中央人民政府和香港特区负责。这决定了行政长官必须由爱国爱港人士担任。行政长官是一个政治机构、政治职位，对担任这个职位的人有政治要求，是理所当然的。根据基本法的规定，香港特区实行高度自治，相比其他地方政府，香港特区得到中央的更大授权，因此，中央需保留行政长官的实质任命

---

〔1〕 参看李晓兵：《论法国宪法委员会合宪性审查实践的创造性》，《东岳论丛》2008 年第 5 期。

权。此外，行政长官作为香港特区首长和特区政府首长，是香港特区的重要政治机构，也是中央与香港特区关系的枢纽。

正因为香港特别行政区行政长官具有重要的宪制角色，香港本地各方政治力量对于这个职位的产生方式都给予了高度关注和热烈的讨论，而且各持己见，争议和分歧甚大。从目前的情况来看，刚刚结束的这一轮政改无果而终，各方的努力暂告一个段落，行政长官普选目标在短期内几乎已经没有实现的可能，未来的香港政府何时再重启政改进程还无法确定。现在，要考察的是如果行政长官普选目标得以实现，经过“一人一票”的选举过程，行政长官的宪制角色是否会有所改变？行政长官所领导的行政机关和立法机关之间的关系是否会因为普选行政长官而带来二者之间关系的改变和调整？从长远来看，香港未来政制改革的进程是否会因行政长官普选目标的实现而逐渐平缓？周期性的普选行政长官将会给香港政治生态带来什么样的变化？而这样的改变又会对香港社会整体面貌带来什么样的影响？等等，这些都是需要应对和思考的。

首先，普选行政长官将给行政长官施政带来更大的合法性，这是普选行政长官所带来的最为重大的改变。行政长官当选的最终决定权从现在的1200名选举委员组成行政长官选举委员会转移到数百万选民的手中，这一方面让行政长官在香港宪政体制架构中获得了更大的权威，消除了社会上所存在的对于“选举委员会选举是小圈子选举”的诟病，另一方面也为行政长官未来的施政提供坚实的基础，使得行政长官的政策和理念更容易获得香港选民的理解和支持。行政长官在2014年7月15日向全国人大常委会提交的《关于香港特别行政区2017年行政长官及2016年立法会产生办法是否需要修改的报告》中就提出：“就普选行政长官方式，有相对较多意见认为应举行两轮投票，以增加当选人的认受性；但亦有部分意见认为应只举行一轮投票，以简单多数制选出行政长官当选人。”应该说，能够认识到两轮多数投票制的优势，的确显示了各方独到的政治眼光，相比较而言，这种方式更有助于产生稳定的政治多数，而简单多数当选的行政长官如果得不到有利的政治力量的支持，就容易出现施政困难、椅子空转的局面。

其次，普选行政长官目标的实现在很大程度上会改变行政长官合法性的来源，而这种改变可能会带来一个新的问题，那就是在中央政府的任命权和香港特别行政区选民的选择权之间可能会产生不一致的问题。中央政府提出要坚持以爱国者为主体的“港人治港”，行政长官必须符合爱国爱港的基本要求，要由爱国者来作为未来的行政长官。如何能够保证香港基本法所规定的行政长官最终要由“普选产生的目标”得以落实，但同时又要能够找出一个办法，确保普选产生的行政长官能够符合中央政府所提出的“爱国爱港”要求，这在今天的香港的确是一个具有难度和挑战的政治实践。目前，中央政府主要是从“守好前门”的角度来进行应对，防止出现行政长官的位置“失守”的不利结果，这就是通过一个具有广泛代表性的提名委员会按照民主程序来遴选行政长官候选人，现在香港的一些争议和反对声音也主要是针对提名委员会，诸如政党提名、公民提名等主张都是要绕开提名委员会。与“守好前门”相比，“守好中门”相对难度较大，而且不保险，而“守好尾门”更是容易带来“宪制危机”，因为，中央如果动用实质的任命权，否决了在投票中出线的参选人，这实际上就将中央放在了与香港几百万选民相对立的位置，即便是重新开始新的选举也依然无法化解既有的“宪制危机”，而且还可能会加重这一危机。正是在这个意义上，需要重新认识和评估提名委员会的设计本身所具有的宪法意义和宪法价值。正如全国人大常委会法制工作委员会副主任张荣顺在政改简介会上发言时指出，行政长官普选时，由一个有广泛代表性的提名委员会来提名候选人的制度，有利于香港的长期繁荣稳定，把宪制风险降到最低，可以说是一项伟大的政治发明，具有开创性的意义。[1]鉴于选举委员会是和普选目标结合在一起规定于基本法之中，因此，其合法性与合宪性不容置疑和否定，在实践中也不容通过其他方式来变相地改变或绕行，而是应该通过适当的方式将其予以落实，以达到既预防和化解宪制危机的考虑，又能够满足实现普选基本目标的效果。

再次，普选需要行政长官拥有稳定的政党或政治力量支持，由此催化香港本土政治力量的重新整合。当下香港的政治生态是一种“没有执政党的政党政治”，各种政党并非制定政策权力的政治组织，其主要功能是影响、监督和制衡政府，代表和反应社会上不同的声音和利益，而且，这种政治生态还很难说是一种短暂的、带

---

〔1〕 参见《张荣顺：提委会有利共识政治》，香港《大公报》2014 年 9 月 2 日。

有过渡性的政治现象，还是一种长期的政治现象。[1]行政长官普选目标的实现及其实施过程对于香港各政党和政治力量的存在和发展影响是显而易见的。由于行政长官的选举是一种多选一的模式，一些弱势政治力量的生存空间可能会被压缩。同时，普选行政长官与普选立法会目标实现之后，香港的民主政治进程进入新常态，周期性的选举将成为决定香港政治生态的一个重要因素，从长远来看，行政长官的选举与立法会的选举周期应该逐渐趋近，二者不宜间隔时间太长，否则如果行政长官的支持者和立法会的多数派之间彼此的分离，容易造成行政长官施政的困难，要避免出现香港版的“左右共治”现象的出现。

还有，普选行政长官目标的实现为香港民主进程加速，但是民主本身为行政长官施政带来新的挑战，即民主过程可能为香港社会带来更为理性的政治环境，但也可能会导致香港社会政治生态的恶化，甚至导致香港社会在政治上的进一步分裂。因此，未来香港政制改革的进程是否会因行政长官普选目标的实现而逐渐趋于平缓，在某种意义上还不能完全有定数。另外，行政长官普选目标的实现并不能当然带来香港社会民生问题的解决。不管是新的候选人谋求选举的成功还是在任的行政长官谋求连任，其所提出的施政方针和政策将更多地从解决选民当下的问题来出发，否则其制定的选举策略就不能够切中选民的心理，其所提出的选举口号也不能让选民的内心产生共鸣，其所组织的选举活动也就难以达到预想中的效果。当选的行政长官直接面对几百万选民及其背后复杂困难的社会问题，在行政长官和香港社会民众之间会形成新的互动关系，而周期性的选举会给香港未来的发展带来更大的变数。特别是在复杂的国际政治环境中，香港作为一个国际化的大都市，其内部的政治稳定和社会发展将更加容易受制于外部的干预和影响，这也是考察和理解行政长官的宪制角色时必须考虑的基本因素。

---

〔1〕 刘兆佳：《回归后的香港政治》，第160页。

政改闯关与新香港治理

田飞龙*

[内容提要]

聚焦特首普选的此轮香港政改是回归以来香港民主史上最重大的政治事件，其成败与否不仅事关香港自身的民主化发展，也事关始于中英谈判期间的一国两制及其法律载体基本法的治理实验前景，更关乎中国整体化的国家建构与治理现代化进程。“占中”运动及政改闯关失败标志着回归18年来央港凝聚政改共识的失败，也标志着香港回归在国家建构意义上的挫折。政改失败使香港陷入“过度政治化”怪圈和社会撕裂困境，聚焦经济民生只能在一定程度上缓和社会矛盾，但不能取代基本法秩序下的政改主题。重启政改在法律上需遵循“五步曲”程序从第三步开始，在政治上则需要反对派的“忠诚转化”以重新获取最低限度的国家信任。新香港治理需严格遵循基本法，开放审议民主空间，凝聚社会共识与国家认同，开展新一轮关乎“心理回归”的身份建构与制度补强，以便为终极普选改革提供更优政治条件并适度反哺内地治理现代化进程。

[关键词]

基本法　政改　一国两制　反对派　治理

---

* 田飞龙，北京航空航天大学人文与社会科学高等研究院讲师，法学博士，香港大学 Leslie Wright Fellow（2014-2015）。本文系作者承担的北京航空航天大学2015年中央高校基本科研业务费项目“基本法秩序下的政改闯关与香港治理”的阶段性成果。

一、引言：香港故事的中国意义

"一国两制"主要是一个"春天"的故事，只有在特定的改革时刻、氛围及领导人气质中才能够产生并被提升至国家建构和宪制转型的高度，尽管其在思想与历史渊源上受到早期革命根据地政治实践及建国初期第一代领导人聚焦台湾问题相关政治智慧的启发。[1]香港基本法是"一国两制"的第一个相对系统而标准的法律模型，也是邓小平亲自领导下完成的与国家建构密切相关的宪制性法律，澳门基本法对此多有模仿，远期的"台湾基本法"则尚不知如何构造，但"一国两制"经验及其思维方式显然不容忽视。2015年6月18日香港特首普选方案在立法会闯关的失败，标志着属于基本法体制内目标的普选改革未能在"五步曲"程序中顺利推进。[2]然而，这还不仅仅是一次个案性失败，而是中央与香港反对派在政改与基本法实施上的"共识政治"的失败，间接反映出香港基本法在建构国家认同与塑造"忠诚反对派"上的实效短板。[3]"中央与香港反对派的冲突"具有文明冲突的意义，两制互动与基本法变迁又具有文明融合的深远影响。对香港问题的任何严肃观察或评判必须同时具备古今、中西、内外多重维度。

"一国两制"与基本法是整个改革开放逻辑脉络中的事物，香港是另一个深圳，一个主要背负着非经济的政治治理与文化整合任务的特别行政区。中央治港，既要落实"长期打算，充分利用"的战略意图，又要在制度与文化竞争的意义上进行一场与撤退后的大英帝国之间的文明战争。这仿佛是一场与影子和幽灵的深切搏斗。中央治港面临着前所未有的全方位挑战，从历史观到法理学，从英帝国撤退战略到美国干预布局，从香港本土意识到"港独"幽灵，从不合作反对派到激进社运。这些治理性挑战在内地尚不充分，但在香港却愈演愈烈，而中央的整体治理能力是以内地体制为基本对象的。这就为中央治港提出了超越其既定体制经验和能力的任务，普选就是其中特别具有典型性的治理挑战。

---

〔1〕 参见田飞龙：《两岸人民关系条例的历史考察与修改展望》，《台湾民情》2012年第6期。

〔2〕 陈端洪教授称之为一种意义挫折，参见陈端洪：《一国两制的智慧》（未刊稿）。

〔3〕 参见田飞龙：《香港青年的国民意识危机及其化解》，香港《大公报》2015年6月8日；田飞龙：《认同的宪法难题：对"爱国爱港"的基本法解释》，《法学评论》2015年第3期。

不过，这并不意味着中央一定治理不好香港，也并不意味着简单放任香港高度自治就是严格符合“一国两制”根本精神的。“一国两制”需要一种动态平衡，以体现秩序与自由、主权与自治、中央与地方之最低限度的“权威－服从”关系，否则就不可能生成一种有机的统治秩序。如此，则基本法的实验意义就非常突出了，而且这种实验是聚焦于国家建构的。政改闯关的失败暂时豁免了中央治港进入普选阶段面临的更严峻政治挑战，使得中央有适当时间和空间来调理香港社会与政治生态，巩固中央主导权，但“香港政改未完待续”，[1]所谓聚焦“经济民生”也只能是暂时的社会修复性共识，无法取代香港继续追求民主普选的内在需求。基本法在政改主题下实际上不断发生着体制内变迁。本文侧重分析政改闯关与香港治理的过程及其难点，揭示这一实验性事物的艰难实践进程。

二、作为国家建构实验的“一国两制”与基本法

今年是基本法通过25周年，是一个值得纪念和深思的时刻。这不仅因为25年来尤其是回归18年来中央在基本法框架下保持了香港的长期繁荣稳定并循序推进了香港普选进程，从而有大量的治港经验甚至成果值得总结，更是因为“占中”运动将央港关系深层次的矛盾冲突完全表面化从而也需要引起严肃的反思与重建的努力。只有全面深入总结反思25年来正反两方面的真实经验与问题，基本法所开创的“一国两制”式的国家建构新路才能继续稳健前行，在进一步保障香港繁荣稳定与高度自治的同时亦能够有效反哺内地的宏观国家建构与治理现代化。

（一）香港基本法使命超越自治

香港基本法诞生于特殊的改革语境之中，负载着超出一般经验观察的独特使命。香港基本法并非对殖民总督制的简单沿袭，也非对中华帝国传统边疆治理模式的隐秘借用。尽管这两个面向影影绰绰且肯定影响到了立法者的内在思维，但立法

〔1〕参见田飞龙：《香港政改观察：从民主与法治的视角》，后记，香港商务印书馆2015年版。

者是在一个远远复杂于殖民统治和古典帝国治理的情境与条件下进行思考与设计的。香港基本法承接并予以具体化的“一国两制”，标志着中国在政治现代化进程中的开放心智与内在自信，也标志着改革内在的实验主义逻辑在基本法实践中的体现。这是一项谈判于中英之间、具体设计于中央而细节实践于香港的国家建构实验，其目的既在于直接地保障香港繁荣稳定与高度自治，更在于长远地为中国政治现代化与规范的国家建构先行探索积累必要的政治法律经验。甚至包括“占中”与反“占中”的斗争个案，撇开政治话语和意识形态的表层迷障，实在具有验证法治核心价值、测试公民抗命与社会运动实际压力以及循序渐进实现普选民主的国家建构探路意义。

（二）历史看待基本法局限

“一国两制”的结构性张力体现于基本法内部，主要是主权原则与高度自治原则的规范性张力。高度自治的宪制设计本身具有历史合理性，但从严格的国家建构与宪法角度尚可反思斟酌。基本法建构了一种不利于央港关系法治转型的权力结构。基本法没有深切关注到建立中央司法主权在依法治港与香港民主普选条件下的极端重要性并预作有效的控制性安排，从而使中央在特首普选博弈中明显感受到单一行政权抓手“易手”的巨大政治压力。在香港法律界精英人士构成政治反对派主要基础的条件下，基本法的这一宪制设计的局限性便更加凸显出来。

当然，我们要历史地理解基本法设计的限制性前提。首先，基本法的制度设计受到《中英联合声明》的严格限定，而作为一份国际法文件，它反映的就不可能是中方的单方意志，而是双方的协调意志，尽管中方坚持了主权原则，但在具体制度架构上则有相当程度的让步。其次，司法在英国普通法传统下处于极端核心地位，被英国政府和香港民众共同视为自由权利的根本保障，而彼时之内地司法严重不健全，不堪承担统辖香港司法之责，为速定回归大计及稳定香港信心，终审权下放亦有其不得不然之因由。再次，基本法制定时的内地改革开放起步未久，国家建构与对外开放均需大量借重香港，故维持香港高度自治使其继续保持经济与治理体系上的既有传统和优势，于内地之转型发展亦属有利。最后，既有政治传统及制度建制的直接影响，比如殖民总督制、古典帝国治理传统以及当时之立法者偏重政治与行政控制的思维定势等。尽管基本法从整体来看在当时的条件下已属最佳设计，很难想象存在另外更优越的选择与安排，但中央主导权的实质松弱以及对港管治上的政治性挫折已然潜伏于这样的基本法设计之中。[1]

（三）管治主导权激烈博弈

基本法制定前后，能否平稳顺利回归并非铁板钉钉，英国政府中的帝国主义者与保守派对《中英联合声明》并不满意，而当时冷战格局的迅速崩溃亦为英国的拖延甚至逆转回归安排带来种种暗示。因此，基本法制定除了兑现联合声明既有要求之外，还包含了与英国政府“竞争”香港民意的独特历史内涵。这就产生了另外一对张力：一方面，中央将《联合声明》中没有载明的普选写入了基本法并给出了路线图，具体时间表则有待回归后根据实际情况循序渐进地确定；另一方面，作为主要立法者的邓小平在1987年发出了“爱国者治港”是否可维系的忧虑。在此轮普选博弈中，作为统战概念和实质政治伦理概念的“爱国爱港”成为争议焦点，与香港社会的民主法治文化产生了一定的规范性冲突。即便是如此安排的基本法，仍然受到英国与香港方面反对力量的疑惧。这一疑惧因内地的政治动荡和发展不确定性而加剧。因此，从1990年通过以来，围绕基本法中的中央主导权，中英港三方展开了复杂的拉锯博弈，具体可分为两个阶段：第一阶段是1990-1997年的港英末期，第二阶段是1997-2015年的回归初期。

在第一阶段，英国与香港地方竞争回归后主导权的策略主要包括：第一，以《香港人权法案条例》全盘吸纳ICCPR，淡化英国1976年对ICCPR25b的保留，并借助香港的普通法传统开展违宪审查，试图以英美式的宪制传统抬高香港人权法案地位，与基本法展开制度竞争甚至意图压制后者；第二，自1991年以来，香港主要政党开始创建并逐步形成“建制－泛民”二元格局，以政党政治分化立法会，抑制行政主导，接轨社会运动；第三，由末任港督彭定康强硬推行快速民主化以固

---

〔1〕 相关研究可参见陈弘毅：《单一与多元——“一国两制”下的特别行政区基本法》，张千帆主编：《宪法学》，法律出版社2004年版；田飞龙：《法律的抑或政治的？——香港基本法模式下的中央与地方关系反思》，《研究生法学》2007年第6期。

化有利于英国及香港反对派的管治权力架构，同时以居英权计划以及引入美国干预等帝国撤退策略作为长期节制中央管治的基本力量。在第二阶段，英国退居幕后，美国积极补位，但正式的政治对抗主要在中央、特区政府、建制派与泛民派之间展开。这一阶段，中央接连遭遇因基本法设计带来的主导权行使上的政治挫折，至少包括：第一，1999 年居港权案中，香港终审法院质疑全国人大常委会宪制性权威并声明可依据基本法对后者进行违宪审查，引发央港重大宪制危机，后经政治协调解决，但也暴露出了司法终审权完全下放的宪制弊端；第二，2003 年的 23 条安全立法遭到失败，引发香港 50 万人大游行并确立了今后每年一度的民主游行传统，间接导致首任特首董建华去职；第三，2012 年的国民教育计划推行失败，青年学生作为政治反对力量开始崛起并走向前台；第四，2014 年特首普选政改引发“占中”运动，反对派不服从全国人大常委会“8·31 决定”，杯葛二轮咨询，联署捆绑否决政改方案，摆出彻底不合作架势。

追溯冲突原由，至少包括：第一，150 余年殖民史观与 25 年回归史观尚不对称，人心回归是远比主权回归更复杂的政治事务，需要时间和智慧，甚至需要适当的冲突使双方反躬自省，迈出重建信任与和解的步伐；第二，基本法设计过于偏袒香港自治和香港居民权利，在国家建构与公民义务上建树不多，造成结构性失衡；第三，央港双方秉持不同政治与法律传统，两制差异向“一国”方向的积极弥合还不充分，国家意识与公民意识尚未超越香港本土自治与居民意识而成为基本法下香港居民的第一身份共识。冲突就如同人体发烧一样，并不可怕，重要的是正确理解冲突并积极寻求化解其根源与病灶。这一过程必然是央港关系从偏重“高度自治”适度转向突出“国家建构”的过程，也是测试和考验中央依法治国与治理现代化实际智慧与能力的过程，更是香港内部稳健理性力量反思转进、重建与中央底线信任并获取更大政改空间和发展机遇的过程。

（四）政改闯关本应是最好纪念

从世界各国立宪民主史来看，普选既是一个不可回避的民主潮流，也是一个充满矛盾冲突的政治风险过程。中国的现代化进程在经历十一届三中全会的“经济优先论”之后 30 余年，在 2014 年的十八届四中全会上正式确立了“法治优先论”。[1]至于民主议题，尽管在历次中央会议上均有浓墨重彩的一笔，但在严格的改革议程上仍被后置，至少再经过30年始有结构性突破，从而完成中国现代化事业的封顶之作，顺利渡过唐德刚所谓的“历史三峡”。在由“法治”进至“民主”尤其是普选的进程中，香港基本法下正在发生的普选故事正好是中国治理体系中难得一见的局部经验。香港普选之路走得如何，对内地改革如何看待和规划民主议题具有直接而内部性的实验意义。中央定调香港普选需“循序渐进”，除了体现中央的政治审慎之外，亦表现出中央对香港普选与其他国家利益要素（特别是“主权、安全与发展利益”）相互尊重协调的结构性预期。

特首普选在基本法上既是第45条第2款的直接实施，也是基本法附件一的修改，本身构成了基本法体制内变迁的重要节点。更关键的是，2017年特首普选与否直接关乎2020年立法会普选。如此次政改方案闯关成功，则2020年之后的香港将享有更加深厚的民主基础和更加高度的自治架构，可以为国家建构和治理现代化提供更为充分的实验性经验乃至教训。因此，特首普选实在是中国近现代以来之中国国家建构与立宪民主的重要一环，其意义绝不限于香港一城一地之自治。对此，中央、特区政府、建制派甚至泛民主派均应有相应高度的认知与自觉。尤其对于香港反对派，任性反对政改方案易取，负责任地克制一己之私而从容于香港民主及国家建构大业难得。而民主进步从来不是一蹴而就，算民主账不能过于局限一时得失和个别抽象原则，而应着眼长远民主利益和国家建构大局，在非常时刻以超脱一己或党派利益的方式完成“责任伦理”的闪现和承担。

总之，基本法已诞生四分之一世纪，生效长达18年，是央港关系的最权威法律框架，是香港高度自治的真实宪制基础，也是国家建构之香港经验的实验场域。政改闯关是基本法实施过程的一个历史拐点，进则“一国两制”大有开创，退则央港关系无地反转。闯关成功就是香港的普选时刻，而这才是对基本法的最好纪念。可惜的是，由于反对派的捆绑否决，这一最好纪念的时刻要晚来许多年。[2]

---

〔1〕 深入探讨参见田飞龙：《法治开启中国新三十年改革》，《中国评论》2015年4月号。

〔2〕 参见田飞龙：《香港政改闯关投票结果评析与前景展望》，爱思想网，http://www.aisixiang.com/data/89720.html。

三、最低共识：作为宪制义务的反“港独”

在基本法颁布25周年纪念之际，香港社会重新认识基本法及理性探讨“政改闯关”本应成为后“占中”重建的唯一焦点。遗憾的是，近期香港社会却发生了数件令人忧心之事。面对“港独”与“政改”的抢镜与抢跑态势，香港爱国爱港力量发起了推动制定《反港独法》议题。此番立法既是基本法23条立法之曲折转进，亦是实质针对当下香港内外“港独”势力见长的现实策略。根据基本法第18条第3款，全国人大常委会可通过调整附件三的法律清单以动态增减适用于香港的全国性法律。这一调整的程序限制是事先需要征询基本法委员会和特区政府意见，实质限制是范围限于国防、外交及其他不属于自治范围之法律。反“港独”事涉国家安全与统一，显然不属于自治范围。而基本法23条属于对香港的例外性授权，并不排除中央基于政治判断直接进行必要性之立法的权力。当然，反“港独”绝不仅仅是中央的宪制责任，同时也是港人最低限度的宪制义务。

（一）“港独”是香港社运悬崖

“港独”由“占中”之前的边缘角色和弱组织化状态快速发展为拥有系统理论、海外组织和内部运动阵线的激进态势，是香港社运经历“公民抗命”阶段后无法理性转型的病理现象。对于香港社运而言，从2003年的合法大游行到2014年的违法“占中”抗命，已经实现了超越具体法律秩序的结构性跃进，如今进一步发展至围绕“港独”议题展开连续对抗，表明这一法治社会内部的良性运动传统已经不断恶化乃至于癌变。尽管法治在香港反“占中”过程中发挥了举足轻重的作用，引世人瞩目，但后“占中”的“港独”运动对香港法治的冲击将远超“占中”运动本身。而且，这一次所考验的不再仅仅是香港法治，而是香港整个公民社会的政治识别与自我净化能力。如果香港公民社会最终放任了这一趋势捆绑裹挟香港民主运动，特别是香港泛民主派被“港独派”牵制引导而无力切割，则香港社会将跌入悬崖，丧失其本有的对法治与公民社会的底限维护与敬畏。

“港独”与“占中”相比，不再是基于某种基本法内的道德目标而进行的中低度抗法，而是完全否认现行宪制合法性而诉诸彻底分离主义的革命行为。同时，这一取向也决定了“占中”运动所谓的严格非暴力原则不再可能被坚守，其运动过程的暴力升级将无法节制。当“港独”运动明确其目标、纲领、组织与路线图时，它在根本上已丧失对港人的任何意义上的政治代表性，成为纯粹的叛乱团体，不仅与“一国”为敌，亦与“两制”为敌。港人如何面对这样的“社运悬崖”呢？香港本是一个高度法治化的文明城市，有着优良的公民社会传统以及义工传统。即便如此，由于香港事务在实质上早已不可能完全由香港社会自主把控，各种外国势力的长期渗透和干预已造就了庞大的“代理人”体系，因此香港社会既有的文明存量是否足够反击这一“社运悬崖”态势是颇有疑问的。“港独”带来的“社运悬崖”甚至要比“政改闯关”这一议题更具爆炸性和摧毁力。

（二）反“港独”是底限义务

“一国两制”与基本法赋予了香港高度自治宪制架构，香港人得享远超过内地公民的自治权利。高度自治的法律基础不难指认，香港法律界人士也素来习惯于从普通法传统和条文字面含义理解法律。比如，他们对于基本法到底是否确定了“爱国爱港义务”尚存理解上的疑虑。这种疑虑有两个来源：一是普通法传统中的法律形式主义，对法律的理解高度倚重于形式法治，高度去政治化；二是对内地政治体制即“一国”前提的高度不信任，以高度国际化的普适政治眼光看待高度自治。这种本土理解丧失了对高度自治之国家前提与道德基础的追问，因而没有能力正面理解和安顿国家关切的“主权、安全与发展利益”，也没有能力透彻理解反“港独”对国家政治存在的根本意义。这种褊狭的本土法律理解与大国博弈中的国际干预意图一拍即合，导致香港反对派不是基于基本法而与中央产生日益扩大的政治交集，而是根本丧失政治忠诚前提与外国势力形成攻守同盟。

由于长期浸泡于普通法形式主义和民主国际主义的价值场域，香港反对派尤其是政治与文化精英逐步丧失了基本的政治耻感，只看到基本法中的权利条款和高度自治条款，只看到飘浮于国际空间与干涉主义层面的民主价值，而看不到“一国两制”的具体宪制架构及其根植的政治道德基础。从政治法原理而言，高度自治来自中央授予，尽管不存在具体的法律对价，但却存在严格的道德对价，即香港得享高度自治的政治道德前提必然是维护统一，反对独立。这是香港脱离英国殖民统治回归祖国的根本道德前提。高度自治的制度维系同样需要以此种前提做保障。丧失这一前提，就相当于反对派主动解除了与一国之间的政治契约，从而陷入与“一国”和“两制”的共同战争状态，不仅身处中国人民的对立面，也身处香港人民的对立面。因此，此次“港独”与反“港独”表面上是“占中”与反“占中”斗争的延续，实质上已经具有了不同的政治法内涵。此次斗争所凸显的正是作为高度自治之政治道德前提的香港人的底限忠诚。若丧失这一忠诚，则香港人在实质正当性上便不再具有继续享受高度自治的道德基础。这也是考验香港人到底如何承担作为中国公民集体身份的时刻。反“港独”既是作为香港宪制共同基础之中国宪法与基本法上明确记载的宪制性义务，亦成为香港人获得和维系高度自治权的政治道德前提。“港独”运动便是在根本上拆毁这一前提，若港人不能够主动切割自救，势必迫使中央对基本法下的高度自治权作出结构性调整，以积极修补“港独”运动对国家和香港两个层面的政治伤害。

（三）反“港独”法助力切割自救

香港法律界不少人士对香港本地法律中遏阻“港独”势力缺乏具体规范的现象很是担忧。此次香港律师团进京提议立法就是明证。在中国国家崛起处于战略机遇期的特殊时刻，香港的国家安全立法迟迟无法完成，构成中国整体国家安全的重要漏洞。对这一漏洞的制度性修补从未实质中断，从2003年按照基本法自行立法，到2015年初拟引入内地国安法的“吴秋北提案”，再到此次单行制定反“港独”法的“马恩国提议”。这一立法路径的曲折转进并非任何人的原初意图，而是央港关系复杂互动的必然产物。相比大而全的自行立法或引入内地法，聚焦于“港独”议题的单行立法似乎最为可行。因为这一单行立法只针对“港独”相关行为进行法律规制，无意于为了完整的国家安全而抑制香港社会普遍的政治自由与权利，从而并不会对香港正常的社运传统及其自由习惯构成过重负担。如果这一单行立法犹不可为，则进一步证实了香港人不愿意为国家安全承担任何形式与程度的义务，不愿意在最底限意义上与“港独”做出明确切割，从而自我消解了获得并维系高度自治权的道德基础。

事实上，当香港律师内心询问“港独”到底触犯何法时，他们并没有真正理解“一国两制”与基本法的真谛。一国之宪法，依德国宪法学家卡尔·施米特之理论，需区分为绝对宪法和相对宪法，前者为该政治体存在形式与类型的总决断，属于根本法范畴，后者则指涉具体的规则条款。“港独”行为即使没有触犯直接的法律规则，却必然触犯了作为法律规则之基础与背景规范的法律原则，亦即作为中国宪法与基本法之基础的根本法规范。这些根本法规范至少包括中国的主权统一与治权完整，否则“一国”之政治法内涵与实质不可能内在和谐。即便是法律的明文规定也为这一根本法规范的现身提供了正当程序与理由，这不仅包括基本法第18条第4款的紧急状态条款，还包括基本法第23条在香港本地长期立法不作为条件下作为原则性条款直接生效的可能性。根本法之根本意义在于保持对危及政治体生存与结构的因素的高度戒备和反击能力。此种规范之实施在常态政治下依赖于日常立法与司法，而在非常态政治下则可以有超越法律常规的实施机制。在“港独”运动迫使中央陷入非常态政治处境时，依据政治法原理，必要性就是法律，而常规的法律则短暂丧失必要性。主权权威维护根本法的必要性行为，其根本目的不在于延续非常态政治，而在于通过非常态机制尽快恢复常态政治，恢复根本法下的法律和秩序。如此看来，此次反“港独”单行立法仍然是香港形式法治传统下的日常立法，尽管具有针对非常情形的意图和逻辑。此法将成为23条立法迟迟无法落实条件下的最低限度的国家安全立法，符合“港独”运动日益升温条件下的比例原则。当然，如果这一立法不能顺利完成或完成后不能在香港顺利实施，则面对毫无法律规制的“港独”运动，主权权威必然会诉诸更加严厉的护宪措施，以阻止“港独”对国家与香港的深切政治伤害。

总之，反“港独”立法既是针对香港的最可行的国家安全立法，又是对港人反“港独”之宪制义务的重申与法律化，港人应以积极的政治心智从容面对。同时，该法还可有效援助香港爱国爱港力量及沉默的大多数在政治上觉醒和奋起，以香港社会固有的法治基础与公民社会力量主动抑制“港独”，实现切割自救，以维护“一国两制”与基本法的根本政治道德前提，以实际的反“港独”行动将港人的政治道德与社会文明灌注入自身所属之“中国公民”的内涵空间。更关键的是，香港社会应共同努力聚焦于年中的“政改闯关”，在非常时刻以非凡的政治勇气和智慧抛弃“港独”的雾霾迷障。这需要香港社会不同政治力量的协作，以表明香港社会具有承担维护统一之底限宪制义务的道德感与行动能力，亦有最基本的识别敌我、区分民主与“港独”、厘清自治与主权的政治法心智，更表明香港社运面对“港独”悬崖具备切割自救的实际能力。

四、政改闯关前的民主理性与非理性

聚焦特首普选的此轮香港政改是回归以来香港民主史上最重大的政治事件，其成败与否不仅事关香港自身的民主化发展，也事关始于中英谈判期间的一国两制及其法律载体基本法的治理实验前景，更关乎中国整体化的国家建构与治理现代化进程。特区政府于4月22日公布了各方关注的政改方案，正式迈出“政改五步曲”之第三步，香港政改走向立法会“闯关时刻”，香港普选面临重大而微妙的历史机遇。纵观整体方案，在法律上符合全国人大常委会“8·31决定”的同时，按照“提名放宽，普选从简”的设计原则展开，基本做到了在中央限制性框架下的“充分民主化”。政改问责团队随即落区开展宣传造势，香港社会民意亦呈现持续走强支持“袋住先”的趋势，而中央政府在闯关前亦频频表态支持合法落实特首普选，走出港式民主关键一步。

民意在香港政治中具有某种独特的存在方式与意义。一方面，民意是唯一的超体制因素和力量，是民主政治的始源和基础，因此博弈各方均不敢明确回避或否决民意。另一方面，博弈各方又巧妙利用现代民调技术和网络媒体调查优势频繁塑造有利于自身立场的动态性民意结果。在“6·22电子公投”及“占中”前期，民意曾较为强烈地支持反对派的政治诉求与行动，但在“占中”运动诉求无望而香港自身之法治与经济秩序日益受损的条件下又转趋对运动保持距离甚至反对。正是民意的微妙转向助推了最终清场的顺利完成。后“占中”时期的民意总体上反对“流动占中”和更激烈的对抗行动，对中央限制性框架下的“袋住先”渐趋好感，而没有紧随反对派中的激进力量共进退。

因此，尽管博弈各方各取其有利的民意结果，但由于香港自身的媒体自由与民调市场的多元化，某一时期就焦点问题的民调结果出入并不显著，因而此番民意反映出的“袋住先”固然是符合中央“循序渐进”推进香港政改的总意图，但也首先是香港多数居民对政改闯关的一般性态度，反对派需严肃认真对待。香港居民和反对派精英有着价值与政治利益的交集，但并不完全认同后者的行动策略，对政改闯关与2017年普选后再优化亦有着自身的理解与接受逻辑。中央和建制派正是注意到民意与反对派的立场间歇而逐步引导民意走向稳健理性的轨道。当然，香港主流民意的这一走向并非主要取决于中央与建制派的引导策略，而主要取决于香港居民牢固的法治观念和理性务实的精神品格。当然，香港本质上是一个商业城市，而不是一个过度政治化的城市，是一个懂得妥协和自我保护而非一味坚持刚性原则不知变通的城市，这是近代香港形成的一个“大传统”，政改周期中短暂的激进社运经验不足以改变这一城市性格与传统。

不过，精英间的政治冲突依然严重并可能对最终的政改闯关造成极其不利的影响。央港双方精英在特首普选议题上的战略思维与取向有着很大出入。对于中央而言，自回归以来的迭次治理危机甚至挫折推高了中央对香港管治权易手的深刻焦虑，从而使中央沿着2004年全国人大常委会“五部曲程序”解释以来加强中央主导权的方向进行逐步严密的宪制性程序建构和实质性政治意志输入，预期扭转治港中的话语权和实质控制权的弱势形态。对于香港反对派而言，对中央及其根植的政治体制的不信任是根深蒂固的，是殖民史观、西方普适价值观及西方干预策略多重作用的结果，其政治抗争的主要目标在最强意义上一度包含了促进中国民主化的方面，但在最弱意义上则至少保障自身的“高度自治权”，实行“井水不犯河水”式的光荣孤立，这并不必然意味着“港独”，但一定意味着拒绝大陆化和大陆体制的渗透控制。中央面对的是回归以来的迭次治理挫折、香港内部强大自足的法治与公民社会体系以及对西方高度开放的政治生态，深感国家大一统与安全的隐忧，而香港反对派面对的是中国国势上升及其强烈的国家主义整合与控制趋势，包括自身在政改议题上主导权与竞争机会的日益丧失。双方是在一种高度缺乏最基本政治信任与合作经验的条件下展开的、补偿各自政治挫折感并提升各自政治安全感的对抗与博弈。这是香港政改在后“占中”时期日益陷入僵局，“捆绑否决”之立场日益僵化却难以改变的基本原因。

立场僵化包含了反对派对中央政治立场甚至操守的某种“不信任推定”。但是，以此种忧虑而加固“捆绑否决”的政治心理基础并无助于香港政改僵局的打破，也无助于香港民主的实际进步。港大陈弘毅教授就认为这一提法不符常识。深层的“不信任推定”一方面导致反对派不敢做出任何实质性妥协，不敢从“公民提名”的终极立场后退以便留出政治妥协的必要空间，另一方面也日益明显地反映出诉求无望的无力感与抗争路线转型上的深刻迷茫。后“占中”时期港大学生会退联事件以及“港独”组织化现象可视为香港社运转型的某种试探性动作，但并不为主流社会所理解和接受，甚至在内部亦存在严重争议。当然，转型路径有争议，对中央的“不信任推定”却是共享的，而这种不信任不仅是香港社运激进化的根本精神动因，也成为中央治港心理中挫折感和不安全感的主要来源。

伴随中央“8·31决定”及“占中”运动失败而来的是香港反对派的一种深切的政治挫折感及由此而来的广泛不合作、“港独”组织化、反水货客以及日益固化乃至于僵化的“否决政改”立场。反对派之不合作与抗争的焦点并不在于刚刚公布的政改方案，甚至不在于第二轮政改咨询，而始终对准中央的“8·31决定”，认定该决定“连落三闸”，在该框架下设计的任何政改方案均不可能“一步到位”地满足其民主普选理想，因而便笼而统之地被归入“假普选”之列。同时，反对派的推理逻辑还表现为：“占中”运动失败已失一局，如果再勉强“袋住先”，则回归以来香港政治生态中反对派日益走强的政治话语权与主导性将被逆转，建制派与中央将获得更大的政治自信与力量来改造香港政局，“高度自治”将严重矮化。沿袭这一思路，反对派拒绝了后“占中”时期中央释放出的和解信号，多次捆绑投票否决的立场。不过，这一集体捆绑行为在“占中”运动前后尚可“同仇敌忾”，在特区政府正式公布政改方案且民意日益支持“袋住先”的强大压力下却逐渐难以保持攻守同盟。根据近期的政治观察，反对派议员中颇有温和理性力量反转立场的可能性。这一反转固然有中央和特区政府的策略性措施影响，但就内在政治理性而言亦可理解。在穷尽社会运动与议会内拉布之反对性资源而仍然无法改变政改框架时，捆绑否决可以作为短期内巩固自身政治团结与接力施压的政治武器，但却不可能成为贯彻到底的一致立场，因为从反对派自身政治利益及香港民主化整体前途而言，一味否决并非上策。

我们看到，就在特区政府公布政改方案的同时，《苹果日报》等反对派媒体加紧了对民主党的“批判性团结”，试图巩固捆绑否决的攻守同盟。这一颇为僵化的立场事实上并不符合反对派及香港民主的长远利益。不过，反对派内的温和理性力量亦需要足够的理由、智慧和勇气才能够部分说服党内成员并不惜政治代价做出立场反转。香港政改第三步，最精彩之处不在于中央和特区政府的既定工作，不在于反对派中激进派与少壮派的一意孤行，而在于决定政改方案“生死”的少数反对派议员。民主是多数决，但关键时刻的民主却取决于少数人对民意和公共利益的超党派认知与追求。当然，这里存在两个层次的理性计算与说服。第一层次是中央和特区政府说服反对派整体或部分议员回归基本法与人大决定框架，在“合法”轨道内赞成政改方案并“循序渐进”地继续致力于香港民主的后续优化。这一层次的说服工作一直在进行且得到了香港主流民意和少数反对派议员的认同，从而构成香港政改闯关的一线生机。然而，仅仅具有第一层次的说服还不充分，还需要第二层次的说服，即反对派阵营内部的理性审议与反转。

这需要温和反对派借助持续走强的主流民意、“占中”运动的间接成果以及香港民主利益的长期公式来进行智慧而艰难的说服。关于“袋住先”的香港主流民意，近期的政改民调可为凭据。在主流民意与党派利益发生冲突时，温和反对派有着较大的理由空间展开工作。当然，仅仅根据民意尚不足以充分说服激进派和少壮派。因为反对派整体的不合作来自一种深切的政治挫折感，必须对这一挫折感加以可接受的解释与安抚才能够在政治情感意义上取得进展。同时，否决与否到底哪一种选择更符合反对派及香港民主长远利益，也是一个可以进行严格的内部理性计算与辩论的主题。

对“占中”与反“占中”运动，尽管中央高调认定是一场反“占中”的胜利，但实际上作为一场严格的公民抗命，该运动尽管没有取得直接而重大的预期成果，却为香港民主化及香港价值争取到了一定的间接成果。这些成果包括但不限于：第一，超常规政治动员完成系统公民教育，为后续社会运动储备人才与经验；第二，运动中与政府首轮对话获取“继续民主”（2017 之后继续优化）承诺；第三，法治价值的再确认与对内地的输出，即“占中”违法抗命在司法干预下退场，显示香港法治的第一核心价值地位，客观上向内地传递了“法治是个好东西”的经验性事实，有助国家的整体法治转型，从而为内地有序民主化奠定理性基础；第四，全面准确理解“一国两制”与基本法成为新课题，这一再教育过程不是单向灌输，而是双向互动，预期生成更坚实社会共识；第五，暴露“非忠诚反对派”、“港独”取向与国际干预依赖症的病理特征，有助于香港社会反思重建；第六，长远影响香港政治生态与未来立法会选举走向。“占中”是殖民史观与回归史观、国家主义基本法法理学与普通法自由主义基本法法理学、香港内部管治失衡与阶层矛盾激化、央港经济实力对比逆转与大陆化整合压力等多重矛盾冲突的产物，其爆发既不是可避免的，又不是不可调理应对的。这是香港回归以来央港关系的一次“最大高烧”，目前处于退烧阶段，温和理性力量在快速觉醒并趋于主导，而对“占中”运动间接成果的辩证认知与肯定亦可部分说服反对派转换思路。

再退一步，算一算政改否决与不否决的民主利益。如果按照既定捆绑立场否决，其长期危害是根本性的：第一，2017 年无法实现特首普选，2012 年方案自动且无限期适用，政改遭遇彻底失败，没有赢家；第二，与特首普选实行程序捆绑的 2020 年立法会普选无限期搁置，香港民主化进程整体停滞；第三，否决不能有效补偿反对派政治挫折感，反而激化其采取更加过激的对抗行动甚至“港独”实际行动，倒逼中央进一步收紧香港民主化空间；第四，主流民意可能产生激烈政治反弹，将政改失败归责于反对派整体，从而造成反对派政治利益和选民基本盘严重流失；第五，整个香港社会被裹挟进“过度政治化陷阱”，其国际商业大都市的法治精神与温和理性气质遭受压抑，很可能在新一轮全球经济竞争中落伍而沦为二线城市。相反，如温和反对派议员智慧而勇敢地展开积极说服与立场反转工作，则必为香港民主救星而载入史册，不仅有效回避了上述否决条件下的种种根本危害，亦可为香港争取到 2017 年之后的民主优化前景。在反对派逐渐远离广场、回归理性与香港民主本位时，捆绑否决的根本缺陷就很明显了。

这就凸显了此次政改闯关对香港整体民主化的枢纽性意义。如果反对派因僵化理解“不信任推定”而坚持“捆绑否决”，则特首普选和后续的立法会普选均告停滞，这一率性行为固然有力狙击了中央和建制派主导香港政治的总意图，但也是冒着站到民意对立面的巨大政治风险，得不偿失。即便是为了政治基本利益的自保和实际支持香港民主进步，反对派亦应当理智而勇敢地超越“不信任推定”，先行收获有限的民主成果，在香港民主政治中先行引入直接而生动的 500 万选票力量，以此作为 2017 年之后再优化的更优越基础。而且，如果反对派理智反转，2017 年之后再优化的政治责任便重新被推给中央，若中央迟迟不能兑现承诺，在政治上是不明智的，亦给香港反对派以更大的政治资本和发展空间。反对派内部一定会日益清晰地分化出是否接受现方案的两种意见，由此也会导致闯关投票后两种不同的民主抗争一路：其一，“袋住先”，2017 年参选并接力监督中央兑现再优化承诺，为香港青年世代而不仅仅是自己争取更宽普选框架；其二，刚性“捆绑否决”，完全摊牌，彻底决裂，接着带领社运激进力量甚至“港独”势力展开无限制的升级抗争甚至暴力对抗。两种投票选择，两种民主化命运，实实在在考验着香港反对派的政治智慧，也考验着香港民主的理性品质。

政改闯关是各方势力聚焦角逐政改方案的最紧张时刻。过，还是不过，对香港民主乃至于香港长期愿景而言，兹事体大。政改闯关严格考验着香港反对派的政治智慧与勇气。希望固然在于官方和主流民意的联合期许与压力，但温和反对派议员的理性反转工作似乎更为关键。我们曾经渴盼并善意祝愿香港民主成功迈出这一艰难而重大的一步，开启中国民主化的“普选之窗”。这是笔者在政改闯关前的民主理性推演过程，自认为可以获得香港民众甚至反对派中理智人士的认同和支持，但捆绑否决的结果表明香港反对派以民主为起点，却在政改闯关事项上走向了一种民主的非理性，阻断了香港的普选进程和制度优化前景，其对香港民主化的迟滞效应尚难充分估料。

五、否决政改与后政改治理

6 月 18 日，香港立法会就特区政府提交的政改法案遭到否决，绝大部分建制派议员因程序失误没有投票。投票结果意味着香港政改闯关失败，政改“五步曲”在第三步被否决。政改失败需要进行原因检讨，也需要提出针对后政改时期的治港新分析与新思路。政改闯关失败有许多原因，主要包括以下方面：

第一，主因是泛民派“捆绑否决”，拒绝最低限度的政治妥协与合作，使得即便建制派全体投赞成票也不可能改变结果。第二，建制派政党政治经验不足，纪律协调出现严重误差。第三，“占中”运动的消极影响。第四，“8 · 31 决定”的锁定效应。第五，香港中间力量的话语权与行动力不足。第六，中央在后“占中”博弈中未给出足够明确的“下一步承诺”。第七，反对派错估中央政治意志和对管治权争夺的高度敏感性。

政改闯关失败已经是一个政治事实，而且在梁振英任内重启政改无论是时间上还是央港共识水平上均不可能。失败后，中央以及香港建制派力量期望香港社会短暂跳脱“过度政治化”状态，聚焦经济民生，巩固繁荣稳定基础。反对派则处于艰难的分裂和转型中，但总体趋势仍然是坚持政治抗争路线，包括立法会内继续拉布和街头抗争继续维持。这一投票失败的主要影响如下：

第一，短期内直接避免了更激烈的社会运动，使得反对派一时寻找不到更为具体和直接的反对议题，只能老调重弹。第二，央港政治互信降至冰点，重启政改丧失最基本的中央信任条件，使得香港民主之路陷入艰难境地。第三，政治对抗连累经济合作与深港融合。第四，反对派政治分裂与极化。在议会拉布和街头抗争总体无效的背景下，反对派内部必然发生结构性分裂。第五，建制派反思转进尚有空间。后政改时期如建制派内外调理得当，在两级议会选举中仍有较大进取空间并结构性改善效果政治生态与版图。第六，反对派对国际干预的依赖和信任有所降低。“占中”运动及后续抗争中，香港实际获得的国际干预和支持较为有限，香港国际地位相对衰落已成事实。第七，港台反对力量联动可能加强。在蔡英文当选预期日益增大的条件下，港台反对派联动预期有可能增加，台湾可能利用自身独特优势和地位影响和支持香港政治反对派，欧美也可能通过台湾“间接”干预香港政局，形成错综复杂的政治走势。第八，民意的积极走向与央港融合契机。政改失败对香港民主政治有“冷却效应”，民意在投票前高比率支持“袋住先”，投票后亦可能以更加温和理性和积极的眼光与形态看待大陆崛起和中央管治，更全面理解“一国两制”与基本法的完整内涵。

闯关失败不会导致中央惩罚香港，而是引起香港社会的反思重建，造成香港以更积极心态再出发的社会氛围与民意取向。从投票闯关到年底区议会选举及明年立法会选举不到半年，选举结果将是对此轮香港社会反思重建的检验性结论。

香港“占中”运动及政改闯关失败有着复杂的内外原因，就内部而言，政治相互猜疑和社会阶层矛盾是不可回避的现实。为此，后政改时代的中央治港方略应在延续既有管治经验的同时有所创新突破。具体要点如下：

第一，突出基本法的宪制权威及不可动摇性。基本法是香港繁荣稳定的法治基石，也是央港关系互动调适的最权威法律框架，不可轻易修改或轻言修改，要坚决反击香港反对派借助修法议题动摇这一法律秩序的运动。修改基本法在目前政治环境下亦不利于香港繁荣稳定和高度自治。第二，重申中央支持基本法秩序下的普选目标不动摇，重申重启政改的政治条件和法律基础，合法合情合理说明中央的法治立场和政治利益关切点，使得香港社会对民主化仍然保持价值认同与进取预期，团结凝聚香港大部分人心。第三，维持对香港各项经济优惠安排，继续以“繁荣稳定”的事实反击反对派的各种攻击和国际上的猜疑。第四，在国家十三五规划与一带一路战略中适度突出香港的优势和角色，鼓励港人信心，以空间换时间，逐步增强香港经济及香港民心对于中国整体的向心力与融合度。第五，加快研拟“一国两制”与基本法框架下香港青年参军、考公务员、出任外交官及内地体制内各种技术性职位的制度机制，将“行政吸纳政治”的经验复制到中央吸收香港精英并建立其稳定政治认同的框架内，逐步弱化对“一国两制”过度形式化理解与贯彻所带来的香港青年与内地的“政治隔离”状态。第六，鼓励内地优质国企或民企吸纳香港青年创业和就业，设置专门项目和计划，与特区政府就业保障框架适度对接。第七，支持特区政府在后政改期间聚集经济民生的实际政策举措，逐步缓和香港阶层矛盾和贫富差距。

“一国两制”下的新香港要告别许多，重建许多，不是一日一时可成。[1]政改闯关失败只是个案性失败，“一国两制”与基本法仍在，政改“五步曲”程序仍在，香港主流民意支持基本法秩序内的普选改革及聚焦发展经济民生的正当意志仍在，中央坚持以基本法为基础的依法治港方略仍在，这些都是香港后政改时期重建自我和重建与中央互信互动关系的可靠资本。勿使政改失败之“一叶”障目而不见了“一国两制”的“泰山”之壮观气象与宏阔前景。摆脱迷思与任性，找回信心与信任，新香港的意义与优势依然可期。

---

〔1〕 吕大乐先生对此有着敏感回应，参见吕大乐：《香港模式：从现在式到过去式》，香港中华书局 2015 年版。

六、聚焦经济民生有助社会重建

否决政改后的香港虽不时仍有“本土派”与爱国爱港力量的街头冲突，但总体上表现相对平静，政府高官、智库及一般民众开始就经济民生发展达成基本的公共政策共识。梁振英政府就职时将经济民生诸项指标作为重要施政承诺，但绵延而激烈的政改冲突打乱了这一施政进程，对香港经济调整与民生改善造成一定不利影响。尽管代价相对高昂，但政改冲突是基本法实施与香港社会民主发展不可避免的一个特定阶段，既不必过分苛责，亦不必过分流连。理智而勤勉的香港人需要珍惜经历千难万险获得的聚焦经济民生的新共识。

当然，这一新共识并非香港发展的简单“大陆化”，不代表香港接纳了某种“中国模式”，而是其自身目标调整与社会重建的合逻辑展开。一方面，经济民生是任何现代社会政府管治的共享议题，是政府正当性与绩效体系的核心指标，无论内地还是香港均不可忽视和超越，此次共识不过是现代治理常识理性的回归。另一方面，香港毕竟是高度发达的现代社会，是基本法保障下的高度自治区域，基本法承诺的体制内普选目标是其民主发展的终极指向，不因阶段性、调整性的经济民生聚焦而有根本改变。事实上，聚焦经济民生有助于香港社会重建，逐步修复裂痕与伤痛，凝聚共识与新力量，从而为“继续民主”之路准备更适当的政治社会条件。

（一）香港经济急需升级

香港经济的“亚洲四小龙”时代已经终结，香港人必须从经济优越性的旧梦中苏醒，面向国家“一带一路”的发展大局，寻求本港经济新的增长点与创新空间。香港的经济战略决策与发展模式必须遵循最基本的经济规律，不能沉浸旧梦，孤芳自赏，也不能受政治捆绑。

在经济全球化、区域化日益明显的格局下，香港必须在经济体系归属上有新的定位。美国重返亚太的影响主要集中于政治和军事，且遭遇到中国崛起的有力抵制，形成中美亚太力量格局的再平衡。由于经济相对衰落及国内民主“否决机制”等因素，美国主导的TPP很难成为亚洲经济的整合性力量。现实来看，中国主导的“一带一路”和亚投行等区域经济新秩序有巨大的投资和发展空间，香港作为中国特别行政区有着巨大的发展参与机会。梁振英特首定位这种机会为“超级联系人”，并非虚言。然而，如果香港因为政治绑架经济，导致再次错失参与这一经济新秩序的机会，则“超级联系人”地位恐被新加坡等经济体甚至内地自贸区所替代。短期内香港仍然具有“超级联系人”的相对优势，内地一线城市的经济成熟度与治理成熟度尚存差距，然长期来看这一差距在不断弥合，香港当居危思危，抓住机遇，完成经济升级改造。融入，还是排斥，决定的不是内地的经济命运，而是香港的经济命运。

（二）经济民生修复裂痕

“占中”运动固然有着内外复杂背景和因素，但回归 18 年来香港经济竞争力下滑和民生状况恶化也是现实，甚至是支持运动的重要社会原因。反对派习惯于将一切经济民生问题归结于政治问题，具体而言是普选问题。这多少有点将问题本身简单化了。无疑，在共识基础上推行的普选自然有利于增强政府管治能力和认受性，但也不意味着经济民生问题就能立竿见影解决。政改受挫，特区政府寻求转移社会重心，聚焦经济民生，实际上是对问题本质的一种还原，适度缓解既往将一切发展问题归结为普选问题的社会心理焦虑。因此，通过聚焦经济民生的官民实践，香港社会有可能更加完整而平衡地理解经济与民主、民生的关系。

聚焦经济民生对“占中”运动与政改挫折带来的社会裂痕的修复作用是明显的。如果新经济战略制定合理，实施妥当，过往焦虑于地产霸权、金融寡头和贫富分化的社会仇富、仇官心理可能得到适度平复。民生议题不能成为孤立的福利议题，而需要与经济发展协调统筹，以发展促民生，以民生助发展。这样，习惯于简单税制和偏低福利的香港就有可能逐步走向中等福利水平。因为香港经济需要通过更积极参与国家经济而获得发展动力，这一聚焦过程还将带来央港关系的修复，这一修复不仅具有积极的经济意义，还具有为重启政改提供优良条件的意义。聚焦经济民生所带来的香港内部生态优化、利益重排和共识凝聚以及央港关系上的互信重建，是后政改调整的战略性目标。

（三）健康心态重启政改

聚焦经济民生固然是后政改时期香港社会主流共识，但政改本身并未完成，从而使得重启政改尽管不具备短期的现实性条件，但中长期来看仍然是基本法体制内目标和香港社会民主发展的必然方向。6 月 18 日的否决只是个案性否决，并不表明政改已经终结。从现代社会的普遍发展规律来看，未完成普选的民主始终存在着走向民主的强劲动力，这种动力不仅仅来自外部世界提供的普遍话语和模式诱导，也来自高度现代化社会“人人参政”的政治自觉。

寻求“一国两制”下香港社会的长治久安，必须在适当时刻重启政改以实现普选。基本法以及“8·31 决定”是关于香港政改与普选的最权威法律基础，也是中央关于香港循序渐进实现普选的最庄严政治承诺，但前提是香港社会对普选方案有共识，对基本法及中央治港核心原则有理解与支持。否决政改表明香港社会的这一共识尚未达成，对中央治港核心原则尚缺乏正面体认与接受。何谓核心原则呢?就是主权、安全与发展利益。这些可统归入“国家利益”范畴的核心原则根植于基本法承载的“一国”内涵之中，若香港人不能客观认知和接受这一宪制性前提而仍然将普选作为准独立政治体事项衡量，政改分歧就很难弥合。在分歧巨大时，不妨双方各自冷静调整。于中央而言，必须坚持基本法之下的香港普选目标，为适当时刻重启政改提供通道与支持，兑现政治承诺。于香港而言，通过梁振英剩余任期的聚焦经济民生发展而营造一个新的香港经济前景、社会共识与央港关系。这一调整周期不宜过长，以便香港普选作为“一国两制”与基本法的重要目标能够早日实现。由此，香港自身在国家发展中的角色也在转型，从相对单调的经济层面转向“治理特区”定位，为国家治理现代化探路。而聚焦经济民生恰恰可以营造香港人的一种与时俱进的健康心态，重建社会共识与央港互信。

七、精神深处的搅扰：香港青年的国民意识危机

“占中运动”的重要政治遗产就是香港青年世代走上政治舞台，形成香港社运新生力量，在很大程度上冲击着既有的“泛民－建制”二元格局并深远影响到后“占中”重建，甚至对迫在眉睫的政改立法会闯关亦有影响。近期黄之锋巡回世界

各地“串讲”香港社运经验及接力街头对抗政治，显示出香港青年深切的国民意识危机。这不得不促使我们重新严肃审视后“占中”时期重启“国民教育”的必要性和紧迫性。对香港青年国民意识危机的忧虑由来已久，今尤更甚。在设计具体对策之前，我们有必要对国民意识的理论定位及香港青年的国民意识历史构成展开相对细致的考察，才可能明辨原委是非，有的放矢。

（一）国民意识的理论定位

国民（nation）并不是一个个体主义概念，而是一个整体主义概念。准确界定国民，需要将其放置于具有“家族相似”的近缘概念脉络中加以辨析。对与国民相关之系列概念的误解与误用，常常造成香港政治辩论无法聚焦深化。我们将首先通过“国民不是什么”的否定式思维来确定这一概念的基本属性。

国民需要在与臣民、公民、居民、人民的精细辨析中获取自身的准确内涵：第一，国民不等于臣民，是整体自治而非受治的政治主体，是近代民主革命的结果；第二，国民不等于公民，是偏于共和主义和整体主义的“想象的共同体”（安德森），这一想象也不是宽泛的文化认同，而是具有直接的政治认同意涵，而公民概念一方面被人权概念“去政治化”，另一方面凸显权利本位，削弱义务感和认同属性；第三，国民不等于居民，是严格的宪法学概念，而不是税法学或行政法学概念；第四，国民也不完全等同于人民，前者有着人类学上的民族性特征，后者完全是政治哲学的抽象建构。国民概念伴随近代启蒙尤其是法国大革命而发生，是对“nation state”的理论化，是基于民族（nation）而指向作为政治组织之国家（state）的特定理论过程，确定的是现代国家的严格的政治社会基础，西耶斯在论证法国民族的整体制宪权时有着精致建构。香港青年的国民意识问题因此可简要界定为：香港青年对自身归属于中华民族及其实证的政治共同体的认同程度。

（二）臣民 – 居民模式的困扰

香港青年的国民意识危机有着深远的历史基础：首先是古典基础，即大清帝国的臣民意识（1842 年鸦片战争之前）；其次是近代基础，即英帝国的殖民地居民意识（1842-1997年）。这就构成了香港人精神意识中独特的“臣民－居民”模式。香港人在整体近代史中缺乏民族国家建构的意识、能力与体验，不能发展出正常的国民意识，而与内地的百年互动所印证与维系的只是朴素原始的民族情感，而不是高级建构层面的政治认同。香港基本法的核心概念仍然是居民而不是公民，偏重纯粹权利而不是义务，预设了一种去政治化的泛人权概念（ICCPR－香港人权法案条例）。香港从来不是一个民族，也不是一个人民，香港人民只是一种泛化而不严谨的便利称呼。香港民族论和香港独立论表明香港青年对主权回归中“国民意识”建构的排斥。而国民意识危机的直接后果就是香港青年无法理解国家概念，亦无法从历史和政治命运共同体及真正共和主义的高度理解和认同中国的发展转型及其政治精神与体制。

150余年的殖民史在涤荡香港人中华帝国臣民意识的同时，确立了牢固的“居民”政治意识形态。这种纯粹“居民”的政治意识构成大致如下：1. 殖民史观；2. 冷战史观；3. 人权史观；4. 普通法史观；5. 普适民主史观。这些历史观要素混杂综合，构成了香港人的主体政治精神，而“爱国爱港史观”则相对处于弱势，香港的既有教育体系又根本没有承担甚至严密排斥“爱国爱港史观”的渗透与机制性落实。2012年反国民教育事件并非孤立事件，而是这种纯粹“居民”政治意识形态的激烈反弹，其中生力军即为包括黄之锋在内的香港青年一代。

在排斥国民意识的“居民”意识形态之下，香港青年组织亦呈现出高度自治态势和社运生力军形貌。比如香港高度本地化的“学生会－学联”体制成为“占中”运动的强势领导因素。尽管后“占中”时期香港大学学会生退出学联，但这并非香港学运的分裂，而是青年激进势力寻求社运独立性的体现，这使得香港青年社运更加难以节制。严密的本地化还导致了香港青年学生对内地生的政治排斥，典型如2015年港大内地生叶璐珊参选事件，后者的共青团员身份成为政治黑底，令人唏嘘不已。几乎所有内地生都是团员，依此标准，所有在港内地生几成异类。这是香港青年政治的内在歧视倾向。学生会的法人化和政治组织化亦很明显。香港大学中山广场与学生评议会集会在彰显校园民主和学生政治参与意识的同时，也暴露出民粹化和激进化的不良倾向。学生代表以社会精英与民意代表的双重想象自诩，同时采取严格的团体自治和内部人控制，使得香港青年在个体意义上难以实现精神突围，难以与内地生及祖国大陆进行积极的互联互通和互爱互助，培育国民意识。回归以来历次社会运动中的香港青年人身影频频闪现。除了20世纪70年代末到80年代的前回归期短暂的“认中关社”（认识中国、关心社会）与“民主回归”传统之外，香港青年运动渐然汇流入反对派政治脉络之中。

反思香港青年社运动力的来源，大致如下：1. “黄之锋现象”，即未成年人的过度政治化和香港政治文明的异化，政治上的精致功利主义突破成年人范围限制；2. 港台民主青年运动的联动效应；3. 香港价值观与生活方式的理想化以及对大陆的妖魔化；4. 对“颜色革命”与后现代政治抗争技术的精致模仿；5. 国际力量的隐秘支持与利益许诺；6. 弱国民意识条件下政治耻感的丧失。

（三）走向“公民－国民”意识模式

“一国两制”前景及香港未来取决于香港青年政治意识的一场结构性革命，即从“臣民－居民”模式转变为“公民－国民”模式。这也需要我们对回归以来涉及香港国民意识之若干建构性概念的反思：1. “港人治港”，符合地方自治原理，必要但不充分，容易滋生政治上的地方主义和地方本位，容易导向单纯的香港认同而不是国家认同，适宜修正为“港人治国，港人治港”，确立国家认同的第一认同地位；2. “爱国爱港”，这是统一战线概念，适合于1984年之前对港英斗争需要及回归过渡期争取人心需要，但不大适合回归以来依据基本法的公民教育与国民教育需要，且留有左派政治和阶级斗争印痕，与香港社会主流文化之间存在一定张力，故应赋予新的时代内涵与法治价值底蕴；3. “井水不犯河水”，这里暗含深圳河的复杂政治意涵，即自治边境，签证与签注一字之差亦深有蕴含，“这么近，那么远”尽显心理惆怅，“领土之内，边境之外”道出宪制理论困境，异水同源寻求“一国”统合上的重建，这显示出既往偏重政策行话的政治修辞上的不严谨及其政治后果；4. 国防外交权力论，这一度被认为是中央权力仅仅限于国防和外交，这只是政策文宣用语，不大符合基本法，也不符合现代国家的央地关系原理，造成港人极大误解，而这种自我限制还导致了外交部驻港特派员公署、驻港部队等与香港社会及体制的脱节，俨然“井水不犯河水”，在泾渭分明中放任香港青年延续弱国民意识状态。

再回到基本法。该法在建构国民意识上有一定的局限性，体现在秉持“最小变动”原则下的居民本位、权利本位与地方本位。基本法在中央与地方、权利与义务上的内在双重失衡导致所谓的“基本法爱国主义”在观念与制度上几乎不可能。这迫使我们严肃思考基本法作为过渡体制的可能性及其正确的演变方向。基本法是实验性事物，自然有着变与不变的二重性。基本法演变应促进“一国”与“两制”回归常态，这不是回到过度一国化的“全面管治权”，也不是城邦论式的“极度自治论”，而是侧重建构和稳固中央应有权力及提升香港国民意识与政治认同。

确立香港青年“回归史观”与“公民－国民”意识模式的可行对策建议包括：1. 加强历史文化教育，弥补香港青年教育中近代民族国家史缺失的一环，对冲“殖民史观”的过强影响；2. 基于公民义务的增量立法，即通过国家单行立法，一方面从否定意义上阻断“港独”和香港民族意识（如《反港独法》），另一方面开放参军、公务员、外交官、内地法律服务市场等公民义务实践领域，通过“港人治国”体验扭转地方主义倾向，建立国家与国民概念和意识；3. 国际化战略倾向的支持：在“一带一路”的中国国际化和区域秩序建构战略中赋予香港青年更多参与机会，使之与国家产生日益强烈的命运共同体感；4. 研讨“国情课程”的常态化与多元化机制，即在香港青年教育中引入在内地进行的国情课程，作为必修课程加以推行，这绝不仅仅是夏令营式的体验之旅，而是严格国民教育的一环；5. 内地在现代化基础设施上更加开放发展，更加自信向前，增强整体体制的改革力度与行为确定性，形成对香港青年的价值吸引力和远期期待。如此治港，内外兼修，则央港关系仍有改观空间，香港国民意识亦并非不可培育。

八、结语：香港政改未完待续

聚焦经济民生具有阶段合法性，但取消不了香港政改与普选的终极追求。要深切理解香港人的政治意识与民主精神，尤其是对待政改闯关的长期态度，笔者可以“占中”期间的热播港剧《选战》（The Election）为例加以说明。

就在全国人大常委会“8・31决定”作出及“占中”运动风起云涌之时，HK-TV经过短暂整顿后于11月19日重新开台，开始其“网络电视”时代，而开台首播剧即为以香港特首普选为基本背景的政治预言剧《选战》。该剧在开台剧“网络公投”中高票名列第一，开播后更是成为热播剧目，显示出与当下香港政坛情势的密切互动。而“占中”运动于2014年12月15日最终遭遇和平清场，政改法案半年后遭遇否决，香港民主必然变换形式与路径，未完待续。

该剧之编剧思路、网络热播及市民反响，尤其是其中包含的对后“占中”时代香港民主发展的愿景想象，显示出经过“占中”运动，一般香港人对于香港民主的某种心理认知与共识取向：第一，2017年特首普选框架相比2012年框架虽有进步，但仍有“筛选”效果，不是理想民主方案，香港民主需要继续前进；第二，香港民主继续前进的动力来自体制内力量的裂变与社会反对力量的接力争取，包括建制派政党的分裂以及社会反对力量的政治重组与积极参政；第三，在限制性框架下的特首普选中，最打动选民心理的竞选策略是承诺带领香港人民“继续民主”起来，接力追求“真普选”；第四，建制派政党及其候选人的民意基础与政治合法性继续遭受质疑，在与反对力量的政治博弈中面临越来越大之政治压力；第五，中央继续作为香港民主发展“循序渐进”的主导与调控性力量，但香港民主在民意推动下的“继续民主”之路不可逆转。我将《选战》的出现及其反映的后“占中”民意称之为香港的“继续民主”命题。如今政改遭遇否决，香港人的民主意志更受挫折，其“继续民主”的追求可能更显强烈。

在香港普选的话语博弈中，反对派的通用策略是“政策问题政治化”，而建制派的反制策略则为“政治问题政策化”，于是出现了检讨“占中”运动原因及对策上的“民主中心论”和“民生中心论”。笔者认为“占中”运动同时反映了香港管治中严峻的民主问题和民生问题，二者相互关联，但不可相互吸收，各自独立存在。因此，后“占中”时代的中央与港府在政策检讨上，除了凸显“民生”的公共政策面向之外，也不可形成“民生中心论”，以为通过民生与福利供给即可完全消除“占中”运动的“病灶”，更不可以为依靠反“占中”的窄议题民意共识以及法治权威而取得的清场经验可以长期反复运用，而是需要严格区分“政治”“政策”与“法律”，按照“政治的归政治，政策的归政策，法律的归法律”之原则进行议题归类、政策设计与制度供给。在“占中”运动可分析出的问题群中，“继续民主”将成为一个最大、最普遍的共识，而中央和特区政府在这一议题上的开放程度和回应能力将直接决定后“占中”时代香港管治的基本绩效状况。

通观整场“占中”运动，尽管存在外国势力的模糊影像和对国外“颜色革命”某些动员技法与行为艺术的模仿和翻新，甚至也由于香港社会本身的公民社会传统及其行动者逻辑而造成中央对运动性质的过高定性（港版“颜色革命”），但这场运动本质上并非“颜色革命”，无论是运动参与者还是香港警方均表现出了对“和平非暴力”这一文明守则的坚定信念以及对法院禁制令和法治根本权威的终极信仰。而作为运动象征的“雨伞革命”之说也至少在香港社会内部被严格否定，修正为“雨伞运动”。因此，2017年之后也就不存在“继续革命”的问题，而只是“继续民主”的问题。

从理论脉络和运动过程来看，“占中”运动在本质属性上还是应该定位于一场以民主为基本目标的“公民抗命”运动，其核心诉求在于通过适度违法的公民行动造成全社会对普选议题的更严格和更为聚焦的“审议”，向特区政府和中央传递对法定“机构提名”模式的不认同，并以推动“公民提名”入法为基本政治诉求。问题在于，这场运动以过早的“公民抗命”威胁在先，以青年学生的“港独”论述以及反对派政治力量的“国际”求援加码，更以不具法律效力的电子公投以及旷日持久的街头违法占领为支撑，同时错失了10月21日首轮对话的运动接轨与转型契机，从而丧失了在一场高度非均衡和不对称的政治抗争中实现理性妥协与运动“早期收获”的机会窗口。整场运动展现出理念优先、青年学生激进立场优先、对沟通对象及相关沟通技巧把控不足等特征，这些均应作为运动遗产而成为香港民主运动自我检讨与改进的要点。

更进一步，这场运动从发动之初到提前行动再到黯然清场落幕，一再表现出对抗双方的战略误判和战略互不信任，这对于作为地方性民主的香港民主发展而言无疑是悲剧性和灾难性的。香港在“继续民主”之路上，需要更理性地实现一种“视角内转”，对政治上的沟通对象进行更具内在性甚至沟通性的了解和理解，同时需要坚决戒除一种超越政治可能边界、自我孤立与边缘化的“港独”主义和一种来自国际城市定位与殖民历史记忆的“国际干预”主义，而将香港民主化定位于“一国两制”宪制框架下具有“政治特区”属性的自治民主试验，其制度过程既是香港基本法秩序的民主改进，同时也是中国整体国家建构和政治民主转型的先导与示范。在此意义上，香港民主便具有了超越一城一地治理的普遍历史意义而汇合入中国长时段的立宪民主进程之中，同时又在深圳河一侧构成与“经济特区”之国家试验具有互补性的“政治特区”优势。而孤立主义的“港独”和外来干预主义的国际依赖，只能使香港进一步远离国家体制和全体人民的同情与支持，远离主体中国开辟的民族复兴与国家崛起的大时代和大机遇。视角内转，参与互动，旧城新命，或许是此次“占中”运动激烈对撞之后所可能产生的央港关系新的互动法则与均衡位点。

“占中”运动处理经验还可能成为内地应对未来政治与社会运动挑战的有益经验：第一，法治是有序民主的基础，内地需要在十八届四中全会决定基础上全力推进法治国家建设，以法治权威应对和护航民主发展，避免政治与社会失序；第二，民意是秩序维护的风向标，此次“占中”运动中的民意内涵特别是民意对法治的根本信仰以及对暴力的坚决拒斥成为运动始终坚守“和平非暴力”以及警方文明执法的共同监护力量，而多元公开的民调技术体系亦成为民意聚集和沟通的有效机制；第三，媒体自由与政治公开性，这有利于巩固法治共识和确保民意传递相互检验而达至真实，更可形成社会性的公共舆论场及公共理性。

在内地经由“经济建设”“法治建设”而最终抵达具有结构性政改意义的“民主建设”阶段时，香港社会此次应对“占中”运动冲击而表现出的价值与制度软实力恰可作为内地储备政治民主化之基础设施条件时认真研判、借鉴和转化。如此，则“占中”运动已经具有了超越本港民主范畴的国家治理标本意义。

当然，香港社会经历“占中”与“政改否决”之后，还是面临着严峻的考验，如果不能较为稳妥地通过这些考验，其“继续民主”前景乃至于经济社会竞争力预期都可能恶化，其“二线城市化”并非不可想象。这些考验至少包括：经由“占中/反占中”冲突而造成的政治对抗族群化态势如何有效抑制？运动造成的社会关系裂痕如何弥合？“政改五步曲”之第三步如何艰难而智慧地重启？“占中”运动暴露出的经济结构单调、就业矛盾突出、民生政策失当、青年出路狭窄、地产霸权以及官商勾结等政策性问题如何在政治/政策双轨意义上进行有效的应对和化解？这些问题的解决需要香港社会的团结协作，需要公共知识分子的理性引导，需要特区政府的系统回应，亦需要中央的深切理解和到位支持，尤其是中央的惠港安排应向香港社会中下阶层倾斜，而信息交换与意见交流管道亦应适度避开资本家精英而逐步下沉。对香港社会而言，这是一个社会重建与深度回归的过程。对特区政府而言，这是一个增强回应性、责任性与管治认受性的过程。而对中央政府而言，则是一个更深入理解香港社会各阶层、改善央港关系、强化两制互动与国家认同整合的过程。

放宽观察视角，香港曾作为冷战时代内地获取国际物资以及改革开放初期内地获取资本、技术与管理经验的转口与输出地。今日中央看待香港，除了继续巩固其金融中心和自由贸易港的经济地位之外，更应看到香港是一个高度发达和成熟的法治社会以及一个在民主化进程上先于内地的政治社会，赋予香港民主法治更高程度发展以国家试验和国家治理现代化的宏阔意义。在全面深化改革的更长周期里，在央港关系经由“占中”运动反向刺激调整后趋于改善的条件下，内地法治建设进程需要进一步汲取香港法治成熟经验，而内地民主建设进程亦需要认真对待和借鉴香港民主的可能经验。香港则由于更好地理解和参与了民族复兴和国家崛起过程，而得以重建央港关系的基本政治互信，消除战略误判，从而可能获得新一轮全球经济大整合中的发展良机与分工红利，以及在“继续民主”议题上获得更为宽松的中央政策框架。对此，我秉持一种审慎的乐观态度，同时将会保持长期的观察、分析、评估与建议。

香港政改暂时告一段落，但未完待续，基本法秩序下的普选仍需要央港互信互动向前推进。香港社运如何转型以及香港反对派是否可能解脱“港独”和国际干预双重魅惑而成为忠诚反对派，亦是香港政改重启进程的关键性因素。票债票偿如何偿，重启政改如何启，政改研究和基本法研究仍有无尽课题与空间。基本法学者要善作央港沟通的独特桥梁，以学理和诚意论事说理，避免“要么媚权，要么媚俗”的两极化取向，如此才可真正做到客观理性，也才更有价值和意义。我在基本法研究与政改论述中一直拿捏秉持这一立场，做好个人的内在学术理性之平衡。如此，则可不惧非议，敢于深入，持平而论。

香港政党体系的现状、可能及塑造

曹旭东*

[内容提要]

2013年之前，香港没有出现韦尔所说的反对自由民主、主张香港独立的反体制政党，但是在对待“一国两制”的一国问题上，泛民主派政党很难做到温和理性，这构成了一种特殊的反体制政党；政党之间的意识形态竞争也没有形成三角结构，但是处于离心状态。香港政党体系总体上处于温和多党制和极端多党制之间的状态。假设政改通过，未来香港可能出现两极化的多党制；政改否决后，由于占领中环运动发生和本土意识崛起，青年可能组党并构成三角化竞争，出现极端多党制。塑造健康的政党体系，需要培育负责任的政党政治文化，可以考虑接受建制派作为政权党，支持中间派政治力量，回归温和理性的政治氛围。

[关键词]

政党体系　温和多党制　极端多党制　反体制政党　离心竞争

---

* 曹旭东，中山大学港澳珠江三角洲研究中心副教授、港澳与内地合作发展协同创新中心研究员，法学博士。本文获中央高校基本科研业务费专项资金、中山大学港澳珠江三角洲研究中心以及港澳与内地合作发展协同创新中心、中山大学港澳珠江三角洲研究中心基地自设项目等资助。

政党是现代民主选举的主要承担者和发动者，政党政治是现代民主政治的典型特征。香港目前并没有执政党，但是不代表香港没有政党政治。香港目前是半政党政治的制度空间，[1]但即便在这个空间结构下，仍然存在政党政治及由此形成的政党体系。政党体系是描述政党政治的重要概念，政党体系表明了一种竞争关系，是政党在相互竞争和博弈过程中形成的一个相对稳定的结构。学界多称之为政党制度，但本文认为，政党制度的用语没有政党体系科学，制度是可以被主观建构的，体系则是一种客观形成的，政党之间相互博弈和竞争形成的是一种客观状态，因此政党体系更为科学。这种竞争结构主要形成于代议机构和行政首长的选举过程中。由于目前香港并无行政长官普选的实践，立法会有一定程度的普选，所以只能通过考察立法会选举情况来判断香港政党体系的现状。而政改之后，政党体系会发生何种变化也值得思考。

一、数据基础：立法会议席分配

笔者搜集数据将各界立法会选举议席分配情况整理如下：

图表1　2012 年立法会议席分配

政治取向	分区直选议席（35）	各党派分配情况	超级区议席（5）	各党派分配情况	传统功能界别议席（30）	各党派分配情况
泛民主派	18	公民党（5） 民主党（4） 人民力量（3） 工党（3） 新民主同盟（1） 社民连（1） 街工（1）	3	民主党（2） 民协（1）	6	公民党（1） 工党（1） 公共专业联盟（2） 教协（1） 独立（1）

[1] 曹旭东：《香港政党政治的制度空间》，《法学》2013 年第 2 期。

政治取向	分区直选议席（35）	各党派分配情况	超级区议席（5）	各党派分配情况	传统功能界别议席（30）	各党派分配情况
中间派	0		0		1	独立（1）
建制派	17	民建联（9） 工联会（3） 新民党（2） 西九新动力、专业会议（1） 自由党（1） 独立（1）	2	民建联（1） 工联会（1）	23	自由党（4） 民建联（3） 经济动力（3） 专业会议（1） 工联会（2） 五散人[1]（2） 港九劳工社团联合会（1） 新世纪论坛（1） 独立（6）

图表2　2008年立法会议席分配

政治取向	分区直选议席数（30）	各党派分配情况	传统功能界别议席数（30）	各党派分配情况
泛民主派	19	民主党（8） 公民党（4） 社民连（3） 民协（1） 街工（1） 职工盟（1） 公民起动（1）	4	民主党（1） 公民党（1） 社会工作者总工会（1） 独立（1）

---

〔1〕“五散人”并非党派组织，只是五位没有党派背景的议员的合称，但一般认为他们的立场是亲中央的。

政治取向	分区直选议席数（30）	各党派分配情况	传统功能界别议席数（30）	各党派分配情况
中间派	0		1	独立（2）
建制派	11	民建联（7） 工联会（2） 汇贤智库（1） 西九新动力（1）	25	自由党（7） 民建联（3） 专业会议（3） 工联会（2） 五散人（5） 港九劳工社团联合会（1） 独立（4）

图表3　2004年立法会议席分配

政治取向	分区直选议席数（30）	各党派分配情况	传统功能界别议席数（30）	各党派分配情况
泛民主派	18	民主党（7） 四十五条关注组（公民党前身）（3） 职工盟（2） 民协（1） 前线（1） 街工（1） 四五行动（1） 独立（2）	7	民主党（2） 四十五条关注组（公民党前身）（1） 独立（4）
建制派	12	民建联（9） 自由党（2） 独立（1）	23	自由党（8） 民建联（2） 工联会（2） 泛联盟（5） 劳联（1） 独立（5）

图表4 2000年立法会议席分配

政治取向	分区直选议席数（24）	各党派分配情况	选举委员会议席数（6）	各党派分配情况	传统功能界别议席数（30）	各党派分配情况
泛民主派	16	民主党（9） 前线（2） 职工盟（2） 民协（1） 街工（1） 独立（1）	0		5	民主党（3） 独立（2）
建制派	8	民建联（7） 港进联（1）	6	民建联（1） 港进联（2） 早餐派（1） 独立（2）	25	自由党（8） 民建联（3） 港进联（2） 早餐派[1]（7） 工联会（1） 劳联（1） 独立（3）

图表5 1998年立法会议席分配

政治取向	分区直选议席数（20）	各党派分配情况	选举委员会议席数（10）	各党派分配情况	传统功能界别议席数（30）	各党派分配情况
泛民主派	15	民主党（9） 前线（4） 民权党（1） 独立（1）	0		5	民主党（4） 独立（1）

〔1〕“早餐派”是立法会中的一个政治联盟，因该联盟议员经常在早餐时讨论政事而得名，2004年立法会选举时改称“泛联盟”，2008年立法会改称“专业会议”，专业会议并非政党，其成员也无党派背景。

政治取向	分区直选议席数（20）	各党派分配情况	选举委员会议席数（10）	各党派分配情况	传统功能界别议席数（30）	各党派分配情况
建制派	5	民建联（5）	10	民建联（2） 港进联（3） 自由党（1） 新世纪论坛（2） 早餐派（1） 独立（1）	25	自由党（9） 民建联（2） 港进联（2） 早餐派（4） 劳联（1） 独立（7）

二、政党体系描述与分析的角度

萨托利（Sartori）对政党体系的分类使用了两个标准：其一，相关性政党的数目；其二，意识形态强度和距离。萨托利的分类迄今为止仍然是最具权威性的，这一点也得到了著名政治学家艾伦·韦尔（Alan Ware）的赞同。[1]具体而言，这两个方面要素的内容是：

（一）体系中政党的数目

萨托利将体系中的政党数目称为“相关政党数目”，“相关”政党是指一次选举过后获得立法机关3%或超过3%议席数的政党，这个数字是他从经验观察得来的标准。除了3%这个数字之外，萨托利还指出特定情况下“相关”政党并不受制于3%数字的约束，但是需要能够满足两个基本要求，即联盟能力和勒索（blackmail）能力，所谓联盟能力是指政党在某些情况下是组建一个可行的执政联盟必需的联盟伙伴；勒索能力是指政党的存在影响着那些确实有着“联盟潜力”的政党竞争策略。[2]具备这两种能力之一的也是有“相关性”的政党，否则是不具有

[1] ［英］艾伦·韦尔：《政党与政党制度》，谢峰译，北京大学出版社2011年版，第135-136页。

[2] ［意］G. 萨托利：《政党与政党体系》，王明进译，商务印书馆2006年版，第174页；［英］艾伦·韦尔：《政党与政党制度》，第135页。

“相关性”的政党，不具有相关性的政党不需要计算在政党体系中。在考察了主要政党政治国家后，他根据“相关”政党数目将政党体系分为一党独大制、两党制、三到五个政党的制度、五个以上政党的制度。具体参见下表：[1]

图表6 1958—1990年的政党体系分类

一党独大制	两党制	3—5个政党	5个以上政党
日本	英国　新西兰　美国	澳大利亚　奥地利　加拿大 法国　德国　冰岛　爱尔兰 卢森堡　荷兰　挪威　瑞典	比利时　丹麦 芬兰　以色列 意大利　瑞士

（二）政党的意识形态

意识形态指的是一套具有一致性逻辑、包罗万象的思想指导及政治行动的原则，对政党而言，它不仅反映在政党所宣誓的理想上，同时也会影响政党内部的组织原则与权力结构。尤其重要的是，“政党的意识形态形塑了政党的政纲，为该党设置了政治的优先顺序，并协助其决定政策。”[2]“一种政党体系如何运转取决于体系内政党的意识形态——或者更确切地说，取决于政党体系内特有的意识形态组合。”[3]意识形态强度是政党的意识形态是浓厚还是单薄；意识形态距离是政党意识形式在谱系中位置及远近。政治实践（意大利为典型）已经表明政党之间的意识形态距离对于政党体系以及政治运行的安定有重要影响。政党意识形态的差异主要体现在以下方面：经济政策、宗教议题、对制度是拥护还是破坏、族群融合或独立（国家认同问题）、外交政策、后工业时代的新议题（如环保问题）等。[4]当经济议题处于政治竞争中心的时候，政党竞争相对比较简单；而当经济利益与其他利益叠加在一起的时候，如语言群体或种族亚文化群体的利益，政党竞争自然就变得复杂得多。[5]

政党意识形态中最重要的当属对制度是拥护还是破坏，该要素对政党体系乃

〔1〕［英］艾伦·韦尔：《政党与政党制度》，第145页。
〔2〕吴文程：《政党与选举概论》，台北五南图书出版股份有限公司1996年版，第41页。
〔3〕［英］艾伦·韦尔：《政党与政党制度》，第138页。
〔4〕吴文程：《政党与选举概论》，第44-47页。
〔5〕［英］艾伦·韦尔：《政党与政党制度》，第138页。

至政治体系的稳定性影响极大。不承认或者反对政体具有合法性的政党是“反体制”政党。所谓反体制政党是指该政党反对的不是具体议题，而是其本身所在的政治秩序，对这个秩序体系存在不同的价值观念的政党。韦尔认为，反体制政党有两种表现：其一，反对接受自由民主的政治游戏规则；其二，地区性政党追求某种形式的区域独立。承认政体以及政体中其他团体的主张具有合法性，会使政党体系稳定，[1]反之，则可能产生巨大的不稳定。政党之间的意识形态的强度和距离越大，妥协的可能性就越小；反体制政党的存在则意味着政党之间已经没有了妥协的可能性。萨托利把这两个分类标准综合在一起将政党体系划分为：一党独大制、两党制、温和多党制以及极端多党制。萨托利最重要的一个贡献在于将多党制区分为温和多党制和极端多党制，温和多党制和极端多党制的区别有两个关键方面：1. 极端多党制存在反体制政党，温和多党制不存在。2. 温和多党制能够形成两个温和的政党联盟，联盟之间的竞争是向心性的；极端多党制的政治竞争呈现三角结构，并且是离心的。[2]

除了考察政党的意识形态以及体系内的政党数目，韦尔认为，政党渗透社会的程度也是考察政党体系的一个方面。不同政党对社会渗透的程度大不相同。一个极端是政党与选民的联系非常松散。在这些制度中，政党的活动几乎不触及多数人的生活；很少有公民对某一政党表示认同，仅有少数人为政党执行政治任务。甚至只有较少的选民能够识别政党名称，或知道政党的领袖是谁。另一个极端是涉及生活的很多领域——大多数人可能是政党的认同者，他们阅读的报纸可能是党报，很多社会活动可能是通过与政党有关的组织开展等等。大体而言，政党对社会的渗透度在两方面影响政党间竞争。其一，政党对社会的渗透度越浅，新党的出现以及同现有政党的竞争就越容易。其二，政党对社会的渗透程度越深，它就越注意维持忠诚者对它的支持，它一般并不追求“全方位”政党，而是注意维持其党派吸引力。[3]这也就意味着，政党的社会渗透度与出现新党的可能性以及原政党拓展“势力范围”的可能性成反比，与政党体系的变动幅度成反比。

---

[1] [英] 艾伦·韦尔：《政党与政党制度》，第139页。
[2] [意] G. 萨托利：《政党与政党体系》，第184-207页。
[3] [英] 艾伦·韦尔：《政党与政党制度》，第137-138页。

三、对香港政党体系现状的描述

既然对政党体系进行分类时需要考虑相关政党数目及意识形态对比这两个要素，那么考察香港政党体系的现状也就应该从这两个方面分析。

（一）香港政党体系内的政党数目

统计香港政党体系的政党数目有两个问题需要说明：1. 由于香港并没有执政联盟的实践，立法会中的政党只有监察执政的实践，所以某政党的联盟能力和勒索能力在香港无法得到验证，但是由于民主派和建制派两个基本阵营的存在，我们可以认为立法会中的政党均属于这两个阵营之一，这也可以看作是一种联盟能力，因而无需再单独考察特殊情况下政党是否具有“相关性”，而只以是否得到3%以上议席为标准计算。2. 有很多非政党的政治团体获得了席位，例如工联会、街工、西九新动力等，这为统计带来了困难。本文将工联会视为政党，原因在于工联会的影响力已经超过了一般的政党，而其他政治团体的影响力相对较弱，暂且不视为政党。由此，各届立法会政党体系中政党的数目统计如下：

图表7 政党体系中政党的数目

以所有议席为基数计算	
2012年第五届立法会（70） “相关性”标准为3席及以上	民建联（13），民主党（6），公民党（6），工联会（6），自由党（5），工党（4），人民力量（3），共7个
2008年第四届立法会（60） “相关性”标准为2席及以上	民建联（10），民主党（9），自由党（7），公民党（5），工联会（4），社民连（3），共6个
2004年第三届立法会（60） “相关性”标准为2席及以上	民建联（11），民主党（9），自由党（10），公民党（4），共4个
2000年第二届立法会（60） “相关性”标准为2席及以上	民主党（12），民建联（11），自由党（8），港进联（5），共4个
1998年第一届立法会（60） “相关性”标准为2席及以上	民主党（13），民建联（9），自由党（10），港进联（5），前线（4），共5个

图表 8 政党体系中的政党数目

以直选议席为基数计算	
2012 年第五届立法会（40） “相关性”标准为 2 席及以上	民建联（10），民主党（6），公民党（5），工联会（4），工党（3），人民力量（3），新民党（2），共 7 个
2008 年第四届立法会（30） “相关性”标准为 1 席及以上	民主党（8），民建联（7），公民党（4），社民连（3），工联会（2），民协（1），共 6 个
2004 年第三届立法会（30） “相关性”标准为 1 席及以上	民建联（9），民主党（7），四十五条关注组（公民党前身）（3），自由党（2），民协（1），前线（1），共 6 个
2000 年第二届立法会（24） “相关性”标准为 1 席及以上	民主党（9），民建联（7），前线（2），民协（1），港进联（1），共 5 个
1998 年第一届立法会（20） “相关性”标准为 1 席及以上	民主党（9），民建联（5），前线（4），民权党（1），共 5 个

（二）香港政党的意识形态分野

从图表 1-5 可以看出，本文以“民主派”和“建制派”的区分方法划分香港政党的基本派别，这是最常用的划分方法。这种划分方法可能会让人误解为“亲中央/民主化”是政党阵营分野的唯一维度。不可否认，“亲中央/民主化”是香港政党派别区分的最主要维度，“香港最初的政党产生就带有是否亲中央的印迹，而且政党之间的行为联合以及民众投票取向等方面都能够体现这一点”，[1]但是最重要的却并不是唯一的，除了是否“亲中央”之外，还有其他维度能够展示香港政党之间意识形态的差异。这包括：经济维度，社会问题维度，后现代（物质主义）维度。“经济维度一般是偏左还是偏右两种倾向，偏右比较保守，秉持自由主义思想，强调自由竞争的价值，相应的社会问题上也比较保守；偏左则强调采取政府干预措施，主张国营事业，扩大政府公共支出，同时在社会福利上投注较多关怀，强调所得重新分配。”[2]社会维度包括阶级、职业、宗教、族群以及性别等问题上的

---

〔1〕 *Marlene Grundstrom*, *Political Party Development in Hong Kong*: *Beyond the* “*China dimension*” *Civic Exchange Intern.* 2006. 4

〔2〕 吴文程：《政党与选举概论》，第 41 页。

分野。后现代维度主要体现在环保以及少数人权利等问题上的分野。基于这些分裂项，我们可以看到香港主要政党的意识形态状态：

图表 9　各主要政党的意识形态状态[1]

政党名称	成立时间	阵营	主要理念
民主同盟/民主党	1990/1994	民主派	民主化
民建联	1992	建制派	亲中央
自由党	1993	建制派	自由市场；商界利益
民主民生协进会	1992	民主派	中下阶层市民利益
前线	1996	民主派	民主化的步伐；社会公正
民权党	1997	民主派	环保；教育
45 条关注组/公民党	2003/2006	民主派	民主化；法治
社民连	2006	民主派	民主化；基层利益
人民力量	2011	民主派	民主化；基层利益
新民党	2011	建制派	亲中央；中产、专业及商界利益；公务员利益
工党	2011	民主派	看重基层和工人权益

四、香港政党体系分析：现状及可能

基于上述描述，结合相关政党原理，本文对香港政党体系作出如下分析：

(一) 政党体系尚不稳定，常有分裂组合的变动

香港政党的分裂组合相对来讲比较频繁，从图表 7-8 中可以看出，出现在政党体系中的政党名称经常发生变化。比较重要的政党合并有民建联与港进联的合并，

[1] See Marlene Grundstrom, *Political Party Development in Hong Kong: Beyond the "China dimension" Civic Exchange Intern.* 2006. 4.

民主党与前线的合并；比较重要的分裂有人民力量从社民连分出，新民主同盟从民主党分出；比较重要的新政党出现有公民党、新民党和工党的成立，这些变动皆发生在回归后短短的十五六年中。政党的变动自然导致了政党体系的变动，因此可以说，香港政党体系尚不稳定。

政党的分裂组合的频繁可能缘于以下方面的因素：1. 政党发展历史尚浅，很多政党由于年轻所以处于变动期。2. 政党在社会渗透度方面普遍比较浅，变动起来也比较容易。香港政党普遍是精英型政党，政党人数很少，除了民建联有两万党员，其他政党的党员人数仅在一两千左右徘徊。忠实支持者数量少，减少了政党变动的阻力。3. 政党意识形态分野的主题呈现多元化，最重要的是意识形态分野是政治立场上的，但是在经济议题、社会议题等方面，政党也有不同诉求，这从图表9可以清楚看出，例如工党是民主派的，但是其理念除了实现民主化还要保护劳工利益，人民力量则自称自己是真正的左派，自由党、新民党和民建联虽然都属于建制派，但是分别侧重维护的是工商界利益、中产利益以及基层利益。4. 比例代表制为政党的变动创造了条件。比例代表制保护小党，这就相当于鼓励“小公司创业”，因而政治人士也敢于去创立新的政党，宣传自己的理念。

（二）政改之前：介于温和多党制和极端多党制之间

观察政党体系中的政党数目，从第一届立法会到第五届立法会，不论是以总数为计算标准，还是以直选议席为计算标准，这个数目都大体上呈增加的趋势。按照萨托利的标准，温和多党制的政党数目在三到五个，而极端多党制的政党数目在五六个以上。单从数目上看，香港政党体系有向极端多党制碎片化发展的趋势。但是萨托利所界定的极端多党制除了数目标准外，还有其他特征，其中最重要的有两个，这两个也构成了极端多党制和温和多党制的最显著区别：其一是存在反体制政党，其二是意识形态的竞争是三角结构，离心式竞争。接下来用这两个检验标准分析香港政党体系。

首先，是否存在反体制的政党。按照韦尔的标准，反体制政党有两个特征，其一是反对自由民主的政治游戏规则；其二是主张地区独立。就反对自由民主的游戏规则这个特征而言，自由民主是香港的核心价值之一，香港政党普遍以维护香港的自由民主为己任，不论是民主派政党还是建制派政党都是如此。例如，民主党政纲中指出，民主、自由、人权及法治是现代社会进步及繁荣的基石；自由党政纲中指出，香港的成功全凭港人自强不息的拼搏精神，而自由的社会环境正是其中的关键；民主是对人类尊严的肯定，对人民基本权利的尊重。

就主张地区独立这个特征而言，有媒体报道：现在“港独”势力抬头，公开反对中央政府的管治，需要警惕。报道认为，“港独”势力与一些政党和人士纵容有关。[1]笔者认为，媒体所列的“港独”表现现实中确实存在，在2013年上半年之前，这些表现中大部分恐怕达不到“港独”这么严重的程度，诸如强调香港自治、害怕人大释法、反对国民教育等主要出发点是从保护“港人治港、高度自治”的角度出发，而非从要求香港“独立”的角度出发，前者是最大限度要求自治的情绪，后者是分裂国家的企图，二者之间还是有本质差距的。2013年下半年之后，有一种“港独”的声音越来越强烈，比如在示威游行中打港英政府的旗帜，尖沙咀广东道辱骂内地人事件，冲击驻港部队等，让政治矛盾严重化。但是需要强调的是，到目前为止，尚没有政党公开宣称要求香港独立，也没有政党在党纲中主张香港独立，“港独”的声音更多地停留在一些极端团体的行为和言论中。因此，按照韦尔的标准，很难说香港出现了反体制政党。

需要指出的是，我们应该从更为实质的意义上理解韦尔“反体制”中所说的这个“体制”，这个“体制”指的是根本的政治制度或宪制。近代西方以自由民主为宪法中的核心，将其作为不可改变的宪法核。但是在香港这个独特的地区，韦尔所称的“反体制”应该有一个特别的标准，就是是否反对“一国两制”。也就是说这个更根本的宪制并非自由民主，而是“一国两制”。这个判断标准是由香港地位的独特性[2]决定的。香港首先是一个国家的地方，而且是一个与这个国家主体制度不同的地方，这个结构是香港存在的根本。笔者认为，是否尊重“一国两制”有两个层次的标准。较低层次的标准是，不主张地区独立；较高层次的标准是，尊重中央基于基本法对香港的管治权。在较低层次上，香港政党能够实现；在较高层

[1] 《港独势力抬头公开反对中央政府管制需警惕》，香港《大公报》2012年10月26日。
[2] 刘兆佳：《香港的独特民主路》，香港三联书店2014年版，前言。

次上，泛民主派政党非但没有尊重，反而处处抵制，最典型的是反对人大释法、国家安全立法，以及中央在政制发展问题上的最终决定权。同时，他们会将这种反对转嫁到特区政府身上，导致一种不负责任反对的局面。因此，可以说香港存在特殊的反体制政党。

其次，意识形态的竞争是否是三角结构的、离心式竞争。如果说反体制特征表明的是政党之间意识形态强度的对比，三角结构的离心式竞争表明的则是政党之间意识形态的竞争结构。笔者认为，这个竞争结构处于变化之中。2013 年之前，虽然民主派中有激进与温和的分裂，但是激进民主派、温和民主派与建制派无法构成三角结构的离心式竞争。激进民主派和温和民主派总体上仍然处于意识形态的一端，而建制派处于另一端，尽管极端民主派政党中有以结束一党执政为己任的口号，但是没有政党宣称不爱国，是否结束一党执政并非民主派的共同目标。民主派和建制派的分歧主要在于民主的步伐、争取民主的方式，以及由此衍生出的对待中央和特区政府的态度，另外还有关于“六四”、政治异见人士以及对待法轮功的态度等枝节性问题，这算不上三角结构的竞争。但是不可否认的是，这种竞争不是向心式竞争，而是离心式竞争。民主党曾经试图选择一种向心式竞争的路线，但这种务实的选择是短暂的，并且没有获得足够的支持。

综上，如果我们把时间定格在 2013 年之前会发现，香港政党体系中的政党数目呈现碎片化状态，符合极端多党制的标准。就意识形态方面而言，香港没有出现韦尔所说的反对自由民主、主张香港独立的反体制政党，但是在对待“一国两制”的“一国”问题上，泛民主派政党很难做到温和理性，这构成了一种特殊的反体制；政党之间的意识形态对比也没有形成三角结构，但是处于离心状态。总体上可以说是处于温和多党制和极端多党制之间的状态。

（三）政改及其后：两极化多党制抑或极端多党制?

政改是改变政党体系的重要契机，尤其是行政长官普选。在行政长官普选方案讨论过程中，真正有价值的两个方案是高门槛方案和低门槛方案。如果采取低门槛方案，在行政长官选举中容纳温和民主派，温和民主派将会成为吸引传统民主派选民的对象，极端民主派的生存空间将会被大大削弱，香港政党体系将有可能走向温和多党制。但是人大常委会决定（即“8・31 决定”）选择的是高门槛方案，最终未在立法会获得通过。假设政改方案通过，香港将实现有限度的、独特的普选。在“8・31 决定”设定的框架之下，温和民主派和极端民主派不能染指行政长官，这个制度框架下，温和民主派为了自己的生存空间更可能向极端民主派靠拢，整个民主派将会走向极端。香港政党体系将迈向一个既不是温和多党，也不是极端多党的两极化多党制。这个体系将呈现如下特点：1. 仍然是多党制的，而不是两党制的，但是多党制依然会呈现两大阵营。2. 这两大阵营的意识形态差距加大，并且其地位存在结构性差异。这种地位的结构性差异导致泛民主派仍然只能在立法会选举中活动，对行政长官选举影响较小。3. 这种结构性障碍导致政党体系无法向良性的温和多党转化，因为只能一方在台上，另一方在台下，无法轮换。因此，批评者可以无限批评而不用负政治责任，执政者无论做得多么出色在政治正当性上仍然不充分。无法出现忠诚的反对派，长此以往，政党意识形态谱系将会越来越走向两个极端，呈现出两极化的特点。

政改方案被否决后，政党体系是否会延续 2013 年前原有的状态，介于温和多党制和极端多党制之间，是一个值得探讨的问题。经历了一场分水岭式的政治运动——“占领中环”之后，香港的政治环境、社会生态、舆论氛围等发生了显著变化，其中与政党体系关系最密切的是青年一代在政治舞台的展露与活跃，“占中”运动中的青年一代一般出生于回归之后，对于内地并无其祖辈父辈般的族群感情，对内地的认知也多以负面为主，其身心寄托的家园——香港，也不断承受着来自内地游客、“双非”孕妇的空间挤压，这一系列的不同遭遇让青年一代产生了不同的情绪倾向，这便是“本土意识”，这种思想情绪伴随着“占领中环”运动迅速膨胀，甚至出现了所谓的“港独”思潮。本土意识在政治取向上并不关心内地，只关心香港本土，这与传统民主派怀有的民主救国思想不同，而且为了保住香港他们希望与内地切割。在其他问题上，本土意识有明显的后现代倾向，青年一代首先考虑的不是 GDP 式的发展命题，而是幸福感、文化、保育、环保等议题。在议题的参与方式方面，他们更喜欢通过互联网的方式发动“直接参与”，让议题讨论更加扁平化。目前来看，这股力量呈现了初步的组织化，随着年龄的增长，青年一代很可能会选择更为严肃的方式——组党参与政治，这也意味着政党体系的格局可能会发生重大变化。青年一代的政党在政治议题和其他议题上均有独特主张，尽管他们在政治主张上与泛民主派更近，但也很难将他们归入同一个阵营，因此，未来香港政党很可能出现第三极政治力量，呈现三角化竞争的态势，走向极端多党制。

五、香港政党体系的塑造

一个良性的政党体系是政治健康的重要保障，目前及未来的香港政党体系都不会自动向良性状态发展，因此塑造良性政党体系是需要认真对待的课题。在宪制框架短期内不会发生变动的情况下，政治工作就显得尤为重要。本文认为，有以下几个方面可以考虑：

首先，培育负责任的政党。[1]所谓负责任的政党是指能够站在香港长期繁荣稳定和国家主权、安全、发展利益上思考问题的政党，有对整个香港社会和对国家负责的态度，而不是仅仅从一个党派的私利出发；能够提供建议性反对意见，而不仅仅是为了反对而反对。目前诸多泛民主派政党，尤其是极端民主派政党很难说是负责任的政党，他们不负责任的反对给良好管治带来巨大障碍。培育负责任政党并非朝夕之功，但是仍有足够的可作为空间。一方面，笔者认为香港公共知识界、舆论媒体界应该发起一场像2005年讨论香港核心价值一样的理性讨论，为负责任政党设定标准，构建软性监督的氛围。另一方面，中央政府可以考虑采取多渠道的办法，尤其是间接的、柔和的办法与香港泛民主派政党接触，化解双方的误解，建立互信。

其次，可以考虑接受建制派成为政权党。所谓政权党是指，当某党的候选人当选后宣布退党或与该党脱离关系，该党即成为政权党。政权党与当选人之间不再有形式上或名义上的关系，但是仍然具有实质性的联系。假设政改方案通过，行政长官（候选人）要赢得选举并且顺利管治，必须有建制派政党大力的、持续的、稳定的支持，而要获得这种支持，则要求行政长官（候选人）与建制派政党有稳固的联系，要获得这种稳固联系，最大可能是当选者本来即属于建制派政党，只是当

[1] 曹旭东：《论香港特别行政区行政主导制》，《政治与法律》2014年第1期。

选后退党而已，此时建制派政党将成为政权党或实质意义上的执政党。假设政改原地踏步，要破解目前的管治困境，政权党也是一个可以考虑的举措。需要说明的是，政权党在目前的法律规定下，不存在任何障碍，关键要看中央态度。本文认为，政党支持能够提升行政长官管治能力，理顺特首与立法会的关系，使特首在立法会中获得稳定支持，中央可以考虑接受。需要说明的是，接受建制派政党作为政权党，并非让建制派政党打压泛民主派政党，相反，是将其塑造为负责任大党的榜样，吸纳反对派的理性建议，消融两派之间的隔阂。接受建制派成为政权党也不否认管治联盟的组建，而恰恰是对管治联盟实现困难的补充，因为管治联盟的组建需要一个能够整合各方利益、有相当政治智慧的人物，这很多时候是可遇不可求的。

最后，支持中间派政治力量的发展。香港社会原本以温和理性著称，但在激烈的政治纷争中却逐渐向极端化、两极化方向发展，戾气只增不减，政治谱系的中间部分呈现空心化倾向，这对政治健康非常不利。社会上的有志之士已经清楚地意识到了目前遭遇的危机，汤家骅退出公民党，决定走中间路线就是一个清晰的信号，有理由相信，在香港社会中有这种“儒家士大夫”情怀的人不在少数，香港社会中温和理性的气质仍然是底色，现在只是被暂时遮蔽。因此，支持中间派政治力量，给予其更多的资源和空间，以重新激发沉浸在港人心中的温和理性力量、引导青年一代的从政取向走向中立，是改善香港政治生态、跨越政治漩涡、切换到治理频道的不二法门。

港式“半政党政治”：地区政党的一种发展形态

黎沛文*

[内容提要]

香港政党属于地区政党的一种类型，由于发展历史较短且普遍尚不成熟，对其应采取一种“适度的定义”，以使现存的一些自诩为政党的政治团体能够被算作为政党。回顾香港政党的整个发展历程，主要历经了前政党年代（1843-1979 年）、政党产生的酝酿阶段（1979-1989 年）以及政党的产生和稳步发展阶段（20 世纪 90 年代初至今）三个大的阶段。目前香港虽然尚未出现成熟的大型政党，但却已经形成了颇具特色的港式“半政党政治”发展形态。

[关键词]

香港政党　地区政党　半政党政治　政党体系

以政党的活动地域作为划分标准，我们可以将政党划分为地区政党、全国政党和国际政党。所谓的地区政党，主要是指以一国中的某一地区为其活动地域的政党；

* 黎沛文，深圳大学港澳基本法研究中心讲师，法学博士。

在通常情况下地区政党的组织发展和政治影响主要是在其活动地域。〔1〕目前，地区性政党在世界范围内为数并不少，不过多半规模不大。但也有一部分地区政党力量较为雄厚，影响较大，同其他政党联盟参与执政，或在本地区执政，如德国的巴伐利亚基督教社会联盟。〔2〕

香港从来不是一个主权独立的政治体。无论是回归前的英国殖民地，抑或是回归后直辖于中央政府的特别行政区，它始终都只是以一种在内部治理上相对自主、兼且内部秩序较为自成体系化，但在整体政治地位上又不是完全独立的身份存在的。尤其是回归后，从划分国家结构形式的主要标准来看，“一国两制”下的我国国家结构仍属于单一制国家结构，香港仅仅是作为一个享有高度自治权而直辖于中央人民政府之下的地方行政区域。而生发于香港的政党，基本上都是以香港为其活动领域，而在绝对多数的情况下香港政党的组织发展和政治影响主要都是发生在香港本地区的范围内。因此，香港的本土政党乃符合上文所定义的“地区政党”，其发展形态亦可归类为地区政党发展形态的类型之一。此外，相对于西方民主社会，香港的政党政治是20世纪90年代初才正式起步的，处于相对初级的发展阶段，而香港目前亦尚未出现成熟的大型政党。

由此可以想见的是，香港政党作为地区政党的一种类型，其发展形态自然也是具有相当的自身特点的。而此种特点，则可被概括为港式“半政党政治”。本论文将立足于香港自身的特殊情况，考察和分析香港政党在现行宪制秩序下之发展概况以及港式“半政党政治”的具体展现形态。

一、政党在香港的定义问题

对于中国人来说，“政党”是近代西风东渐过程中所引进的舶来品之一。现代意义上的政党概念，自19世纪末20世纪初才传入中国。当今学界有关政党概念的

〔1〕 参见赵晓呼主编：《政党论》，天津人民出版社2002年版，第77、92-93页。

〔2〕 牛旭光：《当代世界政党概况》，《政党政治与民主问题研究》，中国人民大学出版社2014年版，第75页。

论述无论在东西方均早已是汗牛充栋，笔者在此并无意对政党概念作重复冗长论述，只是希望基于论文论述需要就香港政党定义问题作简要叙述。

实际上，在香港这样的民主政治后发展地区，直至上世纪90年代之前“狭义的政党政治仍未诞生，已是众所熟知的事实。即使广义的政治参与——通过群众动员影响政治决策——起码到70年代压力集团政治出现之前，亦乏善足陈”。〔1〕正由于政党政治起步较晚，而政党的发展也处于较为初阶的水平，直至回归后亦很难找到几个符合严格定义的成熟政党。〔2〕时至今日，如严格地按照上述定义来考察香港的政党，那么恐怕香港的很多的所谓“政党”都未必能符合。

为此，尽管政治学界对政党通常采用狭义的定义，香港一般“倾向于接受在广义定义上的政党”。〔3〕鉴于香港民主政治发展历程以及政制安排的特殊性，笔者亦认同对香港政党应采取一种相对宽松的定义。事实上，回归后香港特区法律对政党所作的界定就采取了较为广义的定义。根据《行政长官选举条例》第31条第2款的规定，“政党”是指宣称是政党的政治性团体或组织（不论是在香港或其他地方运作者），或其主要功能或宗旨是为参加选举的候选人宣传或做准备的团体或组织，而候选人所参加的选举须是选出立法会的议员或任何区议会的议员的选举。也就是说，任何政治团体只要符合上述任一个条件，都属于香港现行立法所规定的政党。而且，即使是一些从不以“政党”名号自居的政治团体，只要其主要功能和宗旨是符合上述第二项规定的，都可被归类为政党。

二、香港政党发展历程回顾：基于三阶段论的考察

在香港，政制的民主化与政党的发展可谓有着不可分割的关系，本地政党自港英政府于20世纪80年代起逐步引进代议政制之后才逐渐出现的。从20世纪90年

〔1〕 李明堃：《从身份团体看香港政治的发展》，香港《信报财经月刊》1985年第9卷第4期。

〔2〕 事实上，这种情况在香港政党产生的初期就曾被广泛地指出。详见程介南：《政党发展应顺其自然》，香港《经济日报》1991年2月22日；叶建民：《政党难在港冒起》，香港《信报》1991年3月20日。

〔3〕 简福饴：《特区政党与政党政治前瞻》，香港《大公报》1989年1月9日。

代初香港第一个本地政党香港民主同盟成立至今，香港政党的发展历史才区区二十几年。目前学界关于香港政党发展历程的阶段划分，比较有代表性的划分模式主要有三种，提出者分别是香港中文大学马岳博士、澳门科技大学朱世海副教授和深圳大学张定淮教授。[1]应该说，上面所列举的三位学者就香港政党发展历程所提出之不同划分类型间的差异可谓是并不大的。首先，他们都承认香港自20世纪80年代起进入了政团的迅速发展阶段。其次，他们都认可20世纪90年代初是香港政党发展的历史性跨越时期，自此香港的政党政治开始起步发展。因此，综合上述三位学者的观点并结合香港的政党的实际发展进程，可以以回归前香港的历次重大政治事件作为标志，将香港政党的发展历程划分为前政党年代、政党产生的酝酿阶段以及政党的产生和稳步发展阶段三个大的阶段。

（一）前政党年代（1843-1979年）

真正意义上的香港本土政党产生于20世纪90年代初。回顾香港的殖民政制史，英国自1843年起对香港实行殖民统治，并"将香港编入为皇属殖民地，但对当地的住民，并未给予参政权，其殖民政策之要点，亦秘而不宣"。[2]在所谓皇属殖民地的建制基础上，香港的立法、司法、行政的政务均由英国政府监督下的官吏执行，其中行政权由英皇及英殖民部长所任命的总督行使，同时设立行政会议作为总督的辅助机关，并且总督又负有立法权的一部分责任，设立立法局作为其辅助机关。[3]根据《殖民地规例》第105条的规定，总督是向女王负责并代表女王的唯一的最高权威。这正如第22任港督葛量洪在其回忆录中所说的，"在这个英国直辖殖民地，总督的地位仅次于上帝"。[4]在上述的制度安排下，香港可谓毫无民主可

---

[1] 以上内容详见马岳：《香港政治：发展历程与核心课题》，香港中文大学香港亚太研究所2010年版，第57-65页；朱世海：《香港政党研究》，时事出版社2011年版，第17-58页；张定淮：《香港政党的产生、发展、功能与定位》，《基本法研究》第4期，澳门濠江法律学社2013年版，第14-43页。

[2] 参见［日］植田捷雄：《香港政治之史的考察》，石楚耀译，上海国立暨南大学海外文化事业部1936年版（清华大学图书馆影印本），第61、87页。

[3] 参见［日］植田捷雄：《香港政治之史的考察》，第62页。

[4] 参见余绳武、刘蜀永主编：《20世纪的香港》，香港麒麟书业有限公司1995年版，第6页。

言。以立法局议员的选任为例，除总督担任立法局主席及22名官守议员外，23名非官守议员均由总督从社会各方广泛选任。这种状况维持了至少有100多年。由此可见，香港作为一个殖民地，百年以来基本上是毫无真正的民主可言。

在本阶段，英国在香港可谓极少积极推进政治民主化，其立法机构和政府均不由选举产生。在这种情况下，政党的产生根本就是无从谈起，在本阶段香港本地主要存在一些参政团体。尽管在80年代以前，包括中国国民党、中国共产党以及众多的民主党派已经在香港进行活动。尤其是解放战争时期，香港曾是在国民党一党独裁之下难以生存的中国各民主党派的活动基地——在1948年初，香港集中了民革、民盟、农工、民促、救国会、民进、致公党等民主党派的总部及其主要领导人，成为中国南方民主运动的中心。〔1〕但这些政党，均不是产生于香港本地的政党组织。不过，在本阶段香港社会确实存在着大量的社团组织，以及“三合会”等秘密会社组织。〔2〕当然，香港在本阶段也存在其他的一些政团，如香港革新会和香港公民协会等早在80年代之前就已经成立，并参与市政局的政制改革和选举，但它们并未取得实质性的政治权力。〔3〕

（二）香港政党产生的酝酿阶段（1979-1989年）

自香港总督麦理浩访问北京后，中英双方于1979年3月和4月举行双边会谈，经过艰苦谈判就香港问题的前途达成初步协议。其后英国首相玛格丽特·撒切尔于1982年9月访华，正式揭开了中英双方关于香港问题的谈判序幕。可以说，自1979年中英双方就香港问题的前途达成基本协议起，到香港首个政党成立的前一年1989年，可被视为香港政党产生的酝酿阶段。

1982年中英谈判的意义在于，在英国管治香港的150多年时间里，它将香港的“民主发展”进程分为前后两个时期——之前的140年为禁止民主发展时期，

〔1〕 参见余绳武、刘蜀永主编：《20世纪的香港》，第167、169页。

〔2〕 详见叶勇胜：《香港三合会——来历、堂口与掌故》，香港艺苑出版社2011年版，第13-60页。

〔3〕 See Norman Miners, *The Government and Politics of Hong Kong* (*Fifth edition*), Hong Kong: Oxford University Press, 1991, p. 197. 转引自卢兆兴：《议会派系、政党、政治组合和选举制度》，郑宇硕、卢兆兴编：《九七过渡：香港的挑战》，第61页。

而之后的15年则为超速民主发展时期。[1]就后者而言，英国在其即将撤出香港的前15年一反常态，积极催谷香港超速的“民主发展”，使香港出现了“忽然民主”现象。[2]此后，随着港英政府代议政制改革的推进，尤其是立法局、市政局以及区议会这个三级议会架构开放之后，更有组织的政治参与逐渐成为一种需求，而与此同时有关“政权回归的前途谈判也带来更高层的政治投入与思考”。[3]

自1980年6月发布《香港地方行政改革的模式绿皮书》始，港英政府就开始按照其既定步骤有计划地“在区域及地区层面推展代议政制”。1981年1月港府又发布了《香港地方行政白皮书》，宣布在当时的18个行政区内推行地方行政改革，每个区设立一个区议会和一个地区管理委员会。此后推行“代议政制”的内容包括：1. 1982年首次举行直接的区议会选举，选民资格甚宽；2. 1983年市政局议员人数进一步增至30名，其中半数由各个以地区划分的选区选出，选民资格甚宽；3. 委任市政局议员及区议会民选议员为立法局议员，今后仍会继续这种委任方式。1984年7月发表《代议政制绿皮书——代议政制在香港的进一步发展》咨询代议政制发展方面的意见后，1985年于立法局中引入间接选举机制，并且后来在1991年立法局选举中首次加入直选议席。

在中英谈判以及港英政府政制改革的刺激下，香港社会整体的参政意欲明显提升。本阶段，香港产生了大量的参政团体，从而为下一阶段政党的萌芽和发展做了铺垫。本阶段的政团主要分为两波集中涌现。

第一波政治团体发展潮（1982-1984年）：“第一波”的政治团体发展潮是因为中英两国就香港前途展开谈判而触发的，这股热潮从1982年起，一直持续至1984年年底。[4]1982年在英国首相玛格丽特·撒切尔访问北京后，中英开始就香港前途问题进行谈判，至1984年中英签署联合声明前后，随着香港政制改革步伐的加快，香港社会上一些有志从政的人士纷纷组团结社，准备趁这一“历史契机”有

---

〔1〕 参见刘曼容：《港英政治制度与香港社会变迁》，广东人民出版社2009年版，第119页。

〔2〕 参见刘曼容：《港英政治制度与香港社会变迁》，第135页。

〔3〕 参见叶健民：《政党与政制改革》，《创建民主：缔造一个优良的香港特区政府》，第49页。

〔4〕 参见方华：《香港政治团体易生难长》，香港《明镜月刊》1991年4月号。

所作为。[1]而且，就在这一年香港迈出民主进程中的重要一步——在今年首次举行的区议会选举中，全港有三分之一的区议会议员合共 132 人由选举产生。结果，这大为刺激了香港本地政治团体的发展，本阶段成立了多个政治团体，主要包括汇点、太平山学会及港人协会等。应该说，虽然上述团体代表了当时香港不同的政治立场——它们分别致力于推动民族主义、民主和福利资本主义等目标，但却有一些共同特质，即他们的组织者通常是前学运分子，后来则成为了从事社会服务的专业人士，在工作上与社会低下层有密切联系。[2]

第二波政治团体发展潮（1985-1989 年）：1985 年至 1989 年可算为香港第二波的政团发展潮时期。在本阶段，港英政府开始引入代议政制并积极推进地方行政改革，大大增强了本地社团的参政热情。而 1989 年的“六四事件”亦“进一步提高了群众的社会意识和对政治参与热情”，进而也推动了香港“政治力量的重新整合”。[3]随着如香港励进会、香港民主民生协进会、新香港联盟等一批新兴团体的出现，香港社会的整体参政气氛变得相当热烈。当然，需要留意的是，尽管在这短短几年的政治发展过程中，香港迎来了一波接一波的政团发展热潮，但这些政团在后来能够真正发展壮大的毕竟是居于少数。其中，大多数都是“急起暴跌，就像烟花那样，虽曾一度惹人注目，但瞬间即沉寂下来”。[4]而且，相较于后来出现的政党，这些政团大多组织较松散、资源较匮乏，同时亦缺乏明确而完整的参政纲领，仅是香港政党政治产生之前的一种过渡性现象。

（三）政党的产生和稳步发展阶段（20 世纪 90 年代至今）

随着政权移交的临近，港英政府加大了本地代议政制的推进力度，并于 1991 年的立法局的组成方式中引入了直选的机制。这对于香港的民主发展来说是具有标志性的事件。至此，香港的政治权力之门便在立法局、市政局和区域市政局、区议

---

〔1〕 周建华：《香港政党与选举政治（1997-2008）》，中山大学出版社 2009 年版，第 2 页。

〔2〕 参见高马可：《香港简史——从殖民地至特别行政区》，林立伟译，香港中华书局 2013 年版，第 231 页。

〔3〕 叶健民：《政党与政制改革》，《创建民主：缔造一个优良的香港特区政府》，第 49 页。

〔4〕 参见方华：《香港政治团体易生难长》，香港《明镜月刊》1991 年 4 月号。

会等三个层面上向社会全面打开了。这对香港政党的形成具有重要意义：它是香港政党形成的一个契机，刺激各派政治团体转型走向政党化。[1]

在1991年直选的刺激下，香港历史上首次出现了政党组织的热潮。香港第一个具规模的政党“香港民主同盟”于1990年4月7日正式宣布成立，时任立法局首席议员李柱铭获选该党第一届中央委员会主席。可以说，香港民主同盟的成立是香港本地区政党发展史上的一个里程碑。它的注册成立标志着香港本地第一个真正意义上之政党的产生，并开启了本地区的政党政治时代。[2]其在规范层面的意义为，作为本地区首个政党，其产生和运作均得到公权力认可，预示着香港特区正式步入德国学者杜礼培所说的“法律承认政党”阶段。同盟号称由香港社会各界别及阶层组成，是一个植根于香港，争取民主的独立政治组织；认为香港的前途有赖《中英联合声明》、“一国两制”、港人治港及高度自治的落实，而“自由”“民主”“法治”和“社会公义”更是人民应有的基本权利，稳定社会的重要基础。[3]同盟的出现，不仅“标志着民主派人士在议政和参政的路途上，逐渐走向成熟的阶段”，[4]而且亦预示了政党政治的出现和发展乃是香港代议民主发展不可避免的必然趋势。直选议席公布之后，香港热心政治的人士积极组织政治团体，预备参加选举，当时已经“埋堆”成形的“半政党”或决志“政党化”的政治团体，至低限度有：1. 由“民主派”激进派（主流派）人士组成的“香港民主同盟”；2. 由部分工商界、专业人士及“少数民族”（英裔人士、印裔人士等）组成的“香港民主促进会”；3. 由过往所谓“八十九人集团”的工商界、专业人士做骨干组成的“香港自由民主联盟”；4. 由“民主派”温和派（非主流派）人士掌握过往“民主派”所谓“三大门派”之一的“香港民主民生协进会”。[5]

此后，港英政府进一步扩大了直接选举的范围，1994年9月的区议会选举取消了委任议席，实行全面直选，1995年所有立法局议席由选举产生。政治生态的

---

〔1〕 张定淮：《香港政党的产生、发展、功能与定位》，《基本法研究》第4期，第21-22页。

〔2〕 参见刘成汉：《港人的政治醒觉与组党去向》，香港《南北极》1985年9月号。

〔3〕 《争取民主政治组织“香港民主同盟”昨创会会议讨论成立宣言》，香港《成报》1990年4月8日。

〔4〕 《朝向政党政治发展》，香港《信报》1990年4月23日。

〔5〕 鲁凡之：《港人治港的新形势——“半政党政治”在香港》，香港《广角镜月刊》1990年5月号。

转变及政治参与的兴起加速了香港政党的形成，尤其是1991年的立法局直选前后，香港本地催生了民主党、民建联、自由党等一大批政党。在这次选举角逐9个双议席选区共18个席位的54位候选人当中，有34位是由政治团体提名或者公开宣称是获得政治团体支持的。据马岳博士的考察，在“九一直选”后“保守阵营”和“民主派阵营”均有了不同的发展变化：一方面，保守阵营自“九一直选”惨败后，明白必须政党化，集结力量才能在直选中与民主派政党较量；1992年，本地左派组织——主要包括左派工会和地区左派组织骨干成员——组成民主建港联盟（民建联），从此成为保守阵营最强大的政党；1994年，亲北京的商界人士组成香港协进联盟（港进联），并于1997年与自民联合并，成为主要亲中商界政党。另一方面，民主派阵营亦在此后数年间有分有合：1994年，汇点与港同盟合并为民主党，成为民主派的主力政党；同年，亲国民党人士组成一二三民主联盟；1996年，刘慧卿跟部分民主派人士如刘千石、李卓人和梁耀忠等组成了松散的政治联盟前线，在争取民主的立场上甚至比民主党更加进取；1997年，陆恭惠成立民权党，以关注民权及环保等议题为主。[1]

总括而言，在香港回归后，本地政党的发展从回归前由彭定康政改方案所导致的混乱秩序中得到逐渐恢复，正式步入稳步的发展壮大阶段。直到如今，尽管香港政党尚在发展，但已相对成熟并逐渐定型，并在现行宪制所允许的范围内有效地参与和影响了公共政治的运作过程。

三、回归后香港政党的发展现状

美国政治学者认为，在政治秩序急剧变革的社会，“随着革命的完成，为政党发展的舞台就打造好了”。[2]而具体到香港，回归所带来的无异于一场没有硝烟的宪制意义上的革命。这场“革命”为香港带来“最大的变化就是‘法统’和宪法

[1] 马岳：《香港政治：发展历程与核心课题》，第59-60页。
[2] [美] 史蒂芬·E. 弗兰泽奇：《技术年代的政党》，李秀梅译，商务印书馆2010年版，第37页。

体制的根本性改变”，[1]而《基本法》规范框架下所建立起来的代议政制亦为香港政党提供了史无前例的发展空间。回归后，香港政党经过十多年的发展，已经具备了一定的规模。根据香港特区现行《行政长官选举条例》第31条第2款针对“政党”所作的界定，所谓“政党”是指：宣称是政党的政治性团体或组织（不论是在香港或其他地方运作者），或其主要功能或宗旨是为参加选举的候选人宣传或做准备的团体或组织，而候选人所参加的选举须是选出立法会的议员或任何区议会的议员的选举。从《行政长官选举条例》为政党所下的法定定义可知，香港特区目前在法律规范层面对政党采取极为宽泛的定义。事实上，此亦系基于香港政党和民主政治的现实而不得不采取的折中办法。然而，不得不说的是，在这样的宽泛定义下，香港的政党数量会变得很庞大，是不利于有针对性地展开学术讨论的。因此，为了便于本文相关论述的进行，笔者尝试为香港的政党划定一个统计门槛，以便于确定本文所探讨之对象的范围。

需要指出的是，这种所谓的为政党划定身份门槛的行为，在政治实务中其实并不鲜见，例如日本就有相关法例为其本国之政党设置了类似的身份门槛。[2]考虑到香港特区目前政党政治尚处于初阶的发展水平、本地仍然缺乏成熟的政党，而且本文设置所谓政党身份门槛之目的仅在于为论文研究对象划定一个较为具体的范围，因此笔者决定为香港政党设置一个分类简易且要求不高的身份门槛。该门槛具体的设置为：凡宣称是政党，或主要功能或宗旨是为参加选举的候选人宣传或做准备，并且在上一届立法会选举至少有1名成员成功当选为立法会议员的香港本地政治团体或组织。按此计算，在香港特区现有的数十个政治团体中，能够符合条件的香港政党大致有9个。[3]通常，香港各政党在民生问题上都属于中间派，不存在太大的差别。而香港不同政党之间的基本分歧主要是“源于它们在政治立场上的巨大差异，尤其是对中国共产党、对中央、对‘一国两制’、对民主改革和特区政

---

〔1〕 王振民：《论港澳回归后新宪法秩序的确立》，《港澳研究》2013年第1期。

〔2〕［日］芦部信喜：《宪法》，［日］高桥和之增订，林来梵等译，北京大学出版社2006年版，第254页。

〔3〕 其他学者所采取之不同类型的政党定义标准，参见周建华：《香港政党与选举政治（1997-2008）》，第11-31页；朱世海：《香港政党研究》，第45-58页；张宏任：《香港发展前景与政争困境》，香港和平图书有限公司2011年版，第230页。

府的态度”。〔1〕按此基准，香港政党的政治光谱通常会被划分为：1. 建制派政党，是“泛指通常在基本政治原则上与特区政府及中央政府立场一致的或接近”的政党，如民建联、工联会等；2. 反对派政党，或称泛民主派政党，是泛指那些“基于站在特区政府及中央对立面的政治立场而走到一起的”形成松散政治聚合的政党，如民主党、公民党、工党等；3. 中间派政党，是指“在两极划分中未被标签化的中间”政党，如自由党等。〔2〕经常活跃于香港特区政坛，具有明确的政治纲领、以参政议政为主要目的、有完整的组织架构以及有相对稳定数量的成员和有较大的影响力的政党主要有民建联、民主党、自由党传统三大党以及公民党、社民连、工党等新生政党。

值得一提的是，根据香港中文大学香港亚太研究所于2013年7月就香港市民对本港政党的印象和评价进行民意调查。调研的结果显示，在多个本港政党中，最多受访市民表示支持的首五位是民建联（11.2%）、民主党（7.6%）、公民党（5.7%）、人民力量（2.1%）和工联会（1.8%）；而且，调查数据还反映了政党排名出现的波动情况，如工党就由上次的第六位下降至第九位，自由党则由第七位下降至第八位；此外，仍有高达58.1%的受访市民表示，没有任何本地政党或政团值得支持。〔3〕尽管香港特区还没有出现成熟的政党政治，但政党格局已是渐趋稳定。1991年只有一半立法局议员有政党、政团背景，时至今日，已有三分之二的议员有政党、政团背景。〔4〕各政党在最近的两届立法会选举中占有议席比例，大致可以反映出当前香港的政党格局及各政党的政治影响力。

---

〔1〕 刘兆佳：《回归后的香港政治》，香港商务印书馆2013年版，第179-180页。

〔2〕 详见李晓惠：《迈向普选之路——香港政制发展进程与普选模式研究》，香港新民主出版社有限公司2013年版，第343-345页。

〔3〕 参见香港中文大学香港亚太研究所：《香港亚太研究所民调：市民对政党评价仍然欠佳》，http：//www.cuhk.edu.hk/hkiaps/tellab/pdf/telepress/13/Press_ Release_ 20130731.pdf。

〔4〕 《2006年12月6日下午在立法会的会议上就“促进政党政治发展”议案的致辞全文》，香港特别行政区政府网，http：//www.cpu.gov.hk/tc/documents/csd/csd_ press061206.pdf。

四、香港政党发展概况之特征分析：港式“半政党政治”

自上世纪90年代以降，以立法局“九一直选”为标志，香港的政党政治正式迈上发展的轨道。然而，香港目前的政党政治仅是一种半成品，即所谓的“半政党政治”。考察笔者所掌握的研究资料，在汉语学界较早将“半政党政治”作为一个本土政治学名词进行提出并运用的是香港的鲁凡之研究员。他在1990年4月11日的文章中首次将香港政党政治的发展形态概括为“半政党政治”。此后，他又发表论文对港式“半政党政治”作了进一步的阐释。他认为，尽管在立法局直选的刺激下“香港开启朝向政党政治之门，但香港这种向政党政治发展的进程，在相当长的时间内只能表现为某种香港特有的‘半政党政治’”，“需要多方努力及条件配合，才可能在日后发展出充分的政党政治”。〔1〕而事实上，时至今日，这种“半政党政治”的发展形态仍然是香港政党的一大特色。根据鲁氏在其文章中的论述，港式“半政党政治”主要体现在四个方面：1. 立法机关难有“多数党”；2. 政府没有“执政党”；3. 政党缺乏群众基础；4. “政党化”存在客观局限。然而，鲁氏所提出“半政党政治”仍然仅是对香港政党政治特殊发展形态的一种现象概括，而且在后来较长的一段时间里，“半政党政治”的概念并没有在学界讨论香港政党政治问题时获得较多的沿用。2013年，内地学者曹旭东博士重新使用了“半政党政治”这一概念。他认为，所谓“半政党政治”即政党政治的不“全面的”状态，具体是指某个政治体制在“制度设计层面否认政党有资格透过选举染指全部的公权力，或者在政党获得部分公权力的道路上设置障碍”，使政党政治“受限于制度划定的范围”。〔2〕由此看来，曹旭东博士通过对“半政党政治”的内涵加以进一步的理论凝炼，加上有效的抽象化概括，已然使“半政党政治”发展成为了一个相对严谨的学术概念。然而，其不足之处在于，经过提炼后的概念变得过于狭窄化，并不足以有效概括港式“半政党政治”的特殊性。

---

〔1〕 鲁凡之：《香港式的“半政党政治”》，香港《明报》1990年4月11日。

〔2〕 详见曹旭东：《香港政党政治的制度空间》，《法学》2013年第2期。

综合上述二位论者的见解，并结合笔者对该问题的认识，所谓的港式“半政党政治”主要体现为如下几个方面：

第一，政党尚处于较为初级的发展阶段。由于香港引入代议政制的时间尚短，政党的出现不过是近二十多年来的事情，因而香港政党在诸多方面仍处于较为初阶的发展水平。目前，“香港政党的规模都不大，而且绝大多数政党的组织都很松懈，缺乏纪律性”。〔1〕这正如不少香港学者所曾直接指出的，香港政党目前尚处于“低度发展”的状态，政党政治的整体水平仍不甚发达。〔2〕申言之，香港政党的这种初阶发展水平主要体现在如下几个方面：

首先，香港政党的规模普遍比较小。在香港由于本地区各类型政党的数量众多，经常被学者评价为“弹丸之地而政党林立”——关于具体的数量，据笔者统计目前香港可称之为政党的政治组织有9个，而据内地学者周建华、陈丽君等人的统计，香港的政党数量则更多。〔3〕然而，实际情况是，香港目前这种所谓政党林立的现象充其量只不过是小党林立。原因在于，香港缺乏大众型政党，目前活跃于本地政坛之主要政党均属于干部型政党，〔4〕规模普遍不大。以党员的数量为例，除民建联已登记之党员人数突破两万人、工联会号称有成员人数超过35万之外；其余政党中少者只有百余人，如民协即仅由百多名成员组成，而多者亦不过几百人，如香港泛民主派龙头政党民主党，自其前身香港民主同盟于1990年创党以来，经历了多次的分组合并，现时党员仅有600余名。又，香港政党规模有限的另一表现，是资源的相对缺乏。尤其是泛民主派的政党，由于得不到中央和香港政府的支持，在资源上相对建制派政党更形匮乏。

其次，香港政党的意识形态不明显。香港是个利益多元分化的社会，加上多年

〔1〕 林媛：《香港特区行政主导体制与政治发展探讨》，澳门《行政》2007年第20卷。

〔2〕 参见叶健民：《政党与政制改革》，《创建民主：缔造一个优良的香港特区政府》，第48-49页；马岳：《香港政治：发展历程与核心课题》，第60-62页。

〔3〕 参见周建华：《香港政党与选举政治：1997-2008》，第260-261页；陈丽君：《香港政党政治的特点研究》，《当代港澳研究》2011年第5辑。

〔4〕 最早将政党模式归纳划分为群众型、干部型、信徒型三种模式的是法国政治学家迪韦尔热教授。参见［美］迈克尔·G·罗斯金等：《政治科学》，林震等译，中国人民大学出版社2014年版，第202页。

来的持续发展，令港人有广大的空间和机会，而社会流动亦很容易，所以阶级利益和意识并不明显。[1]而且，香港社会的主流价值是具有功利主义倾向的，这每每使得“香港人的普遍信念流于模糊、重实际、工具取向、多元化和投机，难以作为政治思想或行动的指引”。[2]而且基于香港的社会条件，“政党为了争取最多群众的支持，其纲领必然是包容性很高，含糊不清和抽象，以期在一些大原则如‘民主’‘自由’‘法治’‘合理运用资源’下吸引群众”。[3]又，正如香港学者李南雄博士所指出的，由于香港政党最大功能仅在于收集选票，故政党的意识形态色彩并不需要太过浓厚。[4]因此，“香港政党在意识形态的问题上一直处于模糊状态，没有完整的政治纲领，没有明确政治理论基础，使它们难以制定长远的政治目标和政策研究，很容易摇摆不定”。[5]

再次，政党的组织普遍比较松散，党内派系分立。由于香港发展时间尚短，本地区缺乏大规模的群众型政党，现有政党多为一些规模较小的干部型政党，因此香港政党多数组织较为松散，内部派系分立，凝聚力不足。而且，由于香港政党是典型的为选举而生的政党，不少政党的重要职能都仅限于组织选举，更确切地说是为其党内核心成员进行助选。为此，香港政党政治中的政治明星现象尤其突出，事实上不少政党仅仅围绕着一个或几个党内的政治明星而运作。以早期的民主党为例，李柱铭不仅是该党的创党主席，而且是该党重量级的政治明星。李柱铭在香港的知名度达到了几乎每一位市民都认识他。[6]因此，他毫无疑问地成为了民主党的核心灵魂人物，在很长的时间里民主党在某程度上就是围绕着以他为代表的几个政治明星而运作的。

第二，香港现行政党体系并不完整，在某程度上甚至带有一定的“残缺”性。所谓政党体系，又称政党体制，在汉语学界也被惯常地译为政党制度；而在以下论

---

〔1〕 陈民正：《香港政党化的困境》，香港《经济日报》1989 年 7 月 18 日。

〔2〕 参见关信基、刘兆佳：《中英协议后的香港》，刘兆佳编：《过渡期香港政治》，香港广角镜出版社有限公司 1996 年版，第 41 页。

〔3〕 陈民正：《香港政党化的困境》，香港《经济日报》1989 年 7 月 18 日。

〔4〕 参见：《虽无政党之名·却有政党之实　香港政党由来已久》，香港《快报》1989 年 1 月 22 日。

〔5〕 曾平辉：《香港政党的特点、功能探析》，《学术论坛》2008 年第 12 期。

〔6〕 参见：《明星议员与隐形党现象的探讨》，香港《星岛日报》1991 年 6 月 4 日。

述中所讨论的政党体系应区别于广义的政党制度，主要指的是随着政党的出现而逐渐发展起来的一种政治系统，它不仅涵括了各党派之间相互关系的总和，也反映了政党与政权之间的关系网络或结构。〔1〕如上文所述，香港正式引入代议政制的历史并不长，本地政党的产生和发展只经历了很短的时间。因此，香港政党政治的发展水平仅处于初阶水平，而现有政党体系更是既不完整也不成熟。针对香港政党体系的这种实际现状，刘兆佳教授将之概括为“一种颇为独特的政治现象”，并认为香港的政党体系是“一个不完整的甚至是‘残缺’（Stunted）的政党体系”。〔2〕据笔者的理解，刘兆佳教授所提出的“‘残缺’的政党体系”，在内涵上与美国学者迈克尔·G·罗斯金教授等人所提出的“易变或不发达的政党体系”是具有实际指向的一致性的。〔3〕而回到香港的政治现实，可以发现香港的这种被称为“‘残缺’的政党体系”具有其自身特点的表现形态，以下分述之。

首先，香港政党在现时的政治体制下无法取得执政党的地位。根据香港特区《行政长官选举条例》第31条的规定，在行政长官选举中“胜出的候选人须声明他不是政党的成员”。〔4〕在此种政制设计下，行政长官不能有任何的政党背景，甚至行政长官公开表示支持某个党派亦是被严格禁止的。应该说，《行政长官选举条例》所设置的这种禁止性规定在实际上已经排除了香港本地政党夺得最高执政权，进而成为执政党的可能性。因此，香港目前实行的是一种“无执政党的政党制”。这种所谓“无执政党的政党制”，主要是指允许政党存在，并对其开放政治参与途径，但政党不能夺取最高执政权成为执政党。香港在这种“无执政党的多党制”下所形成的政党政治，又被称为“没有执政党的政党政治”，即“在执政党缺位的

---

〔1〕 参见王长江：《政党论》，人民出版社2009年版，第130页；李金河主编：《当代世界政党制度》，中国编译出版社2011年版，第1页；梁琴、钟德涛：《中外政党制度比较》，商务印书馆2013年版，第11-12页；［美］迈克尔·G·罗斯金等：《政治科学》，第203页。

〔2〕 参见刘兆佳：《回归后的香港政治》，香港商务印书馆2013年版，第160页。

〔3〕 参见［美］迈克尔·G·罗斯金等：《政治科学》，第204、207页。

〔4〕 相关讨论可参见马岳、蔡子强：《选举制度的政治效果——港式比例代表制的经验》，香港城市大学出版社2003年版，第3页；朱世海：《香港政党与香港特别行政区政府的关系取向》，《岭南学刊》2010年第3期；刘兆佳：《回归十五年以来香港特区管治及新政权建设》，香港商务印书馆2013年版，第174-191页。

情况下，由众多政党在发展、互动和竞争过程中所衍生的各种政治形象”。[1]实际上，“无执政党的政党政治”与“只有执政党的政党政治”一样，在世界上均较为少见。从国家的政治结构及其实际运行的情况考察，在普京出任总统初期的俄罗斯，可算作属于“无执政党的多党制”的国家。在俄罗斯当时的国家政治生活中，政党和政党体系为宪法所承认并的确存在，但政党在俄罗斯的政治生活中又处于边缘地位，发挥着有限的作用，而且没有任何一个政党可以被冠以执政党的称号：首先，执掌国家最高行政权力的总统是超党派的；其次，俄罗斯的政府也是超党派的，在议会中获胜的政党没有组阁权。[2]综上可知，在香港当前的政党体系下，所有的政党都是在野党。执政党的缺失，导致了行政长官在现行体制下往往不能足够地获取本应可以基于其政党背景而能得到的政治支援，进而在一定程度上加剧了行政机关的弱势地位。因此，自回归以来，不论是董建华政府、曾荫权政府又或者是梁振英政府，在“推动立法”时都面对不少阻力；“而这些反对声音不单来自被视为反对派的泛民政党，也包括各大建制派政党”，并且，“由于无法确保在立法会取得足够支持，特区政府往往倾向回避处理争议政策，结果导致每年都有大量法案被搁置及押后”。[3]

其次，政党体系呈现“碎片化”的状态。一般而言，所謂“碎片化”，指的是“进入议会的政党越来越多”，[4]主要表现为议席的碎片化及选票的碎片化，它往往反映政治体内部由于尚未形成多数党而导致了政党体系的不稳定。相关研究显示，在如比利时、奥地利、丹麦、意大利、挪威、瑞士等国家，政党体系都普遍呈现出向更显著的多党制发展的趋势。[5]而通常认为，当“碎片化”的程度不高时，这种政党体系的模式就可以被定义为有限的或者适度的多党制。[6]基于上述认识，

---

〔1〕 刘兆佳：《回归后的香港政治》，第160页。
〔2〕 参见李金河主编：《当代世界政党制度》，第168页。
〔3〕 香港新力量网络：《2012年度香港特区管治评估报告》，2012年6月发布，第8页。
〔4〕 ［美］理查德·冈瑟、拉里·戴蒙德：《政党与民主》，徐琳译，上海人民出版社2012年版，第260页。
〔5〕 参见［美］阿伦·利普哈特：《民主的模式：36个国家的政府形式和政府绩效》，北京大学出版社2006年版，第54页。
〔6〕 ［美］理查德·冈瑟、拉里·戴蒙德：《政党与民主》，第260页。

并结合美国著名政治学者哥伦比亚大学G. 萨托利教授所提出的政党制度分类标准，笔者认为香港目前的政党体系应属于有限的多党制。所谓有限的多党制，是相对“极端多党”而言的，主要指处于“两党制”和“数目多而两极化的多党制”之间，它基本上包括三至五个相关性政党。〔1〕在港式“半政党政治”的范畴内，“香港自从八十年代初以来，特别在各级议员选举活动及《基本法》争论、政制改革争论里形成的各个政治派别和团体，也纷纷出现了严重分化和重再改组的新局面，以适应由过往的‘压力团体政治’、‘政团政治’过渡为‘半政党政治’的需要”。〔2〕而事实上，在当下的香港政坛，政党体系仍然未有出现趋于稳定的迹象，目前各政党的分化、改组等情况仍时有出现。应该说，香港政党体系所呈现的“碎片化”状态，“一方面反映社会上矛盾分化越趋严重，另方面则反映‘香港式’比例代表制和功能选举办法的政治效果”。〔3〕总体来说，香港政党体系离成熟定型尚有一段不小的距离。

第三，香港政党的社会基础较为薄弱，政党在市民中所能获得的认可度普遍不高。香港并不存在一个相对成熟的政治社会，甚至不少作为建构政治社会的关键性条件都尚不具备。基于这样的社会现实，政党在香港很难获得广泛的社会支持。而事实上，就目前的实际情况而言，政党在香港市民社会所能获得的认可和支持度并不高。有较近期的针对政党在香港社会所能获得的认可程度的社会调研报告显示，香港市民对本港政党的印象和评价仍偏向负面。〔4〕从中大亚太所的调研数据以及前述有关香港政党的实际发展情况可知，政党在香港的社会基础是较为薄弱的。究其原因，很重要的就是因为香港目前并没有形成一个相对成熟的政治社会，而且，

〔1〕［意］Giovanni Sartori：《最新政党与政党制度》，雷飞龙译，台北韦伯文化国际出版有限公司2003年版，第200-201页。所谓“数目多而两极化的多党制”应该系指极化的多党制，见该书第147-166页。

〔2〕鲁凡之：《港人治港的新形势——“半政党政治”在香港》，香港《广角镜月刊》1990年5月号。

〔3〕刘兆佳：《回归后的香港政治》，第187页。

〔4〕参见香港中文大学香港亚太研究所：《香港亚太研究所民调：市民对政党评价仍然欠佳》，http：//www. cuhk. edu. hk/hkiaps/tellab/pdf/telepress/13/Press_ Release_ 20130731. pdf。

香港的大多数普通民众往往偏向对政治表现出得比较“冷漠”。[1]

五、结语

现代民主政治的一个重要特点就是政党政治的充分发展，政党在国家政治生活中的地位越来越突出，其重要性可以概括为：没有政党就没有现代政治。在香港，政党从上世纪90年代初正式产生，历经25年的发展，至今已形成了一个初具规模的政党体制。然而，由于香港从来都只是以一种在内部治理上相对自主、兼且内部秩序较为自成体系化，但在整体政治地位上又不是完全独立的身份存在的，因此生发于香港的政党基本上都是以香港为其活动地域，在绝对多数的情况下香港政党的组织发展和政治影响主要都是发生在香港本地区的范围内，系属于地区政党的一种类型。而且，相对于在西方的民主社会的政党被视为现代民主制度的核心，并对民主政府的成功建构起着“关键性的作用”，[2]香港政党只是本地区选举政治发展的附属产品，而香港的政党政治更是以一种半成品的形态呈现——所有政党仅能在本地区政治运作以及公共政策形成的过程中“扮演一个低度参与的角色”。[3]目前，香港的整个政党体制所展现出来的是一种“半政党政治”的特征，政党在过往所形成的这个不甚成熟的政治体制中始终仅能对本地政治过程保持着低度的政治参与，发挥相对有限的政治功能。

---

〔1〕 See Ambrose Yeo-chi King, *The Political Culture of Kwun Tong*: *A Chinese Community in Hong Kong*, *in A. King and R. Lee* (*Eds.*), *Social Life and Development in Hong Kong*, Hong Kong: The Chinese University Press, 1981, pp. 147-168.

〔2〕 Political parties are the core of the democratic system, its alpha and omega, and their nature and organization determine the success or failure of democratic government. See Robert G. Neuman, *European and Comparative Government* (*Third Edition*), New York: McGraw-Hill Book Company, 1960, p. 740.

〔3〕 马岳：《香港政治：发展历程与核心课题》，第 64 页。

香港特区功能界别选举制度的价值功能分析

汪江连*

[内容提要]

功能界别选举方式是香港特区所特有的选举模式，它具有独特的民主价值和政制功用。它实为多数民主的一种矫正机制，以法团主义为其政治哲学基础，符合现代多元主义、社群主义发展的趋势，在香港特区有效运行多年后、经改良后的功能界别选举制度可以实现多元的共识民主、各种团体或界别的均衡参与，它与直选代议制相结合，借以保障香港特区政制机制的有效运行。与此同时，该选举制度对香港特区的“行政主导制”有切实的保障力，即便是在未来“双普选”时代到来之时，作为香港《基本法》规范体系中的法构造，它依然有其存在的一定程度的合理性、正当性和有效性，在可见的一定历史时期内也将因其依然维系着香港特区的独特政制架构之运行，而不能轻言废止。

[关键词]

香港特区　功能界别选举　共识民主　均衡参与　行政主导

---

* 汪江连，中国计量学院法学院副教授，法学博士。

作为一种间接选举模式，香港特区的功能界别选举担负着独特的价值与功能。所谓功能界别选举，其核心关键词就是"功能"，是故，探讨该选举方式的功能就变得尤为紧要。而功能界别选举的功能，也就是它的意义、价值或者作用，它在香港地区的政治体制中扮演的角色。该选举模式，从香港1985年进行代议制改革那时起，学界对其看法就迥异不同、各执一极、殊难统合。

大多数学者认定它是非民主的选举方式，是精英政治，是国家主义的，是陈词滥调，是已然"死亡"的代议制模式，不值得学界再费笔墨，也不值得实践再行采用；也有不少学者持有异议，他们认为，功能界别选举制度有着直接选举所没有的功能，它起码可以对多数暴政有一定防范作用，它体现均衡参与，它是现代民主发展到一种极致的"纠错机制"。[1]总之，正反两派谁也说服不了谁。即便在香港地区，回归前后对功能界别的争议，也未有一刻停歇，尤其是2017/2020年香港行政长官和立法会是否引入普选的政改争论中，该选举模式何去何从，理论和实务界纷争不止、莫衷一是，其要旨在于要从根本上阐明它的价值功能，才能从深层次上为其去留提供有说服力的"硬解释"。笔者试图从如下三个方面对此问题展开论述，意图为解决上述困局提供镜鉴。

一、从大众/多数民主到共识民主：双重合法性的民意基础

（一）香港引入功能界别选举制度的目的

功能界别选举制度，毫无疑问是香港的一种特殊的甚至独有的制度安排，它明显带有"精心设计"的痕迹。在香港政治地位未确定前的港英占领时期（19世纪40年代到20世纪70年代），港英实行"专制政体"，对民意的吸纳方式就是通过委任制这种非民主、非选举的"行政吸纳政治"的方式让香港当地有影响力的各界名流以被咨询者的身份对香港的管治发挥一定作用，后期的立法行政两局出现若干非官守议员即是。[2]这种模式即使有民主的因子、也是浅表层的。

---

[1] 张向奥：《选举的逻辑：政治发展的视野》，上海交通大学2007年博士学位论文。
[2] 参见金耀基：《中国政治与文化》，香港牛津大学出版社2013年版。

随着中英谈判、联合声明的签订，香港回归中国底定，港英当局开始考虑代议制之可能性，并借助民主化的方式“光荣撤退”，一则为保护英国在香港的利益，再则也为了在香港回归后发挥影响力，甚至也有为香港回归制造麻烦、为未来香港管治设置机关，为21世纪英国重返香港做一定的铺垫，港英当局迅速变换管治的思路和方式。[1]功能界别选举是在这样的大背景下被引入到香港的。引入该选举模式的目的是替代委任制，好让一度为港英治理香港做出贡献的地区精英以及各类社会人士在未来的政治体制中占有一席之地，利益得到保障。说到底，港英当局认为，财经界和专业界的精英对维系香港的前途的信心和繁荣，关系重大，故而要对他们的代表权给予特殊保障。

具体做法是引入功能界别议席，让他们的代表能够进入到立法局和行政局中，发挥政治影响力。与委任制有所不同的是，这些界别的代表是通过选举方式产生的，或者主要通过选举方式产生的。所以，功能界别模式是选举模式的一种，应该是没有争议的。港英当局在刚刚引入该模式的时候，将功能进行组别划分，一类是与经济和社会有关的选民组别，另外一类是由专业人士组成的界别；前者由主要组织、社团和机构为基础，这些组织的成员自动成为组别选民，选举或者内部协商产生议席；后者以有关职业的专业团体和机构的成员为基础组成组别选民，一般采用一人一票选举的方式产生代表。

从这个角度看，所谓功能界别选举的模式，其本身是间接选举方式无疑，而各界别的议席产生方式则五花八门，有的是直接选举、有的是间接选举、有的是协商推举，甚至还有指定产生议席的方式。所以，要分析功能界别选举方式，一则要从整体性的角度分析，再则还要分析各界别内部的议席产生方式。由于这所有的议席产生方式中，包括了民主选举的方式，所以，功能界别选举属于一种民主选举的方式。然而，却易于被批评为“小圈子选举”“精英选举”，是与地域直接选举相对应的甚至相对立的选举方式，这种选举方式每每被认为与现代民主选举的核心观念是冲突的，此种批评是有一定道理的。

---

〔1〕 参见马岳、蔡子强：《选举制度的政治效果：港式比例代表制的经验》，香港城市大学出版社2003年版。

(二) 民主派对功能界别选举的非民主之批评

批评者认为，现代民主选举的理念主要是平等选举权，即民主选举要直接、普及、公开、平等、秘密投票等。其中，选举权平等是地区直选对功能选举批评最多的，认为它是服务于特权阶层的选举，普通选民在投票、提名或当选议员或政府官员时，不能享有同等的机会、无法表达同等的意愿。[1]这种不平等表现在如下几个方面：第一，功能界别选举无法覆盖更多的选民。第二，功能界别选民的每票票值高出分区直选选民的好多倍。第三，功能界别内的各个组别选民的代表权也未尽相同，通常团体界别代表权远高于个人界别的选民。第四，团体或者公司投票的界别，存在“一人控制多公司、一人拥有多个选举权”现象。[2]

上述批评归结到一点，就是认为功能界别选举不符合现代民主选举的基本要义，简单说就是选举要普及而平等，这一原则已经被纳入到《公民权利和政治权利国际公约（ICCPR）》（简称《公约》）之中，置于第25条，该条也被用于解释“普选”的核心要义。即便有人主张以经济、产业、社会功能或选民职业作为代表的基础，它是另类民主，却鲜有国家采用此一选举模式，主因是功能界别划分选民涉及各行各业的变化，实难做到公平选举，从理念到操作皆不可行、故多数国家弃而不用。结合香港的实际情况，涉及普选与国际公约关系的研究、普选与人权法案的研究，包括功能界别与普选、与国际公约、与人权法案的研究，成果较为丰沛、观点千差万别，笔者将另文探讨。[3]此处拟主要解决的问题是：功能界别选举模式与民主的关系。[4]

(三) 香港特区功能界别选举制度与共识民主

在研究香港功能界别选举的民主性问题上，有两种进路：一种是寻找该选举模式与地区直选的共同性，试图证明它与现代经典民主的理论和观念是一致的；另外一种进路则认为，功能选举作为一种以法团主义为理论基础的职业代表制，有其独

〔1〕 Raymond Wacks editor, *Human Rights in Hong Kong*, Oxford University Press, 1991.

〔2〕 参见蔡子强：《香港选举制度透视》，香港明报出版社1997年版。

〔3〕 参见饶戈平：《人权公约不构成香港普选的法律根据》，《中外法学》2008年第3期。

〔4〕 马岳：《港式法团主义：功能界别25年》，香港城市大学出版社2013年版。

特的地位和价值，它甚至是现代民主弊端的矫正机制，有着直接选举、分区直选甚至普选无法替代的作用。上述进路归结起来可以用一种理论进路来解释，那就是与已经形成普遍影响力的现代代议制民主理论不同，功能界别选举是“另一种”民主理论的制度呈现，该理论就是共识民主理论。

1. 大众民主与香港功能界别选举制度

现代代议制民主的经典理论可以归结为大众民主理论。所谓大众民主，说到底是一种全民民主、也就是多数民主。这种民主的核心要义就是“少数服从多数”，表现在选举上就是让尽量多的个体公民没有差别的拥有选举权，选举出一个国家或地区的代议机关，甚至最高行政领导人。多数民主的核心要义就是在人民主权理论指导下，多数人的意愿代表着多数人的利益，代议机关只有由多数人组成，才是正义的。通常，实现“多数决”的最佳方式公认为地域直接选举这种模式。英国的威斯敏斯特模式是典型的多数民主模式，学者利普哈特还对该模式进行了全面的分析。[1]大众民主的实践是随着选举权的逐步扩大和逐步公平而实现的，比如历史上，妇女、黑人，甚至不能缴纳一定税费的成年男性，是没有选举权的。当前，西方典型国家虽然对选举权也有所限制，但这种限制往往基于一种客观的合理性之理由，且一视同仁。多数民主意味着多数人统治、少数人通常只能当反对派。这样面临着一个问题，少数派如何在代议机关里有自己的代表权，于是，有人批评该模式是不民主的。此外，更为关键的是对于一个实行地域直选的国家或地区，其竞选文化要较为成熟，其政党政治就应该较为完善，民主化的进程与政党政治的进程应该是同步的，否则，选民由于缺乏一个多元化政治力量的引导、整合与“教化”，也许会陷入选举的非民主化、非法治化的“广场民主”或“大民主”之暴力陷阱。从而，最终导致多数民主沦为多数专政。

2. 功能界别选举与共识民主

在对多数民主批判的基础上，共识民主理论应运而生。共识民主是由利普哈特经由结盟民主而提出，其核心观点是对多数的统治进行一个修正，即在人民主权原理下，各个人偏好有所不同时，应该由“尽可能多的人”来决策。与多数民主相

〔1〕 参见陈炳辉：《多数民主与共识民主：利普哈特的民主理论》，《江淮论坛》2012年第1期。

同的是，他认为多数人的统治优于少数人的统治；但共识民主追求的是将多数的规模最大化、实质化，而非狭隘的“多数”人。在共识民主下，权力是由各种不同的群体共同分享的，各种规则的制定、各类机构的设置是为了使不同群体的人民能够更加广泛地参与政府，并就政府推行的政策达成普遍的一致，而不是像多数民主模式那样只追求多数甚至是微弱多数来决定政府的政策。这种模式在异质性的社会可以适用，在同质化高的社会也一样可以适用。共识民主强调妥协、包容、商谈，尽量多一些协商，任何决策要实现最大化的一致。〔1〕利普哈特认为，瑞士、比利时和欧盟不同程度上实现了共识民主的理念。

共识民主理论用以解释香港特区在引入代议制以后的民主制度安排，尤其是香港回归后的政治体制是颇为有说服力的。香港在回归前、引入代议制之前，其政治模式可以说是一种开明专制主义，在无需寻求香港人合法性认同的前提下，港英当局采取委任咨询制的方式吸纳香港的精英力量、固化其决策和行政的民意基础，这就是共识政治，它与对抗政治有所不同，强调尽可能的协商、“意见一致”。〔2〕在政治“无求于民间”的殖民化时期，港英当局主要是通过吸纳社会上的精英分子、挑选出“合作者”，借以便利于其治理统治，也便利于提供公共服务。当时，普通的香港人保持一定程度上的政治冷感，他们未必认同港英统治的合法性，但是，对其统治的效率和公平性，尤其是社会服务性却有一定程度的诉求。这一方面因为他们无可奈何的政治命运，另外一方面也因为在上世纪70年代之前作为一个“移民城市”和逃亡者的栖息地，早期港人所追求的也无法是一份安稳的生活、家庭和工作，民主是一种奢侈品。港人基于政治冷漠的容忍政治，恰恰有利于政府更加开明，当然也有利于精英政治的发展。〔3〕

然而，当香港进入到回归过渡期时，共识政治也开始进入到新的阶段。英国有计划撤退时，一方面要培育香港人的民主价值观念，另外一方面要引入“有求于民间”的代议制，这自然会涉及民主价值共识和“游戏规则”共识。早期香港人

---

〔1〕 详见陈炳辉：《多数民主与共识民主：利普哈特的民主理论》，《江淮论坛》2012 年第 1 期。

〔2〕 参见雷竞璇：《香港政治与政制初探》，香港商务印书馆 1987 年版，第 3-21 页。

〔3〕 Ronald Skeldom Editor, *Reluctant Exiles Migration from Hong Kong and the New Overseas Chinese*, Hong Kong University Press, 1994.

和港英当局在政治认同上的“互为不存在”（唐君毅语）随着上世纪60—70年代的“反殖民”运动有所动摇，港人的政治冷感略有改变，港英吸纳民间的民意精英步伐有所加快，在区议会、立法会和行政会有了间接代表民意的力量。1984年的代议制改革，1985年的立法会民选议席之引入，成为香港迈向民主化的转折点。这样，港英当局就面临多重困境，一方面要维系过渡期的统治，民主化进程不可太快；另一方面想保持回归后的潜在影响力，借以维护英国在香港的既得利益，于是希望让民主的幼芽能够长成大树、有独立“对抗”中方的话语权。

功能界别选举模式就是在这种背景下被引入的。它一方面成为委托咨询制的替代品，另一方面又能保障与港英合作良好的精英在立法行政两局有足够话语权，甚至制衡分区直选议员可能对港督工作的掣肘。港英当局也知道，该模式是一种过渡性的工具性安排，他们的终极目标依然是：“逐步建立一种政制，使其权力稳固地立根于香港，有充分权威代表港人的意见，同时更能直接向港人负责。”[1]港英当局之所以在香港回归底定的这个关口，忽然开始对政权的合法性、认受性问题重视起来，盖因为其目的之功能性。其实，作为一个殖民地香港的宗主国，它根本没有兴趣发展香港的民主，建立法治主要是为了便利于治理和统治，一个有序的法治的香港符合英国的国际战略，而一个民主的香港则符合回归后英国的政治需要。民主不是英国人的目的，英国人的目的是维护他们在香港的利益、在华的利益和维系在亚洲的国际影响力。功能界别选举模式也仅仅是英国在香港搞代议制改革的过渡性安排，进入后过渡期后，彭定康之“政改方案”就对功能界别选举方式进行了“外科手术式”的根本改革。循序渐进地推进香港的直接选举、普选民主才是港英撤退前的核心目标。

香港过渡期的共识政治是不稳定的，它时刻处于流变之中，其选举也基本上向大众民主的方向迈进，“结果的不确定性”之西方民主的核心特征在香港的选举中日趋明显。这不符合中方的预期、也不符合中英联合声明的原则。过速的民主化可能大大影响到香港《基本法》的制定，最终会导致港人产生一种错觉，回归后的

---

〔1〕 参见香港1984年的《代议政制在香港的进一步发展》的绿皮书和白皮书。

香港在民主的政制安排上是一种与港英时期相比的倒退。[1]于是，必须以某个民主化的节点为立法的基础，然后从制度上规制和谋划香港的民主化进程，从而逆推出后过渡期内香港的民主改革之实践的步伐，并取得港英当局的配合。唯有如此，才能保障“一国两制”的实践，也才能保障回归后的香港“明天会更好”，这个历史的节点就是1990年香港《基本法》的制定。

1989年春夏之交前，中方、英方和港英当局合作较为密切。随着英国对中国的战略误判，变局骤起肘腋。然而，香港立法会1988年的选举已经结束，香港《基本法》的起草工作也接近尾声，在这两个前提下，1990年的《基本法》算是从制度上把功能界别选举方式固定了下来。1990年后的香港，1997年后的香港，在政制发展上完全是在不同的道路上前行的两驾马车。过渡期内，功能界别选举制度的实践变迁如此迅速，以至于其共识政治的意蕴基本消解；其核心的承载就是那个还未生效的纸上的《基本法》；回归后的香港，几乎是从1991年的香港立法会出发实践其政制的展开，这其中的五六年香港在选举制度上的实践被冰封斩断，然后融化到近十几年的香港政制改革进程之中。我们甚至可以这样说，香港的民主化进程，港英当局从1992-1997年走的是一种“大跃进”版，1997后的香港特区则有计划地拉长了香港民主化的进程，或许两者并非道路之争，而是速度之争，撇开国家主权利益的考量，中英对香港的管治分歧，尤其是选举制度的改革上，可能“循序渐进”理解的不同才是核心分歧之一吧。

当然，尽管当初港英在代议制改革时秉持的是共识民主的理念，与中方所持理念基本相同。但在民主化道路的选择上，尤其是民主化进程的速度、方法、路径和机制选择上，中英有很大不同，其不同皆因立场、目标、理念和价值不同所致。站在中方的立场上，香港的民主化显然不是第一目标、或主要目标，它服务于更高的目标。香港的民主化既是目的、也是工具，甚至工具性的色彩更浓一些。作为一个工具，政治体制及其发展的功能是要确保“一国两制”方针的落实和其战略构想的实现。也就是说，香港的民主化只能配合和促进“一国两制”下香港各方面包括政治、社会、民生各领域的发展，有利于一个国家内香港与内地的融洽相处，特

---

〔1〕 Lau Siu-kai, *Society and Polictics in Hong Kong*, the Chinese University Press, 1987.

别是要有助于建立良好的中央与特区的关系。此外，这种民主化的政制安排还要为实现如下目标服务，如维护良好的中央与地方的关系、保持香港的繁荣和稳定，维持或强化香港在国家社会主义建设中的贡献，防止香港成为颠覆内地政府和社会主义体制的基地等等。[1]在这些价值目标指引下，香港特区的民主发展自然被设置了前提性要求，何种选举模式能更好地实现上述目标，又符合“一国两制”的承诺，能被香港人基本接受，就选择何种模式。民主是一种比较性的感觉，与委任制相比，选举团的选举更加民主；与选举团选举相比，功能界别选举更加民主；与功能界别选举相比，地域分区直选更加民主。港英时期的功能界别选举方式能较好地实现上述目标，或与香港的政制发展阶段和未来趋势较为契合，作为一种过渡性的安排，自然在《基本法》中被深深植入了。

3. 香港特区功能界别选举与精英政治的共识

功能界别选举模式的引入，从根本上说是精英政治的共识。立法会直选议员的制度设定是一种对“普适性”民主选举制度的认同，而功能界别选举模式的保留则委实体现着香港中上层阶层的“精英式”价值观念。一方面，他们不靠基层选举进入代议机关，他们也缺乏搞街头政治的动力；另一方面，他们也希望在未来的政治架构中保留既定的影响力。作为一种交换，他们选择对中央、对特区政府的合作态度，与此同时，我们也要注意一个倾向，无论商界精英还是专业界精英，他们往往作为既得利益集团的成员，具有政治上的保守性；他们也多会基于一种自己界别利益的原因而选择与政府合作。加上中央基于如下两个判断选择了与香港的精英合作，而非在香港借助于基层、草根的力量来推行其制度和主义，这才导致了香港精英与中央当政者的合流。

中央认为，资本主义制度的一个典型特征就是保护资本家的利益，换句话说，资本主义的制度设计应该以服务于资本家为主，其民主也应该是精英民主，故而越是强调“一国两制”、港人治港、高度自治，就越是要做有利于资本家的制度安排，越不能把所谓社会主义那一套理念和制度放诸香港。有鉴于此，诸如人民民主、基层民主等在香港不能搞得太活跃，甚至连中共也不应该在香港活动。

---

〔1〕 刘兆佳：《香港的独特民主路》，香港商务印书馆2014年版，第69-75页。

此外，更为核心的一个判断是，香港的繁荣稳定靠对资本主义工商界者的保障上，香港的实际情况是只有保护好资本家的利益，才能保持香港的繁荣稳定。中央认为，一个稳定的、繁荣的、商业化的香港比一个民主化的香港更重要，为了警惕香港出现所谓民粹主义、福利主义，为了维护香港的自由港地位、所谓低税率优势，必须给资本家有特殊的民主化政制安排，从而让他们在立法机关和行政机关中有足够的发言权和政治影响力，而既是民主制度又是精英机制的功能界别选举方式恰恰能担当前述的任务，具有精英民主政治、共识政治的功能，所以，成为中方认为能多方共赢的首选。功能界别选举方式直接体现了共识民主的“权力由不同群体分享”的理念。依据学者高尔的观点，社会不仅是单一的个体普遍意志构成的，还有组织的意志，每个组织都有其专属功能，皆应有专有代表，这是一种多元主义的民主观。拉斯基则认为，现代社会人民的意见受工作环境影响多于居住环境影响，功能/职业代表制可作为选择代表基础之一。〔1〕高汉与罗渣士提出会社民主（Associational Democracy）这一概念，即以工业或行业组织为基础，将其纳入决策之中，惟其必须经过民主选举产生，它可使政治上的少数派、社会上不同压力集团和行业团体意见得以反映。〔2〕上述主张的共同之处在于认为，民主社会应由多元的群体组成，通过吸纳社会上各种团体代表的多元利益和声音，会有效反映多元社会的民意。〔3〕

当然，我们应当明确，功能界别选举方式要和地域直接选举方式结合才能体现多元主义的共识民主理论。共识民主有多数民主之维度，这在香港特区体现为分区直接选举的立法会议员制度；在未来特首普选时，则体现为“一人一票”普选特首的政制安排上。共识民主也有矫正多数民主弊害之维度，这在香港特区体现为回归前的委任制、选举团选举机制，以及延续到回归后一直持续存在的功能界别选举制度。当然，在行政长官选举上，则体现为通过选举委员会选举这种

〔1〕 徐木兴：《拉斯基民主社会主义思想探析》，《社会科学战线》2011 年第 2 期；殷叙彝：《拉斯基的多元主义国家观评述》，《当代社会主义问题》2004 年第 2 期。

〔2〕 [英] 哈里·狄金森：《英国民主政治历程：从威尔克斯派到宪章派》，张子凯译，《英国研究》第 5 辑。

〔3〕 马岳：《港式法团主义：功能界别 25 年》，香港城市大学出版社 2013 年版。

方式，以及在普选时通过提名委员会的提名机制来实现。香港特区的立法会和未来普选的行政长官，借由功能界别选举方式，不仅要获得个体的单一选民的认受，还要获得香港各个团体/组织/机构/法团/界别等群体的认受，这就是笔者所理解的双重合法性。[1]立法会实际上由两类议员组成，一类是分区直选议员，他们以无差别的“多数决”体现合法性；另一类是功能界别议员，他们以界别/组别等有一定非人数考量因素的多元“法团/群体代表性”体现合法性。从这个角度说，香港特区的功能界别选举机制恰恰是“一国两制”这一特殊构想在现代民主社会实践的一个新形式，虽然它会体现某种渐进性，甚至为实现政治构想的策略性，但它也许会发展出一种有效的政治模式，这种政治模式在香港尤为重要，其核心就是均衡参与的政治哲学。

二、从平等参与到均衡参与：多元统合性的政治哲学

（一）功能界别选举制度与均衡参与

毋庸置疑，功能界别制度的设立并非主要从民主角度而言，在《基本法》起草时不少香港委员甚至认为，在转变时期稳定比民主更重要，该模式能够发挥“稳定的作用”。[2]稳定既包括要有效保护商业精英的利益和统治地位，又要让香港的中产阶层和普罗大众看到制度有民主的外观，这种制度设计要有利于社会上各个阶层都能均衡参与。观察历届的政改咨询，我们都能发现此一理念之体现，如2017年政改咨询，港府就提出香港特别行政区政治体制设计在符合“一国两制”精神和《基本法》规定基础上要坚持的四项主要原则，包括兼顾社会各阶层利益、有利于资本主义经济的发展、符合循序渐进的原则及适合香港实际情况。

“兼顾社会各阶层利益”就是香港特区选择功能界别选举制度的主要动因之一，当然，之所以要兼顾各阶层利益，更为核心的考量就是为了香港的繁荣稳定、为了有利于资本主义经济的发展。功能界别选举方式在进入《基本法》视野中的

---

〔1〕 刘杨：《正当性与合法性概念辨析》，《法制与社会发展》2008年第3期。
〔2〕《石点头：钟逸杰回忆录》，陶杰译，香港大学出版社2004年版。

最初考量点，不是为了民主政治，而是为了经济发展、为了香港的稳定繁荣。在此前提下，如果要对功能界别选举方式进行改革，那就要进一步符合循序渐进的原则，同时适应香港的实际情况。可以这么说，当初在引入或者保留港英时期的功能界别制度时，中方从政治经济考量多于从民主人权之考量。这不能不说是一个论证切入点的缺憾。笔者认为，即便从民主政治角度看，此一选举模式也有值得研究之处，在香港回归后的一定历史时期内具有一定程度的合理性和正当性。

功能界别选举的政治哲学，一言以蔽之，就是扬弃了平等参与、保障了均衡参与。有人认为，功能界别选举是在不民主的情况下给人以民主的假象，其实质就是把狭义的利益集团代言人选入立法会，实现与地区直选的衡平。之所以要以功能界别议员衡平地区直选议员，皆因中央担心直选出“反对中国”的议员。[1]此一观点有一定道理，但却未必直指功能界别选举模式存在之根本原因。一方面，从“一国”角度，中央需要通过政治体制的设立避免香港成为对抗中国的地方，否则所谓的主权统一也将受到影响；另一方面，中央也的确从“两制”角度考量到香港必须保持稳定繁荣，否则“一国两制”的理论构想也无法成功实践，未来解决台湾问题也会增加更多困难，香港特区的高度自治要成为针对澳门、台湾问题的“样板”，这两点北京方面从来都是直言不讳，尤其是在邓小平时期，其表达也较为直接、明确。[2]所以，一切政制的设计和政改的步伐都要围绕着上述两个终极价值展开，表述为《基本法》的语言就是：“为了维护国家的统一和领土完整，保持香港的繁荣和稳定”，并“考虑到香港的历史和现实情况”，故而用“一国两制”来解决香港问题，功能界别制度必须首先放在这样的大框架下思考。

分区直选议员或地区行政领导人，体现的是平等参与的政治哲学，就是所谓的“一人一票、同票同价”的普选原则。公民对政治的参与通常从两个层面来展开，一个是选举代议机关或者行政首长；另一个是通过各种途径参与公共事务，或曰公民监督权。政治参与沿着一个脉络在逐步演进，从非均衡不平等的政治参与到平等

〔1〕 Christine Loh, Civie Exehange, eds. *Functional Constituencies: A Unique Feature of Hong Kong Legislative Council*, Hong Kong University Press, 2006, p11.

〔2〕 参见《邓小平文选》第3卷，人民出版社1993年版。

而非均衡的政治参与、再到以平等为基础的均衡的政治参与，在后工业的信息化时代，均衡参与是平等参与的高阶阶段。均衡参与认可地域性代表与组织化代表的混合代表机制，既保障个体的单细胞之私人基本权利，也保护团体的组织化之群团基本权利，这与流行于发展中国家的三代人权观念有一定的关联。[1]进而言之，每个单一的个体都置于各种类型的共同体之中，这立基于两种关于正义的政治哲学理论，即自由主义和社群主义。自由主义强调平等、自由、宽容等人类的个体主义色彩浓厚的价值追求，皆植根于个体对自身目的的自我决定能力，而不是自我对社会效用的贡献。[2]自由主义主张，政治制度应确保公共利益的最大化，并且不能践踏基本人权或自由，尤其是个体决定是否认同与生活目的的自由，个体就有权自由追求自己的生活目标并免于政治的压制。在公民选举权的实践上，自由主义为平等无差别的参与提供了政治哲学的基础，也就是说公民要么直接"孤身"参与到公共事务的洪流之中表达其主张，或作为独立的、个体的单细胞之"选举原子"释放自己的选择、量化为一种"多数目"的结果，并取得无可置疑的天然正义性，挑选自己的代表组成代议制政府来管理公共事务。这种选举是打乱一切"共同体"模式的个体意志集群，从而构建出一个最具正当性的政权共同体。每个人都取自我决定的"意志洪水"之一瓢，汇入到一个公共意志的"伦理共同体池塘"，来解决自由个体无法依据自然法则解决的共同难题。

应该说，国家产生于这种古典自由主义、社会契约论的假定，其正义性几近无可置疑。然而，许多学者认为，在国家产生之前人类已经以某种方式聚集，并形成了集群、集体，他们在国家产生的过程中既可能被打散，也更可能继续存在并有效运行着。甚至，在国家产生之前，人们已经有了更为"亲切"的各种命运共同体之归宿，如果一旦消解其在各类共同体中的成员身份，自我无法理解自身的角色、意义和身份。这些特征甚至是人类诞生后历代后人在一出生时就被"给定"的，他是一种天生的身份、无法脱离的特征，否则人们无法宣称自己是一个道德的存在，而只能放逐于蛮荒的野人栖息之地。前述身份包括家庭、性别、宗教共同体、

[1] 参见胡欣谐：《三代人权观念：源流、争论与评价》，《泰山学院学报》2011年第4期。
[2] 刁小行：《多元价值的均衡：沃尔泽政治哲学研究》，浙江大学2013年博士学位论文。

民族共同体等等。鉴于此，我们甚至可以说自由主义所主张的个人主义的绝对自由观，实为一种假设、不真实的理想状态，是政治哲学可以作为理论构设与学术展开的一个出发点。

如果说自由主义是平等政治参与的理论基础的话，那么社群主义则可作为均衡参与的政治哲学基础，其所要实现的也是多元统合性的政治价值。前述桑德尔的主张，以及麦金泰尔、金斯卡、泰勒等人的主张都较为接近社群主义。〔1〕此外，值得一提的是沃尔泽的学术观点更可为均衡的政治参与提供借鉴。早期人们置身于流动性较小的共同体，比如家庭、部落、氏族、民族、种族、宗教社区等等，随后人们除了不可改变特征的共同体归宿以外，他们还可以通过自我选择从传统的共同体中抽离，选择进入一个现代的流动性较强的共同体，比如职业/行业共同体，观念/思想/信仰共同体，特殊生活方式共同体，甚至兴趣共同体等。人们自由组合、自我选择、来去自由，这些共同体靠一种自由意志选择下的共同经历、共同诉求、共同利益、共同认同、共同价值等要素而自发组合而成，形成自治性的团体，逐步演变成社会共同体，甚至取得了国家的法定认定，担当某种社会治理的角色，他们是广义的社群：社团/社区＋群体/集群。

功能界别选举恰是为了让这些形形色色的“社群”的独特利益、意志观念能在代议机关中有不可或缺的代表权而应运而生的选举制度，这种选举制度是作为个体主义化的地区直接选举之补充机制而存在的“集团”主义的选举制度，试图在个体代表制的“主盘”之中，放入一个集体代表制的“副盘”，从而让“非国家的先在共同体”的法团代言人能缓冲或润滑多数主义决策可能出现的某种“人多势众”的扭曲民主决策之弊端。与此同时，基于社群主义的均衡民主的功能界别选举机制之存在，还可以避免“自由主义可能导致国家公民独自打保龄问题。”〔2〕换句话说，在维护基本人权及平等、自由、宽容、多元主义和正义这些古典自由主义价值的同时，还要尊重文化与共同体的共享意义的完整性与多元性。

---

〔1〕 应奇：《正义还是德性：自由主义/社群主义之争的一个侧面》，《哲学动态》2000年第2期。

〔2〕［美］罗伯特·帕特南：《独自打保龄：美国社区的衰落与复兴》，刘波等译，北京大学出版社2011年版。

（二）功能界别选举制度与复合平等观

沃尔泽进一步主张，可以通过他所说的“社会善的共享理解”来实现。为此，他提出了一个复合平等的理论，认为一个“没有一种社会物品充当或能够充当支配的手段”的社会就是复合平等的社会。〔1〕“复合平等”允许公民垄断性占有某领域的社会善，但不能跨领域垄断性占有社会善。按照沃尔泽的理解，非正义至少以两种方式出现，首先，某个社会群体垄断了几乎所有领域的善。其次，某种社会善的分配原则，妨碍或干预了其他社会善的分配。总体而言，复合平等是社会化民主与多元主义的结合，它意味着社会生活的不同领域都是自治的，每个领域不可支配性地超越其正当的领域，而拥有更多的交换媒介，其地位端赖它的内在特性所决定。沃尔泽对复合平等的论证依赖两个相关的假定：一是自由结合有助于在较大的共同体中产生多样性的社群；二是在某个领域内发挥主导作用的属性，不能在领域间进行转化。功能界别选举正是回应了多样性且独自发挥不可替代的功能作用之社群如何有效参与公共政治的难题。

复合平等观认为，不存在检验人们是否平等的简单标准，沃尔泽认为：“复合平等的道德意义”在于，在一个公正的社会中，人们想要的是“自由给予的承认和他的同辈人的诚实判决”，平等是一种可能而不是一种事实。换言之，在一个复合平等的社会中，使人们变得平等的，是人们共同的努力和参与，即集体的自治。〔2〕代议机制和国家机器所由来的权力都是这种集体自治的衍生物而已，或者服务于这种集体自治的底线秩序安排，自然不仅单个个体意志会渗漏到这样一个秩序共同体的社会基座/地基，个体所“结盟”的社群也会把他们的集团意志整体打包“滴漏”或者嵌入到国家共同体这一道德/伦理/秩序存在物的基座之中，并形成均衡性的秩序，稳定立基于其上的人这一社会关系的伦理存在物以及这些伦理存在物的各色“集群”。

无论是复合平等观还是均衡参与的政治理论，针对香港社会都具有较强的解释力。香港《基本法》关于功能界别选举制度的政体设计，即体现了复合平等与均

---

〔1〕 王凤才：《从“作为公平的正义”到多元正义：罗尔斯、沃尔泽的正义理论评析》，《哲学动态》2008年第10期。

〔2〕 孙岩：《论沃尔泽的复合平等观》，《哲学研究》2012年第6期。

衡参与的政治理论。香港在港英时期前期的利益集团主要是工商界精英，后期除了专业精英集团以外，还有经过了民主启蒙的中产阶层和普罗大众。功能界别选举制度正是为了均衡上述几大利益集团而设计出来的选举机制，港英时期运行效果良好，回归后自然有保持并完善的必要。均衡参与理论是对港英的开明专制主义的矫正，也能部分矫正特权政治与垄断政治，在大陆的政治治理哲学中，衡平各种阶层的利益，不会为了民主而民主、只会为了香港的发展利益而实用主义地寻找较为妥当的政治取态，导致了中方对香港采取了较为保守的传统治理模式，这种治理模式回避中共所擅长的大众民主化体制，而采用偏精英政治、资本家政治的哲学思想，编织出后期频频遭遇民主正当性质疑的政体形式，来实现香港的高度自治。[1]这显然是一种保守主义的政治哲学，要义在于统合各种“集团化”的政治力量，用以制约普罗大众的多数民主之力量，使香港的精英们依然感觉到他们在主宰香港的命运，而普罗大众也感觉随着民主化进程和香港《基本法》所描绘的“五十年不变”之代议制进化时间表、路线图，也不至于与西方主流民主理论和实践太过疏离而失落。他们甚至已经意识到，未来香港特区他们才是最终的主宰。在保守渐进过程中，保持政治格局的稳定向前，这是较为可行的方案。政治诉求的不同，使中央、香港政府、精英阶层和普通大众之间对政体的感觉差别很大，在这个力量的博弈中，功能界别选举为中央、港方、精英所赞赏，虽然普通大众拥有数量的优势，但是当初政治体制的构建权力不在香港，也就是“当权者”不在香港，香港人担负的就是咨询、建言的柔性作用，加上功能界别在香港特区是有意构建的，几方力量对比的结果，自然被引进了。

均衡参与引入功能界别，是借鉴了已经在西方几近成为过时的法团主义理念。当然，这种选举模式有较强的政府主导性。因为，功能界别的设定通常要国家认可的机制，也适合于较为封闭的社会。香港的过往经验，治理的效果之所以好，皆因在香港已经形成控制力的“利益集团”与政府有密切的合作、共赢的利益交换。所以，功能界别议席往往都是在历史上有影响力，且建制化的团体/组织“分赃”

---

〔1〕 叶战备：《我国政治参与的非均衡性及其化解：制度主义的视角》，中国国际共运史学会 2008 年年会暨学术研讨会与会论文集，第 1-14 页。

而来，往往忽视现实的变迁，或者对一日千里的现实反应迟钝。制度有路径依赖，变化起来较为困难，这样无形中成了街头政治、直选议员的刹车、控制器和缓冲器，甚至摒弃或弱化了对抗式政治，无形中成为香港保持稳定的一支力量。这可能是该制度较为重要的一种价值功能吧。

三、从立法主导到行政主导：有限自治性的治理功能

（一）行政主导制的设定

彭定康政改方案"偷步"的核心目标就是将香港地区的政治体制从行政主导转换成立法主导，使香港《基本法》所预设的中央对香港政体的实际控制力被削弱甚至消解。〔1〕于是，在1985年开始，港英就在策划并实施所谓的"还政于民"之代议制改革计划，只不过从1992年开始，此一改革进入到"全面对战"状态而已。港英时期的功能组别制度并非不可改变，而是不可演变成为立法主导的机制。对单一制国家来说，尤其是结合中英联合声明和香港《基本法》，"还政于民"是绝不可行的，应该是英方将主权交还给中方，然后再由中央政府授权给香港人来实行港人治港、高度自治。〔2〕

香港的地方自治权不是他们固有的、而是中央授权的，香港没有基本法之外的"剩余权力"。〔3〕尽管皆为授权之下的地方政治机关，立法机关和行政机构的自治效用是不一样的。立法机关从本地选举产生，其民意基础来自港人，中央无法直接注入其合法性基础；行政长官则不同，根据香港《基本法》的设计，行政长官是香港特区的首长、代表香港特区，尤其行政长官是中央与香港进行政治链接的唯一制度装置，这种管治权既包括了要保持香港的资本主义制度和生活方式等保持不变且要更加完善的"两制"之宪制权力，还包括要保持香港作为祖国不可分离一部分所产生的"一国"之宪制权力。除了国防和外交等既定的主权性权力

〔1〕 关志钢：《走向特区的香港政制》，海天出版社1997年版。
〔2〕 参见刘曼容：《英国统治香港的"主权在英"原则述评》，《武汉大学学报》2006年第4期。
〔3〕 王振民：《中央与特别行政区关系：一种法治结构的解析》，清华大学出版社2002年版。

外，行政长官是香港唯一能即时性动用的宪制权力，故而，在选举制度设计上自然要突出香港的行政主导制，这是功能界别选举得以进入香港管治机制的核心原因之一。[1]香港特区的行政主导制，在港英时期表现为以港督为首的政府全权负责香港的管治，港督在英皇的直接领导下拥有立法权、行政权和军事统帅权，立法和行政两局仅仅是港督的立法和政策制定和实施的咨询机构，而非权力机关。过渡期内的委任制和功能界别选举也没有冲击到港督的最高地位和最高权力，即便彭定康实行政改，行政依然在各方面对立法机关有优势地位。[2]从行政主导制的角度看，港英当局引入功能界别制度基于如下原因：第一，政府需要各种团体提供专业的支持和多种数据支持，以便于行政机关能实现最佳决策；第二，政府需要社会功能界别团体能代表政府负担部分社会服务工作的推进；第三，政府需要人们公开赞成他的公共政策。[3]

（二）行政主导制的体现

香港回归之后的行政主导制虽然并未在基本法中有直接的规定，但却在其条文中有充分的体现。[4]姬鹏飞主任在1990年向全国人大说明《基本法》起草经过时也未使用这个字眼，但有"行政机关和立法机关之间的关系应该是既互相制衡又互相配合；为了保持香港的稳定和行政效率，行政长官应该有实权，但同时要受到制约。"行政长官"有实权"，具有行政主导的意涵。然而，较早明确提出行政主导的官员是时任全国人大法工委副主任李飞，他在2004年4月8日在香港的演讲中指出："特区的政治体制保留原政治体制行之有效的部分，主要表现为行政主导。"许崇德教授也回忆，行政与立法的关系为"起草基本法中争论较多的问题之一"，当时有三种方案：立法主导模式，行政主导模式，行政机关与立法机关既互相配合又互相制衡模式，起草委员会经过多次讨论，多数接受

---

〔1〕 赵馨：《香港特别行政区行政与立法关系研究》，中国政法大学2008年博士学位论文。
〔2〕 李昌道：《香港政治体制研究》，上海人民出版社1999年版。
〔3〕 ［英］迈因纳斯：《香港的政府与政治》，上海翻译出版公司1986年版。
〔4〕 参见王叔文主编：《香港特别行政区基本法导论》，中共中央党校出版社1997年版。

第三种模式。[1]足见行政主导的模式在起草《基本法》过程中是有争议的。2007年6月30日，全国人大常委会委员长吴邦国在纪念香港基本法实施十周年座谈会上的讲话中，明确强调“香港特别行政区政治体制的最大特点是行政主导”。这可谓最权威的官方观点，学界和实务界对该问题一直持续争论，至今未有定论。

起草《基本法》的原意，可能意图建立一个强势的、有权威和高效率的、具有高度管治能力的行政架构，故而，《基本法》起草时预设了“行政机关和立法机关既相互制衡又相互配合的原则”。同时，行政长官作为香港特区的首长、代表香港特别行政区对立法机关有主导作用、制约的功能，这种主导作用主要体现在如下几个方面：第一，行政长官有权解散立法会。根据香港《基本法》第49条的规定，行政长官可以基于法案的争议和财政预算案的争议解散立法会、重新选举。立法会议员可能在新的选举中落选，故而，在立法和通过政府法案方面可能倾向于与行政机关保持一致。第二，凡涉及政府政策的议案必须经过行政长官书面同意才能提出。根据香港《基本法》第74条的规定，涉及政治议题的议案权被授予给政府，行政长官借此可对议员的法案进行甄别选择，进而从是否有利于香港特区利益和政府施政方针做出决断。第三，根据《基本法》第76条的规定，立法会通过的法案必须经过行政长官的签署才能生效，行政长官拥有决定法案效力的实质性权力。第四，根据《基本法》附件二第2条的规定，政府提出的法案，其表决程序优先于立法会议员提出的法案。[2]

另外，必须要说明的是，《基本法》规定了香港特别行政区政府必须遵守法律，对立法会负责，这体现了立法机关对行政长官的制约作用，但是，这一条并未直接规定行政长官对立法会负责。因此，当行政长官到立法会接受质询或者报告工作时，他实际上是以另外一种身份去报告工作，即以香港特区行政长官的行政最高首长身份进行此类活动，而非香港特区的首长身份从事此类活动。换句话说，作为香港特区首长的行政长官，无法也无义务向立法机关负责并报告工作。虽然，行政

---

〔1〕许崇德主编：《港澳基本法教程》，中国人民大学出版社1994年版。
〔2〕郝建臻：《香港特别行政区行政与立法的关系》，法律出版社2011年版。

长官的双重身份，其宪制地位是不同的，作为香港特区首长的行政长官（特区首长）具有优位，身份较为超脱；作为香港特区行政机关负责人的行政长官（行政首长）则是香港立法、行政和司法三权架构中的一极，且与立法机关比、居于从属地位。然而，行政长官作为具体的“肉身”却由一人来担任，对其问责与弹劾，〔1〕又无法将抽象的身份和具体的肉身分离，这必然在实践中给人以行政主导制受到冲击的观感，实务中立法机关也正是通过对香港特区的行政机关之行政首长的制约，而实质上弱化了香港特区的特区首长这一行政主导制之制度机制。抽象身份的二元性、具体问责的一元化，自然导致了香港特区施政的困境。这种行政主导制在目前保留功能界别选举制度框架下，勉强还能有所效用，一旦取消功能界别，立法和行政的相互制约甚至对抗将更加严峻。香港当初在架构政治体制所预设的均衡状态也可能会打破。鉴于此，即应分析功能界别制度如何有助于香港特区的行政主导制之有效运行，或替代性保障机制。

（三）功能界别选举对行政主导制的促进

功能界别选举制度起码从三个方面补强了行政主导制的政治体制架构。

首先，立法会分为分区直选议席和功能界别议席（比例对等），分组点票机制对立法会议员的议案有所控制，即立法会议员提出的议案要经过功能界别和分区直选议员各自过半数才能通过，而政府提出的议案，则仅需要全体议员的过半数即可通过；这种分组点票的表决机制，有利于政府议案的通过，不利于立法会议案的通过，有效制约了立法会对行政机关的影响力，更加强了行政机关的施政效率。〔2〕分组点票机制建立在功能界别议席的基础上，皮之不存、毛将焉附。故而，只有功能界别选举制度存在的前提下，从这个角度的行政主导制才能实现。

其次，无论是在普选前还是普选后，香港特区行政长官的产生办法中都有功能

---

〔1〕 徐斌：《香港行政长官宪制地位研究：从〈基本法〉弹劾条款切入》，《政治与法律》2014 年第 6 期。

〔2〕 周叶中、周旸洋：《论分组机票制与香港政制发展》，《武汉大学学报（哲学社会科学版）》2015 年第 1 期。

界别的因素。即在普选前的行政长官选举委员会，是通过四大界别的分组方式来选定选举委员会委员的，各个界别内部通过各自的产生办法选举、推荐或选定代表进入选委会。选委会按照民主程序选出行政长官候任人。也就是说，香港特区行政长官的选举，是按照功能界别选举的方式产生的。〔1〕在普选以后，功能界别这种选举方式通过选举提名委员会的方式继续发挥影响力。提名委员会的产生机制参照选举委员会，但从目前的政治架构来看，这种提名委员会的产生方式短期内不可能改变。〔2〕

最后，立法会的功能界别议席本身可以有利于行政主导制的运行。功能界别议席本身具有保守性，倾向于与政府保持一致。在香港特区的政党政治受到限制的前提下，行政长官又非民选产生，议会中的议员与行政长官无法透过政党管道进行政治上的整合，行政长官施政如果缺乏议会的支持，将陷入困局。香港的分区直选议员有深厚的民意基础，加上泛民占比较高，他们倾向于在政治议题上与行政长官对抗，借以体现其香港市民的代表性。如此背景之下，行政长官只有透过与功能界别议席的密切合作甚至结盟，才能提高在议会通过自己的法案之可能性，取得财政的支持，获得合法性的授权。可以这样说，如果立法会没有功能界别议员的存在，香港特区的行政长官将失去议会的日常控制力，其施政也将处处受到掣肘。最终，所谓的行政主导也将化为乌有。故而，从立法会对行政机关的配合上，目前唯有功能界别议席还能有效地与行政长官保持基本步调一致。舍此，所谓行政机关和立法机关相互配合将成空话。除非有体系性的改革思路或者政改举措，维持功能界别的因素是势在必行的。

（四）功能界别选举制度保障行政主导制的具体作用机制

为了保障行政主导制的实践，必须选举出能够双重负责的行政长官，故而行政长官在普选前的选举委员会和普选时的提名委员会之构成和选举机制就尤为重要，功能界别选举模式可以确保该目标的实践、具体而已，功能界别制度在行政长官产

〔1〕 张扬：《香港特别行政区行政长官制度问题研究》，华南理工大学2013年硕士学位论文。

〔2〕 田飞龙：《基本法秩序下的预选式提名与行政主导制的演化》，《政治与法律》2015年第2期。

生、确切地说是产生行政长官的选举委员会、提名委员会的作用机制是通过如下几个方面实践的：

1. 立法会的功能组别是选委会的功能界别选举的基础。立法会的 28 个功能组别有 24 个被纳入到选委会的界别分组之中。

2. 分拆或扩大了几个立法会的功能界别，有一定幅度的调整。比如，教育界被分拆为教育界和高等教育界；旅游界被分拆为酒店界和旅游界；2007 年的区议会功能界别被分拆为港九各区议会和新界区议会。社会福利界选民包括注册社工和提供推动社会服务的团体或组织，一度有团体票，后来取消。

3. 选委会有七个界别为立法会功能界别选举所没有的，即全国人大、立法会、全国政协、宗教界、香港雇主联合会、香港中国业协会和中医界等。这些界别的加入，部分是原政界人士的延伸品，部分是为了增加选委会的保守性，部分是为了多元代表性的需要。

4. 平均主义的界别构架思路。基本法对四大界别的分组是基于两个原则的考量，一个是保护香港的资本主义，另一个是方便性。为此，不仅四大界别分组缺乏科学性，连选委会委员也搞平均主义。然而，四大界别的选民基础却并不均衡，比如第三界别就涵盖了更多的选民，第一、第二界别则略少，第四界别完全是特殊界别，甚至可谓特权界别。这势必导致不同界别选出的委员其界别内的“选票”相差甚大，也必然导致在新增界别的归类上缺乏科学性，通常一是为了平衡的需要，再则也要保护精英的优势比例。平等投票权在分区选举中也许能部分实现，只要保障每个选区的选民与代表名额比例大体均衡即可；但这却未必适用于功能界别选举，因为一则每个功能团体的选民千差万别、个体选民和团体选民又参差交错，要达到实质平等目标，那就必须做到议席数目与该功能界别的体量合乎比例，这是很难做到的，故而，平均分配原则自然不敷所用。

5. 功能界别的新增和选民的扩张问题。《基本法》附件一所拟“广泛代表性”〔1〕和“等界别”的条款给了港府扩大选委会民意基础很大的规范空间，可惜直到 2012 年的特首选举，此一“制度红利”都未能很好地利用，导致几届选委会

〔1〕 见杨艾文、高礼文：《选举香港特区行政长官》，香港大学出版社 2011 年版。

的选民基础一直维持在20万以内，没有很好的突破。

6. 法团功能组别的扩展问题。有一种观点认为，回归后的香港选举依然是“老香港、旧香港”的选举。因为大多数的功能法团是在1997年之前成立的，九七以后政府很少批准新的团体，即使有新团体的产生，也未必能纳入到功能界别选举的范畴之内。[1]同时，欠缺公平及公开的制度来对新组织的成立条件和程序进行规制，成为阻碍选委会扩张的重要原因。当下所认可的各种团体“总会”可追溯到20世纪80年代甚至更早，选委会所反映的是一个较旧的香港，新生力量未能被含纳其中。各种“总会”对何人有权投票，政府却在法例中较少规制，导致选举乱象。这对香港特区选委会的民意基础造成很大影响。即使已经设立的功能界别，以何种标准确立了功能团体、委员名额的分配标准等都是较为模糊的。这样，导致团体选民一直只能占选民总数的7%左右，基数很小，议席却很多，不符合比例原则。此外，选举规则并未禁止个人或团体透过团体选民来投多票，即“种票”，也未禁止公共机构、外国使馆及外国公司成为选委会委员，这似乎都不大符合民主选举的基本理念。当然，也应该看到，前述做法都不采取依然有方法扩大功能界别，那就是在“总会”数目不变的前提下，可因组织会员加入的日增而改变民意基础。然而，对之也缺乏明确的规则，一切视行政机关决定和立法会是否同意，徒增选委会被行政干预的不可预测性和稳定性。

7. 功能界别模式产生选委会竞争性问题。选委会界别分组选举委员有两个困扰问题：一是大量议席无竞争，二是投票率偏低。每届选委会的自动当选率都在三分之一以上，各界别竞争性多有不同，比如第二届别（专业界）都有竞选，而第一界别（工商、金融界）则鲜有竞争，且以牟利性团体选民为主；普遍存在团体选民竞争性偏低、个人选民竞争性略高的特点，且团体选民较个人选民数量偏少，更加缺乏民主性，这与无竞争性的立法会功能界别选举可谓极为相似。缺乏竞争说明选民选举质素不高，也会导致候选人（当选委员）失去向选民负责的约束机制，

[1] 比如，2003年到2008年年初，共有约75个组织向政府申请登记为功能组别选民，政府都将其拒之门外。在香港政改法案通过程序复杂的背景下，政府完全可以借助于登记功能组别选民的方式来扩大功能界别选举的选民基础，这种技术性的革新都较少作为，可见香港选举有着更为复杂的政治考量。

这种选举的认受性自然偏低，甚至选举制度沦为像宗教界那样的“提名”机制，选举名存实亡。虽然各个界别投票率有所差别，但整体投票率低于20%，也是极为不正常的。按说，功能界别选举的选民整体素质要高于分区直选的选民，他们之所以放弃投票可能因为他们认为行政长官的选举他们投票与否、意义不大，也可能因为他们认为界别划分不尽合理、索性放弃投票拉倒。低投票率对反映选民的真实意愿颇有指向性，也拷问着当选者的代表性问题。之所以如此，也许与选委会设计的初衷有关，那就是选委会的目的就是要确保某些经济、专业、社会或政治界别及其利益在行政长官的选举中获得代表或影响力。〔1〕

8. 选委会的功能界别和立法会的功能界别之区分。考察《基本法》附件一和附件二关于行政长官和立法会的选举，在选委会的产生和立法会功能界别代表选举上，两者规定有所不同，前者特别强调了选委会的广泛代表性，并要求其产生过程民主、公开；后者则没有此一规定。这绝非立法者疏忽、恰是有其深意。简单说，选委会要有广泛代表性，而立法会功能界别选举的议员无需广泛代表性，因为后者还有50%的分区直选议员承担起大众民主的角色，功能代表仅承担精英民主的责任。功能界别制度设计的目的就是试图刻意偏向代表某些意见、借以平衡立法会中的各种观点，选委会则要确保更多的人参与到行政长官的选举之中。有鉴于此，如果完全按照立法会功能界别选举的运作方式来产生选委会的委员，显然是不恰当的。研究发现，选委会未能有效地吸纳功能界别以外的组织或利益的代表进入，即使有所谓“第四界别”明显不同于立法会功能界别的设计，也因为此一界别因多为政界要人而失去普罗大众的代表性。具体而言，选委会缺乏女性、青年、退休长者、少数族裔、宗教少数派及其弱势群体的代表，或者代表力不足。〔2〕这种问题的存在，一则的确有制度漏洞问题，比如基本法规定过于抽象，香港的选举法例也缺乏合理的制度构设，再则也与政府施政有千丝万缕的联系。香港选举制度的革新，行政长官及其所领导的行政机关是唯一有权的启动者和全程操盘手，如果政府分支无法有效提供政改方案，加上立法机关掣肘，无论是行政长官选委会还是立法

〔1〕 杨艾文、高礼文：《选举香港特区行政长官》，第71页。
〔2〕 杨艾文、高礼文：《选举香港特区行政长官》，第71-73页。

会的选举，都将迟滞不前、无法进步的。

总之，功能界别选举产生的选举委员会自然会承继了该选举模式的优缺点，作为一种逐步迈向普选的过渡性安排，该模式设计初衷就是为了免于普选对香港发展的震荡。然而，香港政改的核心原则是香港的实际情况和循序渐进，即便在没有实行普选之前，在功能选举的前提下，可以改进的空间依然很大，完全可以把功能界别模式产生选委会设计成为一种较为民主的、科学的、规范的拥有一定“厚”法治理念〔1〕的制度安排。须知，无论是直接选举还是功能选举，都是实现民主、保障人权的一种手段、工具，也可以在技术上找到更为科学的实施方案。

四、结语

试图对香港特区的功能界别选举制度从价值功能上进行全面梳理或论说是较为困难的。因为，这种选举模式一直遭遇着多数民主/大众民主的诟病，作为现代主流民主理论，所谓代议选举就是“一人一票”的直接普选。在这种个人主义为中心的自由主义理念指导下，职业/法团代表制就难以从理论上寻找合法性支撑。但是，随着多元主义、社群主义的快速发展，复合平等理论、共识民主理论开始在社科学界有一定影响力。改良后的功能界别选举可以实现多元的共识民主、可以实现均衡参与、保障复合平等，它在“个之人”的个体平等代表权基础上、辅之以“群之人”的团体平等代表权，借助于分区直选代议制和功能界别代议制相结合的混合选举模式，实践上述政治哲学理念。故而，它存在一定的合理性和正当性。

与此同时，在功能界别选举的一般价值功能分析基础上，也不得不进一步关注，香港地区引入该选举制度有其独特的宪制目标之考量，那就是在立法和行政两个政制机制内都引入功能界别制度，最终实现“行政主导”的目标。实践中的行

〔1〕 有人认为香港是一个“薄”的法治地区，有别于大部分先进国家或地区实行的“厚”的法治。请参阅 Peerenboom, Randall, *China's Long March Toward Rule of Law* (Cambridge University Press, Cambridge, 2002).

政主导之目标，目前看实现的不尽理想，一个强势的行政长官制仍未建立，这皆因制度设计和制度运行机理的复杂所致。然而，功能界别选举制度作为一种特殊的制度安排，其改良需要全局性的系统安排，轻言废除绝非理性且建设性的，尤其是可行性的主张，起码在一个相当长的历史时期内，香港依然会保留这一制度，以实现其独特的民主与法治目标。

论香港提名委员会制度的民主属性

李少文*

[内容提要]

提名委员会是以民意为基础、进行实质性提名、传递特定群体利益、以政治过程行使权力的机构。广泛代表性是其结构民主性的主要基础。它提出代表广泛利益的候选人，也是各方能接受的候选人，同时决定了温和的政策路线与和平理性的竞选过程，影响当选人的管治模式。提名过程可以区分为提名启动程序和实质性提名程序。提名启动条件可以引入公民联署以缓解其压力。实质性提名纳入民意机制，采用分阶段多次民意调查和按民主程序提名相结合的模式。在提名过程中引入外部民意能够支持其民主性。通过明确提名权的行使标准、强化规范性控制来补强其民主性，也让“爱国爱港”之要求进一步正当化。新选举制度促成新民主模式，香港发展麦迪逊式民主具有天然的优势和积极效果，这也从结果上强化了提名委员会的民主性。

[关键词]

提名委员会　宪法工程　政治过程　民主正当性　麦迪逊式民主

---

* 李少文，北京大学博士研究生。感谢陈端洪教授对本文初稿的批评和建议，感谢侯学宾教授的宝贵建议。

一、引言：宪法工程与功能主义的立场

当前，香港各界就政制改革展开了激烈争论，争议焦点就是行政长官（特首）普选过程中设计的“提名委员会”的民主属性。大陆理论和实务界也对此问题展开积极思考。常见的论证思路是通过阐释基本法和全国人大常委会的决定来证成提名委员会，强调形式主义法治理念，凸显制度合法性。陈端洪教授通过溯及到国家建构的模型，说明普选的行为逻辑及其在国家解构和整合中的作用和冲突，强调香港作为中央政权下的地方的现实，指出在香港进行普选的限制；并利用“一国两制”内涵的二律背反，说明提名委员会的作用，揭示其合理性和民主正当性。[1]强世功教授则是强调提名委员会代表多元主义政治的理念，认为提名机制必然带来筛选的问题，而提名委员会的“筛选”符合程序正义的原则；在香港推行政党提名和公民提名则不符合政治学原理。[2]本文则转向提名委员会作为一种民主制度的政治效果，将其置于具体的民主制度框架和系统中思考它的民主属性，回溯到民主宪法的结构性特点和功能。因而本文采用了宪法工程的理论框架。

行政长官的产生办法是一项宪法工程。良好的制度设计是民主的保证，宪法能够供给合法性、具体的制度结构和有效的激励措施，彰显、预示和决定着制度效果，这就是宪法工程的基本逻辑。宪法工程理论将民主与宪法做了某种形式的对接，揭示了宪法在民主中的角色和作用。从政治学的角度看，要研究政治过程参与主体的动机，以宪法制度体现的激励机制和手段来引导这些政治参与主体的行为，从而达到特定的政治效果。[3]从宪法学的角度看，要以民主制度及其运行来映射宪法的“政治法”属性，将宪法内涵的政治结构和逻辑同现实世界联系起来，也将宪法制度蕴含的规范价值和民主理念进行展示并加以反思。“宪法的核心目标是

---

〔1〕 陈端洪：《论香港特别行政区行政长官提名委员会的合理性与民主正当性》，《港澳研究》2014年第2期。

〔2〕 强世功：《香港特首普选提名机制之争：政治与法理》，《经济导刊》2014年第8期。

〔3〕 See Giovanni Satoria , *Comparative Constitutional Engineering*: *An Inquiry into Structures*, *Incentives and Outcomes*, p. 200.

为一个运转良好的民主秩序创造前提，在这个民主秩序中，公民能够真正实现自我管理。”〔1〕宪法工程尤其适用于民主“重构”的阶段——宪法被视为最有力的工具或程序，立宪（修宪）者是工程师，他们遵循宪法工程的理路，通过制度技术引导政治参与者，实现民主转型和巩固。〔2〕这一理论在实践中得到了关注和运用，尤其是第三波民主化以来的民主制度实践提供了切实例证，也给制度和理论提供了试错的机会。〔3〕总的来说，宪法工程立足于对现实情况的有效解读，试图通过简单模型来解释复杂的政治现象，在此基础上提出合理的制度设计或完善的方案以回应现实或实现政治目标。因此，从宪法工程角度提出的理论论证既要厘清提名委员会的价值目标和制度逻辑，也要阐明提名委员会的运行模式及其结构功能，与之同时提出可行的制度设计方案。

本文的任务是从不同层面证成并强化提名委员会与民主的契合，揭示并完善它的民主正当性。事实上，提名委员会能否被证成，关键在于它所行使的权力的属性及其民主化程度，这又体现在提名委员会的组成结构和运行模式、提名过程和制度之结果（功效）等不同方面。从宪法工程的角度看，提名委员会提出代表广泛利益的候选人，也是各方能接受的候选人，同时决定了温和的政策路线和和平理性的竞选过程，并影响当选人的管治模式；通过在过程中引入制度逻辑以外的民主元素（大众民意），复合化其民主特点，有利于普选的展开和认受；独特的选举工程促成新的宪制结构，形成的麦迪逊式民主植根于香港政治社会条件，是一种理想的民主模式选择。阐释提名委员会不同层次的民主性和民主化改造措施，凸显提名委员会的民主正当性，有利于证成这一制度存在。这也是基于功能主义的论证方案。为此，下文共分为四部分。第一部分将讨论提名与民意、利益的关系，揭示提名委员会的制度逻辑及其合理性，论证提名委员会的结构民主性以及设定它垄断提名的依据。第二部分将论述提名委员会的过程民主性，区分提名启动程序、实质性提名程

〔1〕［美］凯斯·孙斯坦：《设计民主：论宪法的作用》，金朝武、刘会春译，法律出版社2006年版，第5页。

〔2〕See Donald L. Horowitz, *A Democratic South Africa Constitutional Engineering in a Divided Society*, Berkeley, Calif.: University of California Press, 1991.

〔3〕Alfred Stepan and Cindy Skach, *Constitutional Frameworks and Democratic Consolidation: Parliamentarianism versus Presidentialism*, *World Politics*, Vol. 46, No. 1 (1993), pp. 1-2.

序两个阶段，主张将前一个阶段门槛降低、在后一个阶段尽力引入民意机制，并主张强化提名权行使的规范性控制。第三部分将论述提名委员会的结果民主性，分析以提名委员会为基础的特首选举制度会导致麦迪逊式民主，以及香港运用这种民主模式的优势和功效。第四部分是结论。

二、提名委员会的制度逻辑

（一）提名委员会的结构民主性

总的来说，在内容层面，提名委员会进行实质性提名；在组成层面，提名委员会是以民意为基础的具有广泛代表性的机构；在结果层面，提名委员会提名某个人，实际上是传递了具有一定代表性的群体的意志，反映了相关群体的利益；在形式层面，提名委员会"按照民主程序"提名，是按照政治过程行使政治权力，但它并非议事机构，没有严格的审议过程，亦不同于行使行政权的常设机构，不受执法权的特性拘束。从根本上看，提名委员会的运行如何体现以及在多大程度上体现现代民主制度的精神、价值和具体要求，是其面临的最大难题。实现提名委员会与民主之间的有效融合是制度设计的重任，这一高超技艺既体现在对基本法和全国人大常委会决定的有关解读中，也体现在了提名委员会权力运行所依赖的结构功能中。本文认为，提名委员会是以民意为基础的、进行实质性提名的、传递特定群体利益的并按照政治过程行使权力的机构。

1. 提名：严格来说，只有选举管理机构确认候选人的行为才叫提名。[1]但在实践中，选举管理机构只是依法确认候选人资格，提名的意义实际上是转移到了进入该机构之前的那些"候选人推荐"环节——常见的形式就是政党推荐和选民联署推荐候选人。政党基于其具有的民意代表性和功能，成为提名候选人的主要通道。[2]同时，大多数国家或地区都没有让政党垄断提名权，而是设置了一定数量

---

〔1〕 何俊志：《选举政治学》，复旦大学出版社2009年版，第164页。
〔2〕 何俊志：《选举政治学》，第164页。

的选民联署提名候选人的通道。[1]它们的共同点在于让某种和某些程度的“民意”输入提名过程。其中，民意是提名动因，利益是提名结果；输入民意的强弱并不决定特定候选人的产生（以及候选人的数目），输出的候选人本身（和数目）要能够充分代表和反映利益现状，但他们必须要立足于一定的民意基础。

有必要特别强调“实质性提名”这一概念。特区政府公布的政改咨询文件特别指明提名委员会的提名是实质性提名，它相对于“程序性提名”。后者主要针对的是架空提名委员会，让其提名成为类似选举管理机构的简单确认，或是仅对其他提名的追溯过程。易言之，提名委员会提名具有排他性和独占性，因而与公民提名和政党提名不兼容。质言之，争取提名人的名单进入提名委员会民主程序之前，其资格并未完全确定或大致确定，而完全由提名委员会最后决定。

提名委员会要提出所有候选人，它要与“普选之投票”有效链接来保证民主的实现，就必须满足差额选举之要求。只有一个候选人的“普选”就会受到很大质疑——那显然是选举制度设计尤其是提名机制设计出现了重大错位。单一政党的代表性、部分参与联署的选民的代表性都是偏颇的，所以要允许不同团体来提名候选人——只要这些团体符合法律规定的推荐/提名候选人条件，才能丰满竞争性选举对于候选人的要求。易言之，最后供选民选择的“候选人们”是具有多元代表性的。为实现这个目标，很多人就以为必然要有多样化的提名渠道或者机构。这种认知当然不能说不符合民主要求——事实上，它正是现代民主实践的基本样式，但这并不排除我们去寻找新的符合该要求的路径。我们甚至还可以问，不同渠道、机构推出的候选人是否就是不同民意或利益之代表呢？这当然不是事实，选举过程中同一阵营、同质性候选人之间竞争的例子不胜枚举。

2. 广泛代表性：不同的组成方式会影响到提名委会的代表性。质言之，提名委员会的本质，一方面受到了所行使权力内容的影响，另一方面是受到了其组成的影响。《全国人民代表大会常务委员会关于香港特别行政区2012年行政长官和立法会产生办法及有关普选问题的决定》明确提出：“提名委员会可参照香港基本法附件一有关选举委员会的现行规定组成。”这一表述是否就表明提名委员会的组成方

[1] 何俊志：《选举政治学》，第164页。

式是唯一的，尚存争议。“基本法附件一有关选举委员会的现行规定”规定了选委会要由四个界别共1200人组成。乔晓阳主任说：“参照什么，主要就是参照选举委员会由四个界别组成的基本要素，而在具体组成和规模上可以有适当的调整空间。”〔1〕按照这种原则组成的提名委员会被认为具有广泛代表性。这里的广泛代表性显然不同于按照一人一票方式选举出来的成员组成机构的代表性。事实上，关于代表性本身一直存在巨大争议，〔2〕无论是按照地区代表还是按照职业代表来组成，它们的困难不仅来自逻辑，也来自现实。

参照选举委员会的组成方式来组成提名委员会，能够“使社会各阶层、各界别在提名行政长官候选人时都有发言权，克服其他提名方式可能产生的弊端”。〔3〕它将兼有民意代表和专业代表的特点，其代表性是立足于职业代表/功能组别代表。不可否认，这种代表方式用以组成议会存在一定缺陷，逐渐被现代民主实践抛弃。功能代表也被污名化为一种落后的代表方式。〔4〕然而，提名不同于代表，也不同于投票，更不同于代议制。尽管提名候选人意味着利益输送，但每个人提名某人作为候选人的动机显然是复杂多样的。这也暗示了民意与利益之间的不一致性，而正是这种不一致性导致了广泛代表性所依赖的制度结构的复杂性。

质言之，功能代表用于提名候选人并非完全是“不民主的”。提名是为了提出带有不同理论主张和特点的候选人，凸显候选人的特点和能力，功能代表性在这一方面是有优势的。而且，均衡参与在体现广泛代表性方面似乎具有更为独特的价值。功能代表是“有利于社会各阶层、各界别、各方面的均衡参与”，它对于凸显不同行业、不同地区的作用有正面价值。此外，选举只能产出一个结果，等于说它是封闭的，但提名候选人的多样性却具有相对的开放性。

3. 民主程序：提名需要通过一定的程序来实现，它要符合提名候选人这一行为与民意、利益之间的关系特征——这决定了提名委员会的运作过程及其特性。在

〔1〕 乔晓阳：《在香港立法会部分议员座谈会上的讲话》，http：//www. locpg. gov. cn/shouyexinwen/201303/t20130327_ 7135. asp。

〔2〕 参见刘刚：《现代政治代表的历史类型与体系结构》，《中外法学》2013年第3期。

〔3〕 李飞：《依法落实行政长官普选保持香港长期繁荣稳定——在香港特别行政区各界人士午餐会上的讲话》，http：//www. npc. gov. cn/npc/gadbzl/xgdbzl_ 11/2013-11/25/content_ 1814333. htm。

〔4〕 马岳：《港式法团主义——功能界别25年》，香港城市大学出版社2013年版。

形式上，提名委员会的成员都是选举产生的代表，而非行政官僚或专家。提名委员会是任务型的。它不是行使行政权的常设机构，自然不受执法权的特性拘束。但是，它也不是议事机构——没有“议”的任务，也没有“议”的权力，当然不会有审议过程。易言之，每个提名委员会成员都独立表达意志、行使权力。提名委员会的提名也不同于选举，尽管提名委员会最后或会以投票的方式（也可能是表决）来做出决议。提名委员会成员本身是利益代表而非普通选民，也会受到一定的控制，包括了利益链的控制、规范性控制等。以上特点表明提名委员会本质上是由其成员的意志和偏好决定谁能被提名，提名过程是一个典型的政治过程。但作为一个整体性的机构，它怎么活动呢？这就涉及对民主程序的操作性解读。一般来说，民主包括了民意的平等和有效表达、过程公开和多数决；而程序就是一个过程。〔1〕在一个完整的政治过程中，至少要包括提出动议、有效审议和作出决定。但提名委员会的问题在于它可能没有充足的合理性来进行审议，自然也难以达致审议民主的效果。如果将审议民主的原则进行贯彻，就会主张降低提名通过的门槛，比如“八分之一”原则。此外，提名委员会应当提名多少候选人是政治过程产出的结果，因而并非是可以完全预先确定的问题。

（二）提名委员会的排他性

1. 普选的要求：能够代表广泛利益的候选人

传统宪法学和政治学并不十分关注提名的问题，这主要是因为它预设了民主选举的开放性，提名被隐含在选举问题中。在现代政治中，选举直接联系着人民主权的表达和实现——因此，选举往往也被视为政权民主正当性的基本前提。有学者就指出，选举权是与人民主权联系最密切的基本权利，它并非宪法创造的权利，而是人民通过宪法“创造”的权利。〔2〕简单来说，选举是通向民主的通道。这已经在中央和香港达成了共识，例如中央不断宣示坚定支持香港在2017年实现行政长官普选。问题在于，选举本身是一个过程，从逻辑上看，它有目标和任务设定（例

---

〔1〕 See Robert. A. Dahl, *Polyarchy: Participation and Opposition*, New Haven: Yale University Press, 1971, pp. 2-3.

〔2〕 马岭：《选举权的性质解析》，《法商研究》2008年第2期。

如，行政长官的选举就不同于立法会的选举）、候选人产生、竞选、投票、产生当选人、宣誓就任等环节。民主的核心当然在于投票，这是制度进程中民意直接表达和决定的体现。然而，现代选举已经有了非常大的发展，突出表现在民主本质的前移，即利益代表如何实现。它表现在两个方面：其一，候选人的出线；其二，竞选的自由性和平等性。正如前文所述，一个开放的选举进程是不同利益代表进行角逐的过程，候选人就是这些不同利益的代表。问题因此而生：谁能决定利益之代表？质言之，提名问题之根本在于利益代表的决定权何在。

按照功利主义的一般理念，每个人都是自己（利益）的最佳代言人。那么，最符合它的提名方式应该就是“公民的提名”，而不论该候选人获得的支持是多少。那么，选举就要在几乎等同于选民数量的候选人之中进行选择。如此一来，尽管它在逻辑上符合功利的要求，却让提名本身失去了意义，也让选举变得不可操作。现代选举已经不再是也不可能是每个人独立表达利益的情形。它不得不借助利益整合的载体——政党和政党联盟——来减少选举的操作性“难度”。然而，这就带来了另一个问题：选举的民主性如何保证？诸如选举是“选主”、选举是金钱游戏、选举是非理性举动等批评已经十分频繁。〔1〕有学者就提出，为什么不能用抽签来代替选举呢？古雅典就是这样做的。〔2〕稍有常识便会反对这种办法，原因何在呢？事实上，抽签作为普选之要求的不可能性，关键在于它无法适应“选贤任能”这一要素——因为它没有把利益表达的因素计算在内，未将候选人与所担任的公职联系起来。质言之，候选人本身是利益代表，更是与具体的职位相联系，这也决定了人们对他/她的期待。这也让提名制度成为了利益表达模式的重要表征。那么，什么样的利益代表模式才是好的？

提名必须适应政治社会的具体情势，或是能够融合社会不同阶层，提出超出单一利益体系的代表和反映社会整体利益结构的代表，或是能够提出鲜明体现某一或某些社会群体利益的代表。前者本身就是广泛性的和多元性的，后者还需要配合多元团体的竞争才能实现。易言之，好的提名方式就可能有两种表达，其一是能够最

〔1〕 王绍光：《民主四讲》，上海三联书店2008年版，第54页以下。
〔2〕 王绍光：《民主四讲》，第47页。

大限度地推出代表广泛利益的候选人，其二是能够最大限度地推出代表多元利益的候选人。这在代议士的选举和行政首长的选举上又有差异——因为它们代表的利益不同——代议士有选区代表之说和全国（地区）代表之说，行政首长却只能是全国（地区）之代表。

此外，还要注意到“公办提名”和“党办提名”“民办提名”之间的差别，尽管这样的概念并不严密。[1]最典型的“公办提名”就是美国的两党初选模式，尽管最后还是由两党各自的全国代表大会决议提名，但实质决定权却是在各州公办的初选中。提名委员会当然是一个“公办”的机构，其提名也是“公办提名”，只不过它的形式和过程更为复杂——提名委员会成员如何产生、如何选举以及如何决定提名都是公办的，提名决定权归属于最后的提名委员会。尽管它是独特的，但我们依然可以从美国的公办提名中获得一些启发，例如“无党派初选”，即一次投票、不分党派、选出多名候选人。党办提名就是由政党自己组织初选，所谓民办提名则是指公民联署的情形。显而易见，提名委员会的公办提名并不直接与政党和社会团体联系，它是由公办机构来决定所有的候选人，那就自然要求此种公办提名利益表达的完备性，同时还要更注重效率。按照这个标准，我们来检视公民提名和政党提名这两种最主要的提名模式。从逻辑上看，公民提名应当是最基本的提名模式，因为提名本身就是集成不同利益群体推出一个候选人的过程。然而，从经验上看，公民提名却只是政党提名的功能性“补充”——作为选举机器的政党，承担了提名的功能，但它又不能垄断提名，因为宪法和法律预设了政党不可能是全社会唯一的利益代言人。同样，对于特定政党来说，在小选区，法律一般只允许它提名一个人参与选举，其背后逻辑也是我们预设了政党的单一代表性。易言之，如果只考虑提名本身，政党提名本身就是不科学的——政党多元化能够在大体上回避这个问题，但仍然不能杜绝它，公民提名的必要性也就在此。

如果用这个逻辑来检视提名委员会，我们会发现后者并没有违反它，而是作了进一步的扩张。这种扩张效应根本在于提名委员会的广泛代表性，它提出所有候选人能够代表广泛利益——而非单一的利益代表模式。提名委员会所提出的每一个候

〔1〕 事实上，公办提名是相对于党办提名的情形，民办提名只是本文为了对照而特意添加的。

选人都是广泛利益的代表；提名委员会垄断提名，就能满足我们对候选人利益代表功能的期待；提名委员会提出所有候选人，将是民主原则丰满化的表征。易言之，从民主和选举的本质和目标上看，这不同于政党提名以及作为政党提名之补充的公民提名，只需要提名委员会就能够满足提名所需要的候选人表达利益、选举实现利益的目标。这就为提名委员会的排他性提供了决定性的理据。当然，这种理论上的推理在现实中能否得到切实遵循或映射，并不具有必然性。事实上，并不存在着僵硬的利益代表，利益表达本身也存在着长远利益与短期利益、整体利益与个体利益等冲突形式，我们不能简单地将利益表达形式上或者表象上的差异归结到制度存在的问题之上。

2. 候选人代表广泛利益的功能主义阐释

选举工程承担着塑造民主的重任，不同的政治和社会条件要求不同的选举制度。实现民主模式的“理想类型”必须在选制上着手。这又要进一步关涉不同的政治社会特点和民主目标追求，因为不同的民主模式对利益代表有不同的要求。提名委员会垄断提名也是基于香港的政治和社会情势以及香港民主的需求。总的来说，提名委员会的排他性建立在特首选举的特点之上，植根于香港独特的民主特点——既是地方性民主，又是自治性民主。具体来说：

首先，特首选举要能够弥合目前香港社会面临的巨大政治鸿沟。事实上，香港的问题已经超出了桑斯坦所说的“两级社会”特征。尽管族群问题在香港尚不显著，但香港却已然走入一个政治上的“分裂社会”。[1]这就要求选举制度本身不能加剧冲突，而是应该尽力凝聚选民，也就要求选民趋向理性——候选人要趋向中间，竞选纲领和政策要趋向温和。为此，候选人本身就应当是不同利益的集合者。如果一定要类比，它比较接近政党联盟推出候选人参选行政首长的模式，更容易实现向心式民主。[2]

其次，香港宪制模式必须坚持“一国两制”、“高度自治”的原则，这意味着香港选举必须定位于地方性选举，又是自治性选举。这种双重限制首先就要求候选

---

〔1〕 See Donald L. Horowitz, *A Democratic South Africa Constitutional Engineering in a Divided Society*, 1991.

〔2〕 See Donald. L. Horowitz, Ethnic *Groups in Conflict*, pp. 365-395.

人出线上的限制——必须是港人治港。那么，问题来了：谁来代表中央利益？如何体现“一国两制”？“一国两制”下的地方性选举既然排除了中央参与，就必须严守“一国两制”的具体原则，这也就自然导出港人治港就必须是爱国者治港的结论。按照此逻辑，我们可以为“爱国爱港”之要求找到依据。同时，基于“一国两制”、“高度自治”的原则，选举过程中的自由竞选运动必须限于本地政治事务和政策，而不能触及国家整体的国体和政体（的正当性和合法性），也不宜以不涉及香港事务的国家大政方针为主要议题，否则不仅是逾越了基本法的原则，也是破坏香港自身的民主条件。同时，候选人阐述的中央和香港关系政策应当符合宪法和基本法的规定（尊重和遵守基本法）。设计选举工程必须要认识到这一点，这也应当在候选人以及不同利益集团之间达成共识。

再次，选举没有脱离“主权者-政府-臣民”的结构，它还是维持这个结构的重要途径，表现在它是人民出场的具体形式。一般情况下，这种政治表达的正确性很难被质疑——这是因为民主取得了强有力的说服力。然而，并不是所有类型的选举表达的政治意志都可以任意实现，地方选举就是其中之一，“原因在于，地方选举不涉及作为整体的政治统一体，因而从国家理论的角度来看，必须被视为一种不同性质的选举。”〔1〕地方选举不同于全国的选举，作为享有高度自治权的地方，香港的情况更为特殊。这是因为香港在政治制度设计上具有“一国两制”的独特性。香港并不是一个独立的政治统一体，而是中国的一个地方行政区，特区政府也只是地方政府。“一国两制”本身具有一定的张力，高度自治与香港作为一个地方行政区之间也具有一定的张力，这就让香港特区的特首选举变得更为复杂。〔2〕这就可能会促使某些超越本地的政治议题。提名委员会制度正是适应了地方选举的特点与限度，这里它主要发挥保障性作用。这将有利于稳固香港的民主体制——既能够实现民主，也确保香港民主在其范围内运行，而非恣意超出本地民主的范畴，造成新的宪政危机。

---

〔1〕［德］卡尔·施米特：《宪法学说》，刘锋译，上海人民出版社2001年版，第258页。

〔2〕陈端洪：《论香港特别行政区行政长官提名委员会的合理性与民主正当性》，《港澳研究》2014年第2期。

三、提名委员会的民主化改造：过程民主性之补强

尽管前文已经论证了提名委员会在逻辑上的民主属性，但并不意味着它就是完美的。香港政改咨询过程中涌现了大量的讨论意见，也揭示了提名委员会的问题。如提名委员会按照职业代表制/功能组别代表制组成，存在一系列的理论难题，诸如违反平等原则、选民基础小、竞选不充分、界别划分不科学、代表逻辑缺陷等。[1]又如，提名委员会提名的候选人代表广泛利益，但它未必能与社会整体的利益结构完全映射，提名委员会垄断提名又排除了其他形式的参与，没有给民意以一定的释放通道。这可能会造成一定的社会情绪，加剧社会分裂。

面对提名委员会的困境，可以从三个方面进行补强，其一是增强提名委员会的民意代表性、扩充提名委员会的组成，其二是适当缓和实质性提名的"专断性"，纳入一定的民意机制，其三是控制提名权的行使标准和程序。第一个方面针对提名委员会的结构，也是制度设计的主要内容。它包括提名委员会的组成人数、成员的产生方式、提名委员会的界别基础和选民基础。改革将主要围绕提名委员会的人数和选民基础。[2]目前围绕它的争议却最大，内容也最为复杂，但可期待的改革或将不会涉及民主性重构的问题。后两个方面都是针对提名过程。针对第二个方面，设计了以分阶段多次民意引入配合按照民主程序提名的实质性提名过程。针对第三个方面，从规范性控制的角度明晰化提名权的行使标准，其中涉及对"爱国爱港""不对抗中央"的理解和操作。

（一）争取提名程序与提名启动条件

提名过程在不同阶段与民意有不同的关系。正如前文所述，提名过程输入的是民意，输出的是候选人。提名委员会因为要提出所有候选人，所以它输入的民意具有广泛代表性。这种广泛代表性有两个不同表现，其一是提名开始之前想要争取提名的人业已获得不同程度和不同类型的民意支持（这也证明其有"实力"参与其

[1] 马岳：《港式法团主义——功能界别25年》，第1-2页。
[2] 李飞：《依法落实行政长官普选保持香港长期繁荣稳定——在香港特别行政区各界人士午餐会上的讲话》。

中），其二是提名委员会本身具有广泛代表性，体现在它的组成人员的代表性上。这两种（并不冲突的）民意在不同层面发挥作用，受到的约束、遵守的规则亦不相同。据此，本文将提名过程区分为两个阶段，分别是争取提名程序和实质性提名程序。争取提名程序是指符合法定特首以及特首候选人资格的试图争取获得提名的人向提名委员会争取成为特首候选人的程序。它直接与大众民意相联系。事实上，提名两阶段的区分具有逻辑必然性。这种区分也已经得到认可并被赋予了重要内涵。李飞说："任何符合法定资格的人都可以向提名委员会争取提名，获得提名的人可以平等地进行竞选，被选举权、被提名权没有不合理限制。这种制度是公平合理的，从这个角度来讲，与世界各国、各地区的普选制度没有实质的差别。"〔1〕这表明争取提名程序也担负着非常重要的民主化功能，是实现公民被选举权和竞选权的重要过程。那么，如何启动提名程序呢？提名启动条件是什么？有没有最低限度的提名启动条件？提名启动条件的类型、门槛与提名委员会的民主正当性显然有相关性。从操作角度看，提名之启动首先是有人自愿争取成为候选人，其次则是必须以获得一定数量的"民意"为基础。因此，扩大提名启动条件的类型、降低其门槛可以有不同的方案，例如有少量提名委员会成员推荐，或者政治团体（政党）推荐，或者一定数量立法会议员或民选区议员推荐，或者一定数量选民联署推荐。香港地区18位学者曾联名提出的"公民推荐"方案，〔2〕在一定程度上体现了这种思路，但该方案显然"走得太远"，将公民推荐和提名委员会的八分之一提名紧密结合，实际上是将公民提名的概念进行转化，超出了提名启动条件所能包涵的意义。

以一定数量的提名委员会成员推荐作为提名启动条件当然是最简单的思路，但它对提名委员会的合法性是没有帮助的，仅相当于又创设了一个前置程序。正如前文所述，提名之启动与大众民意的链接最为显著和明确。本文提出一种设想，即通过提名启动程序来消解选民（公民、居民）联署的压力。具体来说，将公民联署纳入到提名启动条件之中，使之法定化和规范化，例如设定必须获得

---

〔1〕 李飞：《依法落实行政长官普选保持香港长期繁荣稳定——在香港特别行政区各界人士午餐会上的讲话》。

〔2〕 参见邹平学：《香港政改咨询中"公民提名"主张述评》，《港澳研究》2014年第1期。

全部选民的2%或3% “联署推荐”，争取提名人才能够进入提名程序。一定数量的公民联署作为提名启动条件，既能够有效化解公民联署对提名委员会的压力，也能够增加最后候选人的民意代表性，同时也有助于强化整个提名过程的民主性。

选举是民意表达的过程，挟民意的行动往往具有重要的影响力。公民联署是重要的获取民意的渠道。有些反对派人士或会通过公民联署来给提名委员会施加压力（要求获得提名），甚至直接跳过提名委员会的实质性提名要求获得候选人资格。如果有人获得了大量公民联署支持，却不能进入提名程序或者不能在实质性提名过程中获得提名，会否对特首普选的合法性、真实性造成冲击，给今后的特首施政造成困难？这些问题必须正视。要化解公民联署的压力，从操作的角度看，就必须明确争取提名程序与实质性提名程序之间的区别。但争取提名条件和实质性提名条件对候选人资格限制的要求是相同的，它们的不同在于程序之差异，而非资格之差异。顺势将联署纳入到法治轨道，依法规范联署活动以及联署标准，既能够排除不符合特首当任职条件和特首候选人资格条件的联署行为以及不规范的联署行为，也能够鼓励联署活动公开、公正、合法举行。

（二）纳入民意机制的实质性提名程序

如前所述，提名受制于民意，实质性提名程序的民意基础主要依赖提名委员会（成员）的代表性。然而，它却引来很多质疑。在这里引入公民提名，让提名委员会仅背书确认，就改变了实质性提名的性质和提名委员会制度设计的目标。但如果只是引入民意机制，作为对提名委员会成员的参考和过程性控制，就不会有这样的危险。相反，它使得实质性提名程序从封闭变为半开放，从另一个角度补强了提名委员会的民主正当性。这样一来，提名委员会就有三重民主性支持，分别是提名启动条件和实质性提名的民意机制引入大众民意，提名委员会本身又具有广泛代表性。作为制度核心的实质性提名程序，也是实现提名权的关键环节。通过纳入民意机制来强化它的民主性，不能破坏提名委员会本身的制度逻辑，以及架空提名委员会的实质性提名权，这是一项具有高超技术难度的工作。它面临着两个逻辑上的问题，其一是民意机制发挥什么作用？其二是多少民意才算是能够发挥作用的民意？

对此，本文的回答是，民意机制当然只是作为参考，但这种参考却是具有过程性控制的意义；民意的作用一直存在，只不过高民意支持当然具有更强的影响力，但它也只能限于影响力。

本文设计了一个以有效民意支持为基础、参考民意调查结果进行实质性提名的过程。具体来说，在确定了争取提名人选之后，启动实质性提名程序。提名委员会应当在选举前 12 个月成立并举行第一次会议，期间应当委托 4 家可靠民意调查机构对争取提名人进行民意调查；在选举前 10 个月举行第二次会议，期间应当委托 4 家可靠民意调查机构对争取提名人进行民意调查；在选举前 8 个月举行第三次会议，期间应当委托 4 家可靠民意调查机构对争取提名人进行民意调查。列入民意调查候选对象的人原则上都应当是符合提名启动条件的争取提名人，如果他们主动提出不纳入民意调查的，以及中途主动宣布放弃被提名的，将不能获得提名。纳入民意调查的人士本身必须要符合行政长官候选人以及当选人的条件，以及提名过程中提名委员会设定的其他条件。

在进行提名时，只针对综合民意调查排名前数位的争取提名人；易言之，实质性提名只针对综合民意调查排名前数位的争取提名人，民调较低的争取提名人，即便达到甚至超出了提名启动条件，也不应获得提名。或者，民意调查只确定最低标准，低于某个标准（比如获得 15% 的支持度）的争取提名人将不能被提名（即“排除民调”）；但并不公布符合标准的人士的民调排序，以防止民调压制实质性提名。但它的非强制效力表现在，提名委员会的成员不需要遵照，只需要参考民意调查的结果，即它只有过程性控制的意义，不具有规范性控制的意义。

这一设计的本质是试图通过民意调查结果和有效支持率增强实质性提名的民主性，让提名委员会的提名更加贴近民意；它也避免了提名委员会的专断，毕竟提名委员会是由不同代表组成的机构，在传递民意以及利益方面可能存在断裂，所以它应该有一个更为直接、开放的途径来吸纳民意。事实上，如果把政党也视作某种性质的机构，很多国家或地区的政党在提名候选人时举办的初选都是开放或者半开放的，例如开放式选民投票、开放式民意调查等，这也表明了机构提名亦非常重视与民意的直接联系。就提名委员会的实质性提名来说，它利用了民意的流动性、随机性和可影响性，又结合了设定的提名门槛和提名资格条件，如果操作得当、合理，就不可能让那些不适合担任特首的人成为候选人，也使得那些候选人在这一阶段就要接受大众、提名委员会以及中央的检验，表明他们的核心政治立场，确保此后政治过程的主轴。与此同时，这也为特首选举争取到更广泛的支持，是在无政党政治背景下的一种较好选择，它一定程度上回避了过度竞选和过度政治操弄的问题。但运用这一手段的前提是进行整体提名，即提名结果是确定选举名单上所有的候选人。

（三）规范性控制：提名权的行使标准

本文区分了针对政治过程中意志表达和偏好选择的规范性控制和过程性控制两种不同控制形式，前者强调行为主体需要受制于或者受到某些标准的影响，后者强调行为主体需要遵守特定程序以及程序带来的表达和选择空间的限制，并通过这个过程得出结论。后者在前文中已有一些体现，比如实质性提名纳入民意机制。但这种分类不是完全科学的，因为它是用以控制人的意志和偏好，而这严格来说是无法控制的。而且价值选择又会受到一些行为主体以外条件的影响。

提名委员会的提名权就受到这两种形式的控制（实际上是提名委员会成员做出提名受到的控制）。事实上，提名委员会的组成方式、提名任务和目标，都会影响到提名权的行使，实际上也是上述两种形式的控制的表现，因为前面已经有所论及，这里就不再赘述。这里要重点说明的是，“爱国爱港”“不对抗中央”对提名委员会成员的影响力，也就是规范性控制的实效性。它表明了提名委员会行使提名权的标准到底是什么。乔晓阳主任说：“怎么判断谁是与中央对抗的人，是不是中央说了算？当然中央会有自己判断，但在普选行政长官时，首先是由提名委员会委员作出判断，这些提名委员会委员都是香港永久性居民，相信他们能够做出正确的判断。其次要由香港选民作出判断，将来行政长官普选时，要一人一票进行选举，选民完全知道自己的利益所在，也会作出理性选择。最后行政长官人选报中央政府任命，中央政府会作出自己的判断，决定是否予以任命。”〔1〕这一段话意味深长，它表明在实质性提名程序中，“爱国爱港”“不对抗中央”是提名委员会成员在动

〔1〕 乔晓阳：《在香港立法会部分议员座谈会上的讲话》。

议和审议（如果有这样的程序）以及决定时的重要考量——也就是内心约束。它就是一个规范标准，体现了规范性控制的意义。

如果可以任意限制候选人“入闸”，自由选举显然将不复存在。质言之，被选举权也是民主的当然内涵而不能随意限制，否则选举的正当性就会受到质疑。事实上，被选举权并不单是消极性的资格——“消极说”或“资格说”忽视了被选举权代表的民意基础以及竞争性，它实际上代表了公民个人的积极主张（理想）以及相当一部分民众的共同意愿。〔1〕换言之，被选举权包含了可当选的资格和竞选的权利。〔2〕更重要的是，它还包含了候选人能否当选以及当选之后的任职能力的问题。正是因为被选举权的内涵如此，它才更需要被限制。一方面，当选之人将来愿意并能够且适合履行公职；另一方面，他也要能够有效参与竞选。理论上对候选人资格有不同的认识和处理原则，一种是选民资格与候选人资格完全相同，另一种是候选人资格要高于选民资格。〔3〕但只有后一种原则是现实存在的，而且职务不同，资格也会有所不同，一般以元首和政府首脑为最高。〔4〕之所以如此，或是因为所竞选的职位资格条件决定着候选人资格条件的上限。但这显然只针对法律上的资格条件，而非真实选举中的道德性资格条件。

在人类历史长河中，对候选人资格的限制也是在逐步变化，总体上是越来越低。例如，在早期候选人必须有一定的财产和文化程度，而当下已经不再有这样的要求。这固然是跟现代社会人们对公职人员的要求逐步降低以及政党政治、选举制度的成熟有关，也是因为选举自由、平等、公开和普遍原则的深入贯彻。就限制的形式来说，有法律明文限制和隐性限制、刚性限制和柔性限制等不同区分。法律明文限制一般是刚性限制，也是绝对性限制，它们或是直接规定在选举法中，或是体现在对担任公职人员条件的规定上。在法治国家，隐性的限制都已经不再具有刚性，但在实践中或是司空见惯的。就内容来说，常见的候选人资格限制包括刑法特殊规定（如剥夺政治权利或称为褫夺公权的刑罚）、年龄限制、出生地限制、居

〔1〕 蒋劲松：《被选举权、竞选正当性与竞选权》，《法学》2010年第2期。

〔2〕 蒋劲松：《被选举权、竞选正当性与竞选权》，《法学》2010年第2期。

〔3〕 何俊志：《选举政治学》，第164页。

〔4〕 高鹏怀：《比较选举制度》，知识产权出版社2008年版，第111页。

住年限限制、国籍限制等，但对政治立场的限制较为少见。有学者认为候选人资格有四种设定，分别是自然条件、社会属性、选举质量条件、有效履行职责条件等。[1]本文则将其分为道德性限制、政治性限制和常识性限制三大类。

既然候选人资格条件之限制是常态，那么合理的限制就能够为提名委员会提供一定的民主正当性支持。“爱国爱港”“不对抗中央”作为特首或特首候选人的资格条件，属于政治性限制，但却屡遭质疑。要求特首“爱国爱港”“不对抗中央”有其正当性，它来自道德、法律和政治现实。乔晓阳在去年的讲话中对此着墨甚多。[2]中央提出特首候选人必须“爱国爱港”“不对抗中央”，这种意见本身就是一种政治压力，从制度化和非制度化渠道对制度设计造成影响。关键问题还在于是否要将这些限制规范化、法律化。乔晓阳说：“行政长官人选必须是爱国爱港人士的立场是坚定不移的，与中央对抗的人不能当特首是一条底线，这样讲不是为了从法律规定上排除谁，筛选谁，而是为了让将来的提名委员会委员和香港市民心中有杆秤，有个衡量的标准，自觉不提名这样的人，不选这样的人。”[3]这段话粗看是觉得这些条件应当是隐性限制、柔性限制，而非法律明文限制、刚性限制，但却不然。实际上，乔晓阳强调的是不能因人立法，也强调有关法律不宜细节化。如果不将其规范化，而只是当做隐性标准、柔性标准，在提名委员会行使否定权时，更容易被视为“政治审查”和防范特定人士。

因此，将其纳入正式立法将是一个更好的选择。而且，应当将“爱国爱港”“不对抗中央”作为行政长官的任职条件，而非候选人的资格条件。不宜在选举的操作性规则中做这样的规定，而可以置于对行政长官资格条件的（总体性）要求或选举法的原则性规定部分，未来修改基本法时还可以将其写入基本法。这也是促进中央和香港关系进一步法治化的具体表现。而且，立法并不适合进一步解释或细化这两组语词，不宜指明其内容，而应当将解释权交给法院和全国人大常委会。如此处理，将规范性控制明晰化，对提名委员会成员的内心限制转化为实际限制，成为真实制约。但法律化的处理必须要细致，能让候选人资格限制更为和缓间接，更

[1] 何俊志：《选举政治学》，第164-168页。
[2] 乔晓阳：《在香港立法会部分议员座谈会上的讲话》。
[3] 乔晓阳：《在香港立法会部分议员座谈会上的讲话》。

符合现代民主的一般原则，不会造成因人立法以及无限扩张的印象，在面对合宪性考验时也不会被宣布违宪。

四、选举工程与宪制：香港的麦迪逊式民主

尽管现代选举制度逐渐趋同，自由、秘密、普遍、平等的选举已经成为选举的基本原则，[1]选举制度之间的细微差异也会带来政党制度、政体结构甚至政治力量对比上的巨大差异，民主的内容和形式也因为选制差异而有所不同。本文认为，提名委员会将会促成一种新选举制度，影响行政长官的产生及其施政，牵动政治力量发展，进而形成新的民主模式——香港的麦迪逊式民主。

麦迪逊式民主是达尔的归纳，尽管麦迪逊自己希望建立的是"共和政体，我是指采用代议制的政体而言……委托给由其余公民选举出来的少数公民……"[2]但麦迪逊所说的共和制就是代议制民主。[3]麦迪逊式民主"希望在多数人的权利和少数人的权力之间达成某种妥协，也希望在所有成年公民的政治平等和限制其主权的渴望之间达成某种妥协。"[4]麦迪逊认为，在一个以共和原则组织的政府中，权力必然存在于多数人那里，因此"在共和国里极其重要的是，不仅要保护社会防止统治者的压迫，而且要保护一部分社会反对另一部分的不公。"[5]防止多数人的暴政就变得非常重要，对此麦迪逊式民主展开了一系列的制度建构，包括了代议制民主、复合的共和国以及对于党争结果的控制。事实上，麦迪逊式民主的核心就在于强调权力的外部制约，必须形成分权结构并且必须控制宗派和党争。[6]麦迪逊本人还对精英政治情有独钟。尤其值得一提的是，在民主政体中，党争是不可避免的，"派系的潜在原因，深藏在人性之中……但是，造成派系的最普遍而持久的

---

〔1〕 张千帆：《宪政原理》，法律出版社 2011 年版，第 89-98 页。

〔2〕［美］汉密尔顿、杰伊、麦迪逊：《联邦党人文集》，程逢如等译，商务印书馆 1980 年版，第 49 页。

〔3〕［美］罗伯特·达尔：《民主理论的前言》，顾昕译，东方出版社 2009 年版，第 144 页。

〔4〕［美］罗伯特·达尔：《民主理论的前言》，第 1 页。

〔5〕［美］汉密尔顿、杰伊、麦迪逊：《联邦党人文集》，第 266 页。

〔6〕［美］罗伯特·达尔：《民主理论的前言》，第 29 页。

原因，是财产分配的不同和不平等。”[1]要防止党争的危害，“要么必须防止大多数人同时存在同样的情感或利益，要么必须使具有同样情感或利益的大多数人由于他们的人数和当地情况不能同心协力实现损害他人的阴谋。”[2]当派系是少数时，“自然可以有多数人用投票的办法来击败少数人的阴谋”，但派系本身是一个多数时，就显得更为复杂，消极性权力的建构也就呼之欲出。麦迪逊式民主带有较强的共和主义色彩，受到了达尔的猛烈批评。[3]但这并不妨碍麦迪逊式民主给后世的制度设计提供灵感。达尔自己也说麦迪逊本人是“一位杰出的政治科学家”，对“政治的兴趣不仅审慎植根于他对事实性问题的关注，而且还正植根于（在他看来）他对应然性问题的关注。”[4]

提名委员会是选举工程的重要一环，它给传统民主制度设计并不看重的提名赋予了重要意义——对民主的保障性价值，这种价值是以针对争取提名人的提名或不提名的权力实现的。毫无疑问，这种权力扼住了民主的“喉咙”，必然会对香港的民主模式产生决定性影响。与其类似的制度模式是吉尔吉斯斯坦共和国曾经在总统选举中使用的办法——为了阻止俄罗斯裔和俄罗斯化的吉尔吉斯人当选总统，在选举的提名阶段，争取成为候选人的人必须通过由语言委员会组织的测试，以保证他们能流利的使用国语吉尔吉斯语。在该国 2000 年大选中，对时任总统阿卡耶夫最有力的挑战者库洛夫就因为没有满足这个条件而不具有候选人资格。[5]在属性上，针对提名候选人的控制权可以被视为一种保障性权力。显然，这是一种高度政治性的权力，具有消极性权力的一般特点。

消极性权力的设置古已有之，古罗马的“保民官”制度就是例证。[6]保民官能够否决官员和元老院的权力，保护平民的利益。它被视为罗马共和的多元性和分

---

〔1〕［美］汉密尔顿、杰伊、麦迪逊：《联邦党人文集》，第 46 页。
〔2〕［美］汉密尔顿、杰伊、麦迪逊：《联邦党人文集》，第 48 页。
〔3〕［美］罗伯特·达尔：《民主理论的前言》，第 16-27 页，第 139 页以下。
〔4〕［美］罗伯特·达尔：《民主理论的前言》，第 139 页。
〔5〕［美］安德鲁·雷诺兹等：《选举制度设计手册》，鲁闽译，香港商务印书馆 2013 年版，第 76 页。
〔6〕陈可风：《罗马共和宪政研究》，法律出版社 2004 年版，第 83 页。

权制衡模式的表征。〔1〕这一制度具有深远的影响，卢梭专门论述了保民官制，认为它可以用来保护主权者以对抗政府，也可以用来支持政府以对抗人民，还可以用来保持一方与另一方之间的平衡。〔2〕后世发展起来的违宪审查也可以从保民官制度中得到启示，它的超然性、中立性给违宪审查很好的启示。〔3〕将提名委员会的提名权界定为具有消极性权力特点的保障性权力，是从其权力本质中得出的结论。一方面，它是从人民主权派生出来的权力，但这种权力具有特定性，以提名候选人为主要任务，以实现香港的民主为目标，它特别突出了行政长官选举需要达成的复合性功能，而不仅仅是产生一个行政首长。另一方面，对人民来说，提名权具有强烈的保障性意义，它能够排除不符合香港民主价值的人担任行政长官，也能够约束候选人的政策路线、竞选过程以及当选人的施政和管治。〔4〕意大利的罗马公法学家卡塔兰诺认为，消极权是人民行使人民主权的消极面的权力，它不同于抵抗权、公民不服从等近似概念。〔5〕人民通过提名委员会来行使提名权，能够保证选举不偏离制度设计的目标和民主的本质意义。总的来说，在选举开始前或者进行中设置了保障性权力，通过对候选人施加压力来限定和规范政治过程，将会对选举和宪制产生影响，这些影响包括政治力量的流动、政治立场的修正和选举策略的使用，以及左右当选者的政策。

一般来说，保障性权力应当赋予少数人，或者中立者、权威者。它首先针对少数人权利保障。因为在政治过程中，多数可以直接否决少数，从而实现多数的主张或者侵害少数的利益。少数人要避免被暴政，或是依赖少数否决制度，或是通过中立者和权威者进行裁决——这种中立者裁决模式实际上也是借助了少数否决的思路。〔6〕当然这没有考虑通过社会或公民社会加以制衡的情况。因此，保障性权力

---

〔1〕 米辰峰：《多元并存与分权制衡——古罗马社会结构政制机制初探》，《烟台大学学报（哲学社会科学版）》2007年第1期。

〔2〕 ［法］卢梭：《社会契约论》，何兆武译，商务印书馆2003年版，第156页。

〔3〕 陈端洪：《政治法的平衡结构：卢梭〈社会契约论〉中人民主权的建构原理》，《政法论坛》2006年第5期。

〔4〕 ［美］罗伯特·达尔：《民主理论的前言》，第26页。

〔5〕 ［意］皮兰杰罗·卡塔兰诺：《一个被遗忘的概念：消极权》，徐涤宇译，《罗马法与现代民法》2002年卷。

〔6〕 ［美］罗伯特·达尔：《民主理论的前言》，第51页。

就被赋予了更为厚重的宪政意义，它不再是对抗民主的表现，而成为了新式民主的一个部分。这是麦迪逊式民主的特性之一。然而，问题也相当显著。避免对少数人的暴政却可能对多数人施加“暴政”，造成剥夺多数人自由的事实。[1]这不仅违反了民主原则，也不见容于宪政。违宪审查制度就面临这样的理论质疑。香港的情况略有不同，因为提名委员会并不完全是少数人的代表。提名委员会具有广泛代表性，行使保障性权力代表了多元利益、少数人利益和整体利益。它能够代表多元利益和少数人利益是因为提名委员会基于职业代表，体现了不同职业的声音和利益。它能够代表整体利益，主要是因为它的广泛性，能够超越本地问题、眼前问题，而将视野扩展到全局与未来，尤其是基于其组成人员中有港区全国人大代表和政协委员的事实，它在认知“一国两制”和中央与香港的关系的能力方面有着更为明确和直接的代表性。因此，在理论基础上，行政长官选举制度尽力回避传统选举模式的不足，希望做到选举过程中的“均衡参与”，顾及中央和香港之间的特殊关系以及香港长期繁荣稳定和发展的目标。

从根本上说，在行政长官普选中加入保障性权力以促成香港的麦迪逊式民主，其民主正当性是由香港的特殊政治地位所决定的——这种地位就是香港是“一国两制”下享有高度自治权的地方，是中华人民共和国的特别行政区。这一点在许多人的论述中都有强调。正如前文引述的陈端洪教授的论述，“一国两制”内包涵着一系列的“二律背反”，包括特别行政区打破单一制原则，甚至产生国家认同危机，寻求更大的自主性；特区的权力会自我膨胀，不断接近和突破授权底线，造成中央和香港的对抗；导致两地的政治和法律冲突，有人会利用香港来挑战大陆的社会主义体制。[2]然而，这里我们要问的是，这些“背反”（冲突）一定是制度造成的吗？我们有能力从制度上消除这样的冲突吗？事实上，与其说是制度问题，不如说是事实问题；之所以设置“一国两制”“高度自治”的制度结构，就是为了缓和甚至解决这些事实问题。我们对“一国两制”“高度自治”的理解与执行应当来说是一贯的、科学的，但也能看到错误理解“一国两制”“高度自治”造成的困

〔1〕［美］罗伯特·达尔：《民主理论的前言》，第24页。
〔2〕陈端洪：《论香港特别行政区行政长官提名委员会的合理性与民主正当性》，《港澳研究》2014年第2期。

扰。行政长官普选的民主诉求和制度表达，以及提名委员会制度，都是“一国两制”“高度自治”的一部分，我们完整地看待它们才能理解用“一国两制”“高度自治”舒缓和解决香港问题的制度用意和效果。提名委员会是整个制度设计的一部分，行使保障性权力，在民主过程中发挥保障性作用，这是真实的民主追求，也是可行的民主追求。在这个意义上，提名委员会所促成的香港的麦迪逊式民主，正是香港积极适应政治现实的选择。

从社会条件的角度看，香港也面临着非常特殊的问题。其特殊性可以从多个角度来观察，例如香港是一个面积狭小、人口众多、经济高度发达的自由港和金融中心，工商业在香港扮演着非常重要的角色；香港社会现下陷入了一个比较分裂的态势，两大阵营对立比较突出。姬鹏飞主任关于香港政治体制的一段说明被广泛引用，他说：“香港特别行政区的政治体制，要符合‘一国两制’的原则，要从香港的法律地位和实际情况出发，以保障香港的稳定繁荣为目的。为此，必须兼顾社会各阶层的利益，有利于资本主义经济的发展；既保持原政治体制中行之有效的部分，又要循序渐进地逐步发展适合香港情况的民主制度。”

另一个值得观察的指标是，香港将要实现的是双普选，即立法会也将实现普选，然而该选举的选区小、选民少，政党控制力弱，麦迪逊希望的选民“众多的、广泛的、多样的利益”就很难具备，容易助长平民主义的气氛和能量。目前立法会选举中选出众多激进议员就是表现。立法会普选能够实现完全的代议制民主，它在表达民意方面的作用更为突出——事实上，议会才应当是民意的集中展示场所，行政长官是行政权力的执掌者，是执法者，在很多时候都未必要直接陷入到民意漩涡之中。[1]更何况，行政长官是特首，代表特别行政区，尤其是要代表特区与中央交互，他就要承担更沉重的义务来遵守基本法和“一国两制”、尊重大陆的社会主义体制（对国体和政体的尊重）。因此，立法会的普选制度与行政长官的普选制度应该有一定的差别，才符合香港的政治地位和政治现实。此外，香港也已经建立起的司法审查制度和司法独立，以及普通法法治，从制度上防范多数人暴政，约束政府权力。而且，香港的公民社会发展非常成熟，社会运动发达，构成了比较有力的外部制约。这些都能确保香

[1] See Juan J. Linz, *The Perils of Presidentialism*, Journal of Democracy, Vol. 1, No. 1 (1990).

港维持良好运行的民主体制。因此，通过特首普选制度设计来实现麦迪逊式民主模式的生长，将会是香港政体全面和有效的保证，也是香港民主稳定和健康的重要保证。

最后，香港的民主要能够有效保证少数人的利益。少数人在平民主义民主的体制之下容易被漠视——尽管社会还有司法独立、司法审查和社会制衡，但似乎不足以提供有力的保障。香港要保持一个没有政党政治的政治结构，那么对少数人利益的保障力度还会大幅降低。现实的问题是，工商金融业精英、专业界人士、社会服务业人士以及大量劳工等各阶层之间如何协调利益关系以及保持各自的社会地位，关系到香港的持续繁荣稳定，成熟的宪制不宜轻易破坏现有的社会结构。有学者就提出，特首的提名权由少数精英来行使，既可以保护工商界利益，亦可令香港普选达到两个目标，包括保留精英政治以及资本主义；如果将提名权交由大众分享，精英制度就会不存在，香港亦会成为高福利主义社会。这也是对社会情势进行判断的结果。〔1〕

五、结论

行政长官的普选将会对香港的政治和社会发展产生巨大影响。提名委员会是维护中央和香港特别行政区的关系、保证香港的长期繁荣稳定和发展的重要制度通道，“充分体现了制度理性，充分体现了基本法起草过程中香港各界人士的智慧”〔2〕。证立提名委员会并不是一项容易的工作。选举制度的设计综合了制度的目标和政治现实条件。提名委员会的制度逻辑决定了它能够实现民主并且垄断提名权。这主要是因为提名委员会的广泛代表性促使它能够代表广泛利益。同时，它也契合了香港的政治和社会情势。纯粹从政治效果的角度看，提名委员会能够促成香港各政治派别意见和能量的平衡，有利于中央和香港之间、香港不同政治派别之间、香港政治和社会精英与香港普通民众之间的有效沟通，因为提名委员会本身就

〔1〕《王振民：特首普选提名权应由精英行使》，http：//news. stnn. cc/hongkong/2014/0119/44273. shtml。

〔2〕李飞：《依法落实行政长官普选保持香港长期繁荣稳定——在香港特别行政区各界人士午餐会上的讲话》。

是政治妥协的通道——通过它来产出一个妥协和平衡的政治结果。这个结果就是各方都能接受的特首候选人，以及温和的中间路线和和平理性的竞选过程。这正是宪法工程的意义之所在。事实上，作为中央政权下的一个地方，香港并不应成为充斥着对立和撕裂的“政治社会”——而且，矛盾还是因为“一国两制”“高度自治”而生。要回避这种情形，必须要在宪制设计上下功夫，而目前最迫切的就是选举制度的设计。

宪法工程正是要直接回应这些问题，用制度化解争议，以制度融合社会。本文也试图从过程角度对提名委员会进行民主化改造，突出表现为在制度逻辑之外引入民主元素，尤其是大众民意的加入和提名权的规范性控制。从发展的角度看，以提名委员会为核心的选举制度将会塑造出一种新的民主模式，即麦迪逊式民主。本文也对香港的麦迪逊式民主进行了合理化论证，反映了提名委员会导出结果的民主性。提名委员会是一个制度通道，通过它的不仅是候选人名单，也是普遍接受的政治意愿、政治能量和政治前景。制度试错的成本不可估量，设计者们不得不做好充足准备。本文主要运用宪法工程学的理论，提出一些设想，希望能够有益于制度设计的讨论。

基本法秩序下的政治委任官员与公务员

何建宗*

[内容提要]

作为前政治委任官员，笔者首先探讨有关“公务人员”的基本法条款，接着介绍“问责制”的引入、政治委任官员的背景、政务官的制度、和政治委任官员与公务员的关系。最后指出一些制度上的突出问题并提出改善建议。

[关键词]

政治委任官员　问责制　行政主导　香港公务员　政务官　政治中立

香港的政治委任官员和公务员属于基本法当中“公务人员”的一部分，有关条文（第99-104条）载录于第四章第六节。根据基本法第103条，由殖民地时代延续到回归后的香港公务员制度予以保留。2002年，特区政府实行“主要官员问责制”（又称“问责制”“政治委任制度”），把原来绝大部分由公务员出任的、按基本法规定由中央人民政府任命的司局长，改为政治委任，任期与行政长官一致。新制度于各局增设常任秘书长一职，由资深公务员担任。2008年，政治委任制度扩大到副局长和局长政治助理，类似西方民主制度的、相对于终身制公务员的

* 何建宗，北京大学港澳研究中心特邀研究员，原香港特区政府发展局局长政治助理。

"政治问责团队"正在逐步形成。香港实行"行政主导"的政治体制。行政长官和行政机关拥有较大权力。政治委任官员作为中央任命的主要官员，肩负落实"一国两制"伟大事业和行政长官施政理念的重任。十六万公务员作为行政机关内执行和落实政府各项政策的主体，责任重大。两个团队保持有效合作与良好关系，是能否真正落实"行政主导"的关键。

一、基本法有关主要官员和公务人员的条款

基本法与主要官员（Principal Officials）和公务人员有关的条款包括第15条、第48条、第61条和第99-104条。第15条规定："中央人民政府依照本法第四章的规定任命香港特别行政区行政长官和行政机关的主要官员。"

"主要官员"的定义可参阅第48条关于行政长官职权的第5款："（行政长官）提名并报请中央人民政府任命下列主要官员：各司司长、副司长，各局局长，廉政专员，审计署署长，警务处处长，入境事务处处长，海关关长；建议中央人民政府免除上述官员职务"主要官员的任职资格于第61条规定："香港特别行政区的主要官员由在香港通常居住连续满十五年并在外国无居留权的香港特别行政区永久性居民中的中国公民担任。"与行政长官规定连续居住二十年和年满四十岁相比，主要官员居住年期要求较短，并没有最低年龄的要求。

值得注意的是，"主要官员"的定义不只司长和局长，还包括廉政专员、审计署署长和三个香港纪律部队的首长；反映这几位官员的地位比其他部门的首长要高。但在香港有关问责制的讨论，主要官员一般是指司长和局长。

基本法关于"公务人员"的资格、回归后的安排、聘用条件和宣誓规定等，载于第99—104条，内容概要如下：

特区政府公务人员必须是特区永久居民，特定外籍人士除外（包括"回归前原香港公务人员的外籍人士或者回归后担任政府部门的顾问和一些专门和技术职务"）；公务人员必须尽忠职守，对香港特别行政区政府负责；政府各部门包括警察部门的公务人员在回归后可以留用，年资予以保留，各项薪金福利不低于原来标准；所有主要官员须由外国无居留权的中国公民担任；离退休公务人员的安排不低

于原有标准；原有公务人员的招聘、雇用、考核等制度除有关外籍人员特权待遇的规定外，予以保留；行政长官、主要官员、行政会议成员、立法会议员、各级法院法官和其他司法人员就职必须宣誓拥护基本法，效忠香港特区。

基本法当中的“公务人员”（public servants）含义很广，既包括“公务员”（civil servants），也包括主要官员、行政会议和立法会议员、司法人员等。纵观上述各条文，基本法有关主要官员的规定主要涉及提名和任免权、资格和宣誓要求。对于公务人员，为确保香港平稳过渡，让广大市民包括公务人员放心，有关条文主要是强调制度、人员、聘用条件和离退休安排基本不变。对于公务员与主要官员的工作关系，基本法并没有规定。

二、“问责制”的引进和扩大

1997 年香港回归，行政机关除了由英国委派的港督改为由香港人组成的选举委员会推选行政长官以外，由政务司以下的司、局、署等架构基本不变。原港英政府大部分司局长留任并继续由公务员担任。为了让行政长官更有效实施其施政理念并更好地向市民问责，第二届特区政府于 2002 年推出“政治委任制度”，其要点包括：司局长和其他主要官员脱离公务员身份，任期与行政长官相同；有别于公务员，主要官员要承担政治责任，包括辞职；所有主要官员均向行政长官负责，而非各司长；局长以下设“常任秘书长”一职，由公务员担任；公务员不再参与最终决策。问责制实施以后，主要官员负责制定政策，以及争取公众对政策的支持；而公务员则负责政策分析，推行政策，提供公共服务，执法规管等。从制度设计而言，问责制的引入使作为香港特区之首，既向中央又向香港特区负责的行政长官可以更有效地实施其施政理念，问责官员之间可以成为紧密合作的团队，并更积极地回应市民的需要。2006 年 7 月，政府推出《进一步扩大政治委任制度咨询文件》，并在 2007 年 10 月发表《进一步扩大政治委任制度报告书》，决定增加两层（副局长和政治助理）政治委任官员。原因包括：主要官员需要额外支持配合以民为本的施政需要。然而，现行的政治层级过分单薄，不足以有效应付管治及政治工作的需要；增设政治委任职位，可提升政治团队在公务员支持下处理政治工作方面的能力。同时，此举亦有助保持公务员政治中立，在政府不同层级开设政治委任职位可为政治人才提供一个更全面的事业发展途径。培育政治人才，配合政制逐步民主化。〔1〕

第一批副局长和政治助理于2008年5月起陆续就任。图1显示问责制实施前后的组织架构图。

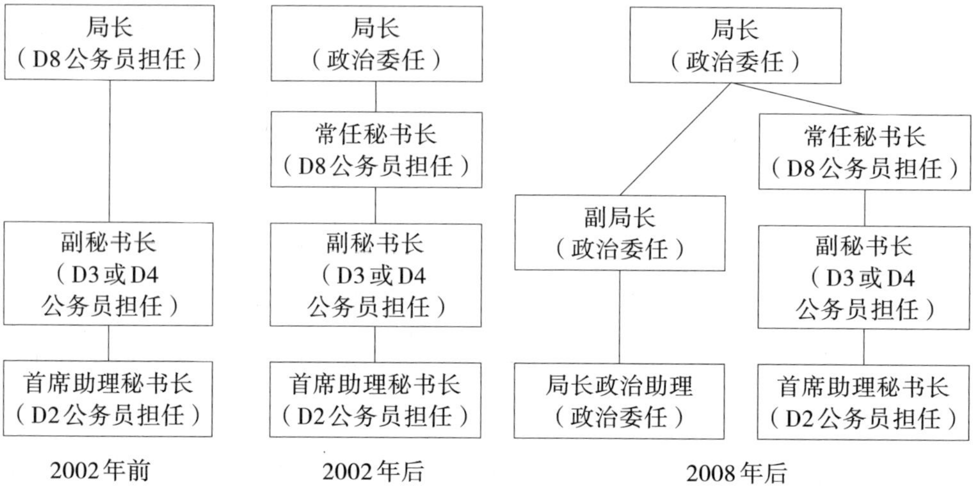

图1　政治委任制度实施前后比较

三、“问责制”引起的争议

“政治委任制度”在西方国家或民主政体相当普遍，并以英国和美国为主要代表。英国实行议会制，下议院多数党组织政府，并委派党员出任内阁成员，领导公务员。政治委任的部长和大臣任期四年，但无论哪个党派执政，终身制的公务员都必须服从政治委任官员的领导，执行执政党的政策。香港过去受英国“殖民统治”，公务员系统师承英国，工作方式和文化与英国相类似。香港新的政治委任制度在回归后才逐步引入，但当中一些规则也有借鉴英国的经验。美国是历史悠久的

〔1〕 政制及内地事务局：《进一步发展政治委任制度报告书》，2007年10月发布，http：//www. cmab. gov. hk/tc/issues/pa_ report. htm。

总统制国家，行政和立法机关独立产生。有别于英国由下议院议员组阁，美国总统就任后从社会各界任命各类政治人才担任内阁成员。美国的公务员系统在 1978 年作出改革，最高级别的改为政治委任，以确保公务员支持政府施政。[1]

香港的政治环境和制度比较特殊。首先，香港不是个独立国家，基本法规定主要官员由中央任命，就算日后行政长官实施普选，也不会改变。因此，行政长官并不像美国总统般可以全权决定所有政治委任官员的人选。然而，回归后行政长官和立法会的产生办法不断民主化，根据基本法 45 条和 68 条的规定，最终都会实现一人一票普选。引入新制度既是回应香港社会对官员加强问责的要求，也是为未来实现普选作制度上和人才培养上的准备。

在发展民主的过程当中，香港面临最大的问题是政治人才不足。在殖民地时期，从政人士分为两类：第一类是公务员当中的政务官，负责制定和执行港英政府的决策；第二类是各个咨询组织（包括当年的行政局和立法局）被政府委任的人士，他们以工商和专业人士为主，本身拥有成功的事业，参政是基于服务社会或荣誉的心态。香港区议会和立法局分别在 1982 年和 1991 年引进地方直选议席，真正以参选和服务市民为职业的"政治人才"群体才逐步形成。然而，回归前后香港都是"行政主导"，行政机关拥有最大权力，因此通过选举产生的政治人才除了在立法会行使监督政府的权力，并没有制定政策的机会和锻炼。因此政党政治的发展并不成熟。相反，被政府委任的主要官员除了原来出身公务员的以外，都没有制定政府政策的实战经验，曾参加过选举的也比较少。

在 2002 年推出"问责制"后，社会对外来的人才进入政府领导公务员存在争议，主要有几个批评。首先，有意见认为，在行政机关并非普选产生的情况下，特首直接委任问责官员是属于"政治酬庸"，甚至是"利益输送"。第二，政治委任制度会"影响公务员士气"，甚至影响公务员的"政治中立"。第三，政治委任官员的任命应该由立法会批准。

上述批评在香港得到不少支持，但都不成立。以香港尚未实行普选为由反对政

[1] Richard J. Stillman II (2004) *The American Bureaucracy: the core of modern government*, 3rd edition, p. 143.

治委任制度并不合理。首先，根据基本法，香港的主要官员都由中央人民政府任命。回归时由于平稳过渡的考虑中央把原来以公务员为主的司局级官员任命为特区第一届官员，但这不等于中央只能从公务员当中任命主要官员。事实上，政治委任制度是香港迈向普选过程中的必经阶段。从政治人才培养的角度看，政治委任制度及其扩大正是为未来更民主的政治制度作准备。

至于所谓“损害公务员士气”的说法，这与公务员（尤其政务官）的文化有关系。根据长期研究香港政治并曾任特区中央政策组首席顾问10年的刘兆佳教授，香港政务官的价值观有多个特征，包括“自以为香港利益的捍卫者”和“讨厌狭隘和局部利益的政治”。[1]这个同质性高的群体对于被外来的政治任命官员领导感到不适应是可以理解的。再者，政务官的晋升阶梯从过往最高的司局长降到常任秘书长，也影响到他们的士气。然而，虽然香港公务员是个廉洁高效的队伍，但他们的利益或者士气不应该凌驾香港的整体利益。全世界的民选国家和地区都要求公务员接受和支持政治委任官员的领导，在香港按照基本法走向普选的大趋势下，其公务员也不应该例外。

至于政治委任官员需要立法会批准，这一方面无视中央根据基本法第15条拥有的任命权力，也是对“行政主导”体制的冲击。根据基本法第73条，立法会的职责是批准政府的拨款申请包括政治委任官员职位的拨款，具体的官员人选，无论是公务员或者政治委任官员，完全应由政府决定。

四、政治委任官员的来源

香港有不少活跃的政治团体和政党，参与各级选举。但香港市民对政党和议员的支持度一直低于政府官员和公务员。基本法对于行政长官能否由政党人士出任并没有规定，但根据《行政长官选举条例》第569章，容许政党成员在当选行政长官后的七个工作日内须公开作出法定声明，表明他不是任何政党的成员。另外，当

〔1〕 刘兆佳：《回归十五年以来香港特区管治及新政权建设》，香港商务印书馆2012年版，第123-127页。

选人须向选举主任提交书面承诺，表明他如获任命为行政长官，则在他担任行政长官的任期内不会成为任何政党的成员，或他不会做出具有使他受到任何政党的党纪约束的效果的任何行为。

在香港没有执政党而行政长官不能有政党背景的限制下，行政长官属下任职各司局的主要官员大多来自非政党人士。以下是根据过去三届局长、副局长和局长政治助理的经验总结出几个问责官员的来源。

1. 公务员。主要官员中的司局长来自公务员的比例一直比较高。在2002年的董建华政府，公务员出身的占43%（6/14）；2007年曾荫权政府中公务员出身的比例增加到60%（9/15），到了本届政府，比例为40%（6/15）。因此，虽然建立政治委任制度的原意是要克服原来公务员（政务官领导下）体制的一些弊端，但在实际运作上，由于香港政治人才不足而且公务员对政府运作非常熟悉，公务员始终占政治委任官员最大的比例。在制度扩大到副局长和政治助理两层以后，公务员占的比例就比较低。公务员是个终身职业，作为公务员顶层的常务秘书长要担任局长，他们所考虑的主要是按时退休和提前退休担任局长的取舍。但作为四十多岁的首长级公务员，要提前十多二十年离职转到风险高得多的副局长，顾虑就会比较多。由于香港没有建立一个政治官员的升迁制度，当政府换届以后，副局长（和其他政治委任官员）就可能面临失业的情况。虽然过去两届确实有原来中层政务官加入副局长的行列，并升任局长，但毕竟都是少数。

2. 专业人士。启用专业人士出任相关政策局的局长，反映以所谓通才管理香港的传统思维未能适应日益复杂的社会问题。最突出的例子是公共卫生问题。过去十多年，香港经常受到禽流感和各种流感威胁。由通才出身的政务官处理这个容易引起公众恐慌的问题，始终缺乏足够的权威性。本届和上届的食物及卫生局由资深医生出任正副局长，在香港发生流感或者防御外来流感入侵香港的时候，以权威专家的身份统筹应对的战略、行动；并适时向公众和媒体发布信息，起到安定人心的作用。除了医疗，本届政府在律政、环保、保安、财经等政策局也是以专业人士担任局长。专业人士出任政治官员的优点是熟悉政策内容、拥有相关专业界别的人脉关系和在公众心目中拥有权威。但他们的缺点可能是：不善于应对传媒和跟政治人物交往、缺乏行政管理经验、过去的商业关系容易被人攻击为“利益冲突”等等。

在香港缺乏政治人才“旋转门”的环境下，专业人士由于是以其多年专业知识贡献政府，在任期结束后可以重回有关专业工作，所以没有公务员出身的政治官员在任满后何去何从的顾虑。当然，离任后的“过冷河”限制（一年内工作需要申请报批）对于政治人才从政是一个障碍，但这方面可以通过简化行政手续来完善。

3. 学者。学者是政治官员的一个重要的来源。以本届为例，张炳良和陈家强教授出任运输及房屋局和财经事务及库务局局长，而陈肇始教授则担任食物及卫生局副局长。学者担任官员的优势与专业人士类似：他们拥有丰富的专业知识，在社会上拥有较高的地位，不少学者经常接受传媒访问，广为市民认识。值得注意的是，学者从政不一定与其本身的研究范畴相关，例如张炳良是政治行政学者，上届的环境局副局长潘洁也是一位政治学者。

4. 政党人士。外国实行政党政治，执政党成员组成内阁是正常不过的做法。香港虽然没有执政党，行政长官规定不能有政党背景，但委任立法会内大党进入行政机关，理论上对确保政府议案通过有帮助。然而，政治委任制度实施多年，有政党身份加入的人寥寥可数，包括只有两名副局长和三名政治助理，也有原政党成员选择辞去党籍加入政府。相对于外国政党成员入阁可以根据该党的理念影响政府决策，香港的政党成员进入政府后，与原来的政党关系几乎割断。因此，不少政党成员对“党友”进入政府是“又爱又恨”：一方面为政党成员能参加政府感到高兴，但另一方面，也慨叹党内政治人才“又少一个”，打乱党的发展和选举部署。过往的经验显示，政党成员进入政府后，不仅甚少把政党的主张带进政府，他们更有意无意跟原来政党“划清界限”，以示公正。而对于政府而言，委任政党成员是希望政府政策能够更容易得到该党的立法会议员支持，但事实上，碍于建制派政党也需要与反对派争取民意和选票支持，委任政党成员入政府似乎未能解决建制派与政府“铺铺清”（即每次都讨价还价，并非无条件支持）的合作关系。所谓特区政府与建制派政党组成“执政联盟”的构想并没有从委任政党成员进入政府而成为现实。

5. 传媒。来自传媒或公关界别的政治委任官员主要出任副局长和政治助理的职位。新闻发布是政治工作的一条重要“战线”。毫无疑问，他们拥有了解传媒运作和人脉的优势，在准确发放信息、及时反驳不实或歪曲报道方面，可以发挥很大的作用。但倚靠传媒出身的官员游说甚至淡化或阻止一些不利消息的报道，事实上相当困难。在政府民望低落和传媒普遍以批评政府为尚的文化下，要影响新闻界的报道几乎不可能。处理不慎的话，甚至会被认为干预新闻自由。网上媒体近年发展蓬勃，甚至推动政策议题和反政府的社会运动。它们的出现让媒体和记者有新的定义（或者难以定义）。媒体出身的政治官员在处理网上言论方面也会有一定优势，更多是视乎个别官员在社交媒体的活跃度而定。

6. 智库。香港的智库发展比较缓慢，政党或者商人出资成立智库的文化还没有形成。然而，在香港屈指可数的智库当中，也有晋身政治官员的例子。例如创办思汇政策研究所的前总监陆恭蕙出任环境局副局长。从事政策研究的政治官员的优势包括：了解政策内容和政策制定过程的复杂性、善于撰写研究报告和评论文章、拥有较好的政圈人脉关系等等。当然，政策研究与政治高度相关，但也需要很不一样的能力。政策研究讲求客观理性、以社会最大福祉为依归，理想成分较大；参与政治更多的是不同利益和政党之间的博弈、追求短期成效和目标，需要高度的沟通技巧和应对公众的能力。

总结而言，政治委任官员的团队是以前公务员、专业人士和学者为主，再加上政党、传媒和智库人士。前三者较多出任局长的职位而后三者则主要出任副局长和政治助理。前公务员熟悉政府运作、专业人士和学者熟悉政策和技术性要求，并在社会拥有较高威望，都是政治官员的理想人选。现在被社会诟病的，主要是政治官员之间的团队合作精神不足，和个别政治官员的表现。这应该可以通过行政长官的领导能力和对政治官员加强培训加以改善。

五、政治委任官员与公务员关系

政治委任官员与公务员的关系不是一个新鲜的课题。如上所述，在大多数的西方国家或民主政体，由民选产生的立法机关多数党组成内阁或由民选总统委任的人员担任政府内的重要职位可谓司空见惯。这些任期有限的政治委任官员如何有效领导、推动及激励终身制的公务员支持他们的施政，是政治及行政学一个重要的研究课题。虽然政治委任制度有西方的前例可循，但香港的情况是相当特殊，甚至是独一无二的。首先，香港是一个从一百多年的殖民地转变为根据“一国两制”和基本法设立的特别行政区，政治和行政地位发生了极大的转变；其次，在这个过程中社会急速开放，政治制度向全面民主化迈进。香港回归前沿袭和发展了一百多年的公务员制度被保留，人员基本上完全过渡到特区政府，未做大的变动；新的政治委任制度却是回归后的 2002 年才开始。两个制度如何融合，如何有效分工合作是个长期的磨合过程。

政治官员和公务员的关系主要集中在主要官员和公务员当中政务官的关系。在论述这个关系在香港独特的情况之前，以下先简介香港的政务官制度。

1. 政务官制度。政务官是香港公务员中担负领导责任的职系，统领着政策局和各政府部门的其他公务员。根据特区政府公务员事务局的资料，截至 2014 年 6 月 30 日，政务主任职系共 651 人，其中首长级占 304 人，非首长级 347 人。“政务职系人员是专业的管理通才，在香港特别行政区政府担当重要角色。他们会定期被派往各决策局和部门，以及各区民政事务处和驻外办事处，平均每两至三年调职一次。定期调任的安排，让政务职系的同事有机会涉猎公共政策中的不同领域，扩阔视野，累积经验，掌握处理不同事务的技巧。”表 1 列出政务官的架构、职位举例和人数。

表 1 政务主任职级和其他基本资料（2012 年）

政务职级	首长级别	职位举例	人数
甲一级政务官	D8	常任秘书长	15
甲级政务官	D6	署长，驻京办主任	16
乙一级政务官	D4	副秘书长（1），规模较小的处长	23
乙级政务官	D3	副秘书长，副署长	57
丙级政务官	D2	首席助理秘书长，地区专员，助理署长	170
高级政务主任（SAO）	—	助理秘书长，助理专员	132
政务主任（AO）	—	助理秘书长，助理专员	186
总数			599

香港政府招聘政务官主要从三个途径：刚毕业的学士或硕士、具有数年政府以外经验的人士和其他职系的公务员，而大多数来自刚毕业的大学生。政务官的晋升

一般须先署任有关职务，表现满意以后才能正式出任该职。例如，政务主任平均在入职后第四或第五年起，安排他们署任高级政务主任的职位。他们在入职七年左右，会获考虑晋升至高级政务主任职级。表现杰出者，更有机会在较短时间内获晋升。一般而言，政务主任可以在10-15年内署任或出任丙级政务官（D2）的职位。从表1的职位举例，可看出一个政务官的发展路径：作为政务主任和高级政务主任，政务官生涯开始的十多年多半在不同的政策局担任助理秘书长，或地区的助理专员（第二把手），协助丙级政务官工作。在升任丙级政务官后，一般会担任政策局的首席助理秘书长或地区专员。这一级别也是一个优胜劣汰的分水岭：当中只有三分之一左右可以再上一层楼，而在最高的甲级和甲一级政务官则总共只有三十人左右，出任部门署长和常任秘书长职位。

虽然政务官的编制、理念和传统来自殖民地时期，但香港社会正经历着急速的变化，政务官作为政府行政管理的骨干，也面临着冲击。刘兆佳教授认为，香港政务官群体的同质性相当高，并拥有六个特征。[1]第一，政务官拥有浓重的精英心态。政务官是领导着全体公务员的精英。一直以来，尤其是回归以前，政务官都是大学生梦寐以求的工作，每年过万名考生当中，只有二三十人能脱颖而出，被称为“天子门生”。第二，他们有着强大的集团意识。政务官圈子内有强烈的论资排辈观念，并强调大家有着共同的价值观和团队精神。由于绝大部分政务官都是由大学毕业一直工作到退休，同辈之间圈子很小，经常会有共事的机会，因此同事之间的“口碑”很重要，进一步加强了内部的同质性。第三，他们自认为是香港整体利益的最佳捍卫者，对于局部的狭隘的利益，包括政党政治十分抗拒。第四，他们对“小政府”与谨慎理财异常执着，对长远政策规划和长远财政承担有抗拒，因此虽然香港坐享数以千亿的储备，但政府仍然不愿意直接参与发展经济，或者扶持个别行业发展。第五，他们相信自己在政治上是超然的，以社会全体利益为出发点和立足点，认为所谓“政治”是狭隘利益的争夺，是情绪和非理性的表现。最后，政务官重视政策的科学性，尤其强调“程序理性”，即所有政策的酝酿、制定过程和执行都必须按既定程序进行，这才是“善治”的基础。

---

〔1〕刘兆佳：《回归十五年以来香港特区管治及新政权建设》，第123-127页。

2. 工作关系。政治委任官员与公务员的关系由政府内部两个文件规范：《政治委任制度官员守则》和《公务员守则》。首先，政治委任官员包括主要官员中的司局长、行政长官办公室主任、副局长和政治助理。他们也受到其他规范公务员的条例所约束，包括《防止贿赂条例》和《官方机密条例》。两份文件反映了主导特区政府的公务员，在面对政治委任官员时，倾向采取“防御性”的态度。以 2009 年 9 月颁布的《公务员守则》为例，当中有一半篇幅谈及公务员的“基本信念”和“操守准则”，另一半则详述公务员与政治委任官员共事时的角色、职责和彼此的关系，而重点在于必须“维护公务员的基本信念和价值观”。例如，政治官员需要积极维护一支“常任、诚实、用人惟才、专业和政治中立的公务员队伍”，他们“不应该要求公务员作出不合法、不恰当或有违其基本信念的行为、违反政府规例的行为、涉及行政失当的行为、与公务员角色有冲突的行为、违背政治中立的行为”等等。[1]在《公务员守则》的最后部分，详细列明公务员遇到政治委任官员“不恰当指示”时的沟通、投诉和申诉机制。此外，在政治委任制度扩大后，《公务员守则》规定公务员不从属于副局长和政治助理，他们是以“伙伴合作精神”与后者共事；副局长和政治助理只能“代表局长要求公务员预备和提交资料，或传达局长的意见”。相反，公务员对政治委任官员的责任占的篇幅少得多，包括必须“全心全力支持和执行后者的决定”、“不得试图妨碍、阻挠或延误政策和决定的执行”、“不得公开表达不同意见”等等。但对于违反规定的惩处、公务员不服从政治官员的处理机制却没有任何规定。

在新的制度下，除了决策权力，原来属于公务员的权力仍然保留。常任秘书长仍然掌握一个机构最重要的两个权力：人事权和财政权。人事权方面，包括对下属的升迁、公务员的评核和调动；财政权力方面，原有法例作为“管制人员”的常任秘书长仍然担任此职，他们“必须遵守财政司司长就公帑及政府财政的安全、经济效益及利益所制定的所有规例和发出的指示或指令”，并“有责任确保政治委任官员在妥善财政安排和遵循相关规定的所有有关事项，以至较宏观方面的考虑，

---

〔1〕 刘兆佳：《回归十五年以来香港特区管治及新政权建设》，第 5 页。

包括审慎而合乎经济原则的管理、效率与效能、衡工量值等，均获得适当的意见”。简单来说，局长并不能完全决定财政的使用权。

3. 突出问题。扩大政治委任制度从 2008 年实行至今，逐步浮现了一些问题。原来的制度设计是希望司局长在面对日益复杂的政治形势时，可以通过副局长和政治助理协助处理“政治工作”，以维持公务员的“政治中立”。然而，实践证明，在日趋政治化的香港社会，公务员不参与“政治工作”只是一厢情愿，更成为妨碍公务员与政治官员两个团队有效协作的因素。此外，“公务员不从属于副局长和政治助理”也加强两个团队之间的隔阂，有关做法是否应该继续应予反思。

其一，区分政治工作与政治中立。设立问责制的其中一个目的是让政治委任官员从事所谓“政治工作”，而公务员则从事“非政治工作”。其实，所谓公务员“不从事政治工作”是回归以后才出现的说法。一直以来，公务员要严守的是“政治中立”。《公务员守则》第三章“操守准则”一节中提到公务员须具备八项操守，其中一项是“政治中立”。该部分的重点包括：不论本身政治信念如何，公务员必须对在任行政长官和政府完全忠诚；在履行公职时，不得受本身党派的政治联系和政治信念所支配或影响；公务员不得以公职身份参与党派的政治活动，不得把公共资源用于党派的政治目的上；以私人身份参与党派活动时，须避免引起与公职身份有实际、观感上或潜在利益冲突，不会使政府尴尬等等。“政治中立”注重的是公务员须不偏不倚，不参与政治，这是没有异议的。但这不等于公务员没有义务协助政治官员从事政治工作。以香港的实际情况而言，所谓“政治工作”至少包括以下四方面：游说立法会和区议会；联系有关政策的利益相关者，包括政党、利益团体、反对人士、专业界别等等；联系传媒；关注、分析和使用新媒体和网上媒体。无论是向立法会和区议会解释政策，或者联系传媒和社会各界人士，这些工作从回归以前都是一直存在的。事实上，政府内部就以上每一方面都配备大量的公务员，包括民政事务处（主要处理地区工作）、新闻处（总部和派到各单位的新闻主任、局长的新闻秘书）、行政署（统筹立法会事务）等等。因此，如果说公务员不懂做或不做政治工作，实在是个迷思。这个迷思让政治官员和公务员产生不必要的隔阂，彼此重分工轻合作。香港近年政治内耗严重，虽然特区政府比过去花更多时间进行公众咨询，但却陷入“越咨询越没有共识”的困局。〔1〕加强政治官员和公务员的紧密合作，实在刻不容缓。此外，“政治中立”不能脱离香港的具体政治地位去理解。香港已经从“殖民地”转变为“特别行政区”，正如上述“政治中立”原则的第一条：公务员必须对在任行政长官和特区政府忠诚。因此，虽然公务员不用宣誓和拥护基本法，但他们必须在支持“一国两制”和“基本法”的前提下去坚持“政治中立”原则；而支持政治委任官员并参与“政治工作”应该被视为支持特区政府依法施政的重要组成部分。

其二，与公务员的从属关系。扩大政治委任制度推出后，公务员的反应比较负面。政府为安抚公务员的负面情绪，表明公务员不隶属副局长和政治助理，而只向其公务员上级（以常务秘书长为首）负责。公务员是以“伙伴合作精神”的态度与副局长和政治助理共事。这个规定是参照外国的政治委任制度作出的。英国和新加坡也有类似的规定。问题是，在拥有成熟的政党政治和大量政治人才的国家，执政党上台后，政治官员可以而且有能力带一批有关的专家顾问进入政府工作。香港是个地方政府，政党政治不发达，政治人才不足；在可见未来都不会有“执政党”出现。在公务员人手和经验都充足的情况下，他们不隶属副局长和政治助理的规定并不合理。在新制度下，副局长在局长缺勤时会署任局长一职，领导以常任秘书长为首的公务员同事。然而，现行规定公务员不隶属于副局长，但后者署任局长时却可以领导局内所有同事，制度设计并不合理，也无助副局长熟悉局内的工作。笔者建议撤销《公务员守则》内公务员不隶属副局长和政治助理的规定，让公务员与副局长和政治助理能够真正在一个团队内合作无间，应付繁重的政治工作。

六、总结

香港是中央人民政府之下的“特别行政区”，实行“行政主导”的政治体制。政治官员与公务员的关系，作为行政机关内部的关系，应该提升到促进“行政主

---

〔1〕 何建宗：《香港咨询模式新探索——以“可持续发展委员会”模式为例》，《港澳研究》2014年第3期。

导”的高度去理解。一般对于“行政主导”的讨论，都从基本法立法原意和当年起草时的考虑去阐述行政机关与立法机关的关系。然而，“行政主导”除了是个法律问题，也是个实际的政治问题。没有一个强大的、高效的、有魄力的行政机关和管治班子，“行政”是很难“主导”起来的。而良好的、合作无间的政治官员与公务员关系，是构建一个强大的行政机关的先决条件之一。

其次，根据《基本法》第48条，各主要官员由行政长官报请中央人民政府任免。虽然副局长和政治助理并非主要官员，但他们是管治班子“政治团队”的一部分，副局长更会在局长缺勤时代理其职责。因此，公务员对所有政治官员（包括司局长、副局长和政治助理）的全力支持对维持特区行政主导的体制十分重要，也是应有之义。

最后，香港公务员应该为普选的到来作出准备。香港公务员的“核心价值”，包括所谓“政治中立”，是在殖民地时期社会相对封闭、政治制度不开放和精英阶层（包括公务员本身）主导决策过程的环境下出现的。这套价值观还跟港英政府一直坚持的施政方针有密切关系，包括积极不干预、低福利社会、缺乏对经济产业和社会发展的长远规划等等。因此，近年不少公务员对于三方面的转变未能完全适应：一是需要面对不同的反对声音并解释政策、争取支持；二是对于政府施政方向和理念的改变；三是与背景不同的政治委任官员共事及被其领导。

然而，上述三方面是一个迈向普选的社会必然会出现的。在香港根据基本法规定迈向普选之前夕，公务员队伍应该与时俱进，了解“政治化”已经是不可逆转的趋势，并更积极地支持政治委任官员的工作。

思想与学术

重思中国：国家之发生、国族之建构以及帝国之转型

——基于儒家视角的历史考察

陈　明*

[内容提要]

本文为笔者书稿之一章节，从王权与教权、国家与社会的互动关系讨论中国国家建构和国族建构的历史进程。文章认为，秦灭六国建立起中国的帝国形态，在郡县制的制度框架内采取“以法为教以吏为师”的政策，进行社会整合和文化整合，因实施成本过高，二世而亡。汉武帝与董仲舒合作，通过吸纳儒家王道思想实现了与社会的良性互动，确立了仁、孝的主流文化价值系统，从而以文治武功奠定了中国国家的基本格局，成就了世界规模最大的汉族族群。

[关键词]

王道　霸道　国家建构　国族建构　秦始皇—李斯　汉武帝—董仲舒

* 陈明，首都师范大学哲学系教授，《原道》辑刊主编、原道书院山长。本文为作者系列研究的上篇。

重思中国，不仅要从现代性诉求和所谓普世价值的应然出发，也要从历史脉络和现实条件的实然出发，对自己所面对的问题和需要做一个轻重缓急的价值排序，对其所欲所求的可操作性做一冷静的反思把握。这样一种所谓政治判断，对于世纪转换中的中国及中国思想界来说乃是不可省略的前提性的功课。近代以来我们对于未来生活世界的想象和筹划一直都被各种外来思潮支配着，现在看来，无论左派的革命叙事还是右派的启蒙规划，提供给我们的都不过是某种“幻觉之呈现”。[1] 在各种弊端已经充分暴露或可以清楚预判的时候，回到经验事实和感受，在历史文化的脉络里再出发，也许是具有某种必然性的替代选择，因为那些意识形态正是在对这一传统的否定中粉墨登场，而事实上只有在我们内心目标的参照下，一切话语叙事才能获得其价值彰显和意义定位。

本文即对儒家及其思想与中国政治和社会的历史关系做一简单勾勒。它不是要以地方知识反对普世价值，也不是要为儒家争夺话语权，而是为了通过对中国国家建构和国族建构的历史过程的考察，认识它的内在结构和机制，进而从一个国家民族的自我发展（而不是某种价值理念之实现）及其约束条件的角度理解和处理古老帝国之现代转型这个从近代开始至今仍在艰难进行中的问题。

一个古老民族复兴的伟大事业本就应该在给万千生民带来福祉的同时，也给人类思想带来学术知识的丰富和思考范式的更新。[2]

一、君统的确立：分封制与政治国家的成型

“国之大事，在祀与戎。”（《左传·成公十三年》）

祀者，祭祀，是一种基于信仰的宗教活动，由此形成的权威、权力或权力关系

---

〔1〕 剑桥学派的领军人物邓恩认为，政治判断位于政治理论的核心。参见［英］保罗·皮尔逊：《时间中的政治》，黎汉基译，江苏人民出版社2014年版，“译者的话”。

〔2〕 著名人类学家张光直教授写道：“我相信中国研究能在社会科学上做重大的一般性的贡献，因为它有传统的二十四史和近年来逐渐累积的史前史这一笔庞大本钱。”见张光直：《中国青铜时代》，中国社会科学出版社1999年版，第484页。

叫作教权。权力的拥有者，在祖先崇拜〔1〕为主体的中国古代，常常为“家长”“族长”。它的依托是社会内部固有的组织系统，目的也是凝聚社会。〔2〕一般来说这是一种同意权力，或者说权威；比较稳定，并且（在早期）具有笼罩性。

戎者，战争，是一种基于武装力量的军事行为，旨在获得安全及资源等；由此形成的权威、权力或权力关系可以谓之军权。这是一种处于安全需要而产生形成的次生的权力系统，拥有者一般是具有统率能力的人。虽然军事首领常常为家长、族长兼任，但该角色所象征和代表的意义与逻辑与家长、族长之所象征和代表者大不相同。〔3〕由于这种权力以实力为基础且带有强制性和扩张性，因此不仅内部结构关系变动不居，而且整体上其对所赖以产生的社会固有组织系统具有异化或反噬趋势，即由初始时臣属于教权（族长或父权）而渐次觊觎直至控制教权。〔4〕

权力的重组必然导致制度的重组，最高权位一旦易手，新的君权（军权）与教权乃至整个社会的关系亦将重组。所谓与社会脱离的公共权力，常常就是以这样一种军事权力的扩展为基础和表现形式的。〔5〕以军权为基础的新的君权之支配地位的确立，意味着国家和社会之分离的开始，而这也必然表现为君权对教权乃至整个社会进行掌控的努力及过程。〔6〕因此，某种意义上，君权与教权的关系又可以从国家与社会的关系的角度去理解考察，譬如秦始皇、汉武帝关乎儒教的种种决策。这

〔1〕 作为儒教的基础和来源，可以叫作儒教的初级形态。笔者将另文讨论，兹不赘。

〔2〕 涂尔干关于宗教的著名观点就是，宗教是社会集体生活的产物，信仰和仪式又加强了集体生活的联系并发挥维持社会秩序的功能。

〔3〕 虽然人类学家注意到早期社会“巫君合一”是普遍现象，但从权力本身来说“教权”和“君权”的属性是很不一样的。简言之，教权是依托于观念系统的社会权力，或者说是一种具有神圣性的“同意权力”，君权则与政治性组织系统相关，是世俗性的，强制性特征较强；因为跟传统联系在一起，教权比较稳定或保守，君权则因其权力的构成基础军事力量具有开放性，所以常常表现出某种腐蚀性、颠覆性。

〔4〕 考古学家发现在石家河末期就存在“神权与政权互斗的情形”。见郭立新：《解读邓家湾》，《江汉考古》2009 年第 3 期，转引自郭静云：《夏商周——从神话到史实》，上海古籍出版社 2013 年版，第 185 页。另，罗素的《权力论》（商务印书馆 2012 年版）对教权、王权有讨论，可参考。

〔5〕 古罗马执政官的权力就是由军事权力渐渐向司法、行政领域僭越侵扩而来，有民主制度也不足以制约。

〔6〕 安全的提供、国家的护卫、社会压迫（以获取利益），这几种功能形式中，后两种就意味着“颠覆”的可能与实现。犹太社会由于政权或王权因外部力量入侵被摧毁削弱，所以教权独大。教的发展与王权与教权的特殊关系类型有内在关系。这是与此相关的另一个问题，兹不赘。

样一种"祀"（教）与"戎"（政）——"宗统"与"君统"——"社会"与"国家"的疏通勾勒当然是一种逻辑拟构，其前后递嬗转换中存在很多的调整改变。但是，将其视为韦伯意义上的理想型（Ideal - Typical Analysis）来作为处理分析经验的参照应该是可以成立的。本文即拟以"（教权高于君权的）政教合一——政教分离——（君权高于教权的）政教重组"为节点对早期社会经西周、东周至秦及汉的政治图景做出阶段划分和特征把握，看逻辑和历史是否能够符节契合，看我们对有关问题的认知和解决是否能够获得深化和启示。世纪智者罗素断定，"在社会科学上权力是基本概念，犹如物理学上能是基本概念一样"；并把"教权和王权"视为"最重要的两种传统权力"。〔1〕下面即如此这般地将"教权"与"君权"方法论化，〔2〕在与历史进程和文献经验的结合中检验论证。

首先是"教权高于君权的政教合一"阶段。《史记·五帝本纪》说舜之所居，"一年而所居成聚，二年成邑，三年成都"，用于歌颂其德化速率或许稍嫌夸张，但内含的"聚——邑——都"的发展序列却透露出古代城市形成的历史信息。"聚"是小规模的定居之地；"邑"与"都"，"有宗庙先君之主曰都，无曰邑。邑曰筑，都曰城"。从《左传·庄公二十八年》孔疏看，聚落是自然形成的村落；邑则发展出类似城墙之类的建筑；都则在城墙之内建有宗庙，已经带有族群总部或系统中心的意义。正因为血缘组织构成社会内在结构枝干，于是"将营宫室，宗庙为先"（《礼记·曲礼》）。明代北京城也是按照《周礼·考工记》"左宗右社"的规制，紫禁城的左边是宗庙，右边是社稷坛。夏商周的王朝国家，则可以视为以"都"为中心的国家形态的规模化、系统化，或者说是一群结构同质性程度很高的

---

〔1〕［英］罗素：《权力论》，第438页。罗素的王权作为一种与教权相区别的基于军事实力的行政权力，在本文中主要用君权表示。原因是，在中国历史上，王权并不意味着一种基于军事实力的行政力量；基于军事实力的行政力量崛起后，其名称是皇帝。在儒家的论述里，王被诠释为一种贯通天地人的领袖人格，具有政教合一的色彩。这显然是基于上古巫君合一的历史传统。罗素曾说中国似乎是一切规则的例外，其教权王权使用即须有所拿捏。严格地讲，国内学术界在使用这一概念时基本都未曾加以深入反思和厘清。

〔2〕恩格斯的《家庭、私有制与国家的起源》中的"血缘"与"地缘"就具有方法论的意义。但这一视角偏于社会学，用更具政治学色彩的"宗统"与"君统"作为方法论，至少作为一种补充是十分有意义的。因为两组概念间显然存在某种对应关系，后者能使"血缘"与"地缘"的互动关系变得具体而有层次。

"邦国联盟"。[1] 因"宗庙先君"而成为区别于聚邑的"都"，可见"教"（宗教信仰及其相应的组织系统）对于当时社会的重要性。而"先君"二字又说明这个"教"主要是祖先崇拜。"有什么样的宗教神灵，于是就相应地形成什么样的宗教权力。"[2] 显然，这时的"教权"是一种父权。从考古学角度看，这已经可以视为文明的起源，标示着某文明当时达到的高度。但从政治学角度看，这时的政治尚属于社会政治，与国家还不是一回事，与今天的中国更谈不上什么政治意义上的联系。[3] 当然，将其视为朝向这一方向演进的某种元素之数量积累也是可以的。

中国文化中的父权在距今四千年的齐家文化时期就已经产生。这是宗法制的基础或起点。"绝对等级社会，一个首脑或拥有最高权力之首脑被认为是无可争议的最高等级，而对于所有其他等级的宗族，则都按其与他的距离加以度量。在意识形态上，通常是按照他从该集团的最早祖先，也许甚至是神那里继承下来的血统来表达这一点。这样，一种特别的制度就出现了：一个仪式中心奉献给宗教，受首脑的宗族所支配。从这个集权化制度迈向国家仅仅有一步之遥。"[4] 这一描述既适合共同体内部父权到君权的生成，也适合部落联盟向王朝国家的演变。至少在中国，如果以秦汉帝国为中国国家形态发育之完成的话，那么它至少是分这么两步才完成的：首先，是共同体内部，家庭家族的家长族长之父权随着家庭家族的扩展，直至提升为"君权"；其次，是多个这样的部落或酋邦在种种力量和需要的推动下整合为联盟，并由联盟关系发展出具有等级性和支配性的新关系。在逻辑和政治学的意义上虽然仅仅只是"一步之遥"，但由胚胎成形到孕育发育直至破壳而出的历史过程却是特别地曲折而漫长。

---

〔1〕王震中：《中国古代国家的起源与王权的形成》，中国社会科学出版社2103年版，第383页。作者在该书中建立了一个"大体平等的农耕聚落——中心聚落——都邑邦国"的古代国家发展三段论，并对各阶段的社会、政治和经济、军事的内涵结构做了阐述，可以参考。考古学家许宏则在《最早的中国》（科学出版社2009年版）把"邦国、王国与帝国"视为早期文明发展的三大台阶。

〔2〕李向平：《王权与神权》，辽宁教育出版社1991年版，第14页。

〔3〕寻找国家起点的文明史意义是不言而喻的。但本文关注的不是一般性国家的发生学起点，不是对作为文明标志甚至其同义词之国家遗迹进行考古学研究，而是对自身所处的文明从政治史或制度史的角度对具有重要质变且具有持续影响力的事件节点进行意义分析。西方把国家的起源定于城邦即是如此。所以，商代分封制的问题，这里不做讨论。

〔4〕［美］迈克尔·曼：《社会权力的来源》第1卷，上海人民出版社2002年版，第50页。

与父权的发生须到考古遗址寻找不同，父权的成熟完善可以从文献记载找到许多的资讯。《诗经·大雅》的“公刘”和“绵”就因此而常被征引。

《公刘》的内容主要是讲农业生产，关涉政治的是“食之饮之，君之宗之”一句。毛传“为之君，为之大宗”引起后人关于宗统、君统的聚讼。笔者认为，当时应该尚不存在严格意义上的君统的问题，这里的意思应该说基业初创之后，大家在宴饮之时推举公刘为首领，赋予其比族长更多的权力，因为他是主干族群的领袖。进一步的发展，见于《绵》：

“绵绵瓜瓞。民之初生，自土沮漆。古公亶父，陶复陶穴，未有家室。古公亶父，来朝走马。率西水浒，至于岐下。爰及姜女，聿来胥宇。周原膴膴，堇荼如饴。爰始爰谋，爰契我龟。曰止曰时，筑室于兹。乃慰乃止，乃左乃右。乃疆乃理，乃宣乃亩。自西徂东，周爰执事。乃召司空，乃召司徒，俾立室家。其绳则直，缩版以载，作庙翼翼。捄之陾陾，度之薨薨。筑之登登，削屡冯冯。百堵皆兴，鼛鼓弗胜。乃立皋门，皋门有伉。乃立应门，应门将将。乃立冢土，戎丑攸行。肆不殄厥愠，亦不陨厥问。柞棫拔矣，行道兑矣。混夷駾矣，维其喙矣。虞芮质厥成，文王蹶厥生。予曰有疏附，予曰有先后，予曰有奔奏，予曰有御侮。”

这里的内容丰富了许多，主要是有契龟占卜、作宗庙、立冢土、建都城，在周原定居下来。从古公亶父关于人与土地意义关系的议论，此前的周族社会组织应该还相当程度带有游团的属性，土地的经济、军事意义还不明显。[1]现在，在“乃疆乃理”、“乃立冢土”（地缘原则的确立意味着共同体内族群变得丰富复杂）、“作庙翼翼”和“予曰有御侮”之后，已经是标准的酋邦配置了。

人类学家注意到在世界各民族的材料中几乎都曾存在过集祭司与君主于一身的人物，因而提出“巫君合一”概念。[2]这可以说是政教合一的原始形态。这一起

〔1〕《尚书·大传》载，狄人将攻，太王亶父召耆老而问焉，曰：“狄人何欲？”耆老对曰：“欲得菽粟财货。”太王亶父曰：“与之！”每与，狄人至不止。太王亶父属其耆老而问之，曰：“狄人又何欲乎？”耆老对曰：“又欲君土地。”太王亶父曰：“与之！”耆老曰：“君不为社稷乎？”太王亶父曰：“社稷所以为民也，不可以所为民亡民也！”耆老对曰：“君纵不为社稷，不为宗庙乎？”太王亶父曰：“宗庙，吾私也。不可以私害民！”遂杖策而去，逾梁山，邑岐山。周人奔而从之者三千乘，一止而成三千户之邑。

〔2〕参见弗雷泽：《金枝精要》，刘魁立编，上海文艺出版社2001年版。

点在中国主要表现在祖先崇拜基础上的父权与君权合一。由此发展出的明堂制度是主要的内容和见证。根据考古数据显示，至红山文化时期宗教祭祀之功能义逐渐被强化，因而产生专司祭祀的公共场所。《淮南子・主术训》云："昔者神农之治天下也，神不驰于胸中，智不出于四域，怀其仁诚之心。甘雨时降，五谷蕃植，春生夏长，秋收冬藏。月省时考，岁终献功，以时尝谷，祀于明堂。"《艺文类聚》引蔡邕《月令论》谓："明堂者，天子太庙也。所以宗祀而配上帝，明天地统万物也。"可见当时政教合一，且教权居于主导性地位。"天子"的称号就既说明了这一权力的宗教性，也说明其父权性。到"左宗右社"，"办公厅"就"居中"，且有了"社"（意味着地缘原则）的引入。

从内部讲，专司祭祀，说明内部组织化程度提高。宫庙合一，说明社会事务增多，庙作为具有神圣性和权威性的公共平台，自然而然地成为处理公共事务的场所。而宫庙分离，则可以从两个方面解读：一是随着社会的复杂化，庙这一公共平台已不足以承担或完成公共事务的处理；另一种情况则是，系统内部的权力结构关系发生了改变，即已经出现了新的组织和权力中心。显然，先周的"君之宗之"，"君"的意义是从属性的，是族长权力的扩展，即是因为其身为族长（宗之大者）而兼具政治首领的地位拥有"王权"。《史记・孝武本纪》也有"天子从封禅还，坐明堂"。《白虎通・辟雍篇》如此总结："天子立明堂者，所以通神灵，感天地，正四时，出教化，宗有德，重有道，显有能，褒有行者也。"这说明后来的明堂，功用已经从行政主体退出，而近于礼仪活动场所了，但古代政治的痕迹仍依稀可辨。明堂作为专门职司有关政治活动场所的时代，主要是周朝。换言之，周公制定的礼乐制度是政教合一的政治制度。

武王伐纣、周公东征取得巨大军事成功，带来整个华夏社会组织关系的革命性改变。"八百诸侯会孟津"是战争胜利的基础，而战争胜利之后封侯建国的政治、军事安排，建立了垂直型的支配性制度架构，王朝政治的基础由此奠定。《说苑》载，武王克殷，召太公而问曰："殷之士众，奈何处之?"太公对曰："臣闻，爱其人者，兼屋上之乌，憎其人者，恶其余胥。咸刈厥敌，使靡有余，何如?"王曰："不可。"太公出，邵公入，王曰："为之奈何?"邵公对曰："有罪者杀之，无罪者活之，何如?"王曰："不可!"邵公出，周公入，王曰："为之奈何?"周公曰：

“使各居其宅，田其田，无变旧新，惟仁是亲。贵族有过，在纣一人。”武王曰：“广大乎，平天下矣！凡所以贵士君子者，以其仁而有德也。”

军事是社会复杂化的触媒或节点。极端的学者甚至认为“国家一成不变地是在战争中组织起来的”，“国家开端在本质上完全是，而且在其存在的第一阶段完全是一种社会制度，是胜利的男人集团强加于战败集团的，唯一的目的在于调节胜利集团对被征服者的统治，并确保它本身能抵御内部的造反和外来的攻击”。[1]只是这种目的可以通过“仁而有德”的方式温和实现，宗统与君统共生与分离过程的长期性及其意义足以支撑起一个可以媲美亚细亚生产方式的亚细亚政治方式的概念，因为相对从城邦走出来的西方政治学者来说这实在有点难以想象。[2]

儒家版本的分封制起源突出德性因素。实际情况远为复杂。牧野之战后，武王进入商都，分商的畿内为邶、鄘、卫三国，以邶封纣子禄父（即武庚），鄘、卫则由武王之弟管叔鲜、蔡叔度分别管理，合称三监（一说管叔监卫、蔡叔监鄘、霍叔监邶，以监视武庚）。随后派兵征伐尚未臣服的商朝诸侯，据记载征服者有99国，臣服652国。武王四年（约前1066），武王灭商后，还师西归，在他新迁的都邑镐京（即宗周，今陕西西安西北沣水东）举行盛大典礼，正式宣告周朝的建立。周王朝建立后，所面临的政治形势相当严峻，武王以“小邦”之君统治如此大的区域，担心诸侯叛乱。为了巩固政权，适应新形势的需要，武王决定按功行赏，调整统治集团的内部关系，实行以周王室为中心的分封政治制度。先后受封的功臣主要有：太公望、周公旦、召公奭等。为了控制广阔的新征服区，周初沿用商的分封制，把王族、功臣以及先代的贵族分封到各地做诸侯，建立诸侯国。先后分封的有鲁、齐、燕、卫、宋、晋、虢等71个诸侯国。

周武王这种封建其主要目的有三。一曰安抚殷民。封纣子武庚于殷，并在殷的周边，设邶、墉、卫三国，封给霍叔、管叔、蔡叔，用来监视武庚，此举明告天下，灭纣是吊民伐罪，无灭殷绝祀之意，以安抚东方的殷人。再曰兴废继绝。把焦、祝、蓟、陈、杞这些封国，封给有功德于人民的古代帝王的后裔，表示崇德报

---

[1] ［美］迈克尔·曼：《社会权力的来源》，第73页。

[2] 抓住了这一点，则亚细亚生产方式、连续性诸概念命题即可谓思过半矣！因为经济、文化的变化是渐进的潜滋暗长，而政治的发展作为变化的节点则载籍有述、易于把握。

功之意，鼓舞民心。三曰移民实边。齐、鲁、燕三国，为周在东方新的领域，这些封国为移民实边政策，而寓有区域的开发，足食足兵的用意，同时在政策的运用上，也可以说在殷民族的后方，建立了牵制的力量。〔1〕自己的王朝稳固了，新的实力人物由军权而向君权发展的可能也就大大降低。

西方人类学家提出的以内部组织关系或原则为表述重点的氏族（Clan）——宗族（Lineage）——酋邦（Chiefdom）之演进模式虽然很难说与前述物质存在形式一一对应，但从早期历史的基本相似性出发，将“都”视为国家（State）的初级形态应该大致可以成立。树大分杈。不同文明之树树大分杈或分道扬镳的关键节点应该出现在这个国家的初级形态酋邦到国家的演生过程中。〔2〕

就古代中国和古希腊文明而论，如果说古希腊的梭伦、克里斯提尼和伯利克里等是在工商经济发展的背景下进行改革，通过剪断血缘社会的脐带后进入其城邦国家的黄金时代并为西方文明奠基，那么，我们的情形则是在小邦周克大国殷的军事胜利后为适应新形势解决新问题，利用高度发展的宗法制（“宗统”）“封建亲戚，以藩屏周”，利用父子兄弟、叔伯甥舅的血缘关系，〔3〕建立起“天子——诸侯——大夫”的“君统”。分封制虽然是以“分”为形式，以“封”为内容，其目的和效果却是“统”、是“整合”，是为了将原来属于自下而上（由聚而邑，由邑而都的邦国）形成的松散联盟，〔4〕在新的土地范围基础上整合为一个整体。而之所以要在父子兄弟甥舅叔伯的亲属关系的宗统之外，另立“天子——诸侯——大夫”的政治性君统，是因为那个原有的宗统本身无法对一个边界突然间无限扩大的政治空间实现有效整合和治理，而必须引入新的组织原则和运作逻辑。基于血缘和婚姻的“亲”和“戚”总是有限的，基于政治组织的职位或爵位却可以无限。虽然当时依托于宗统建立起来的君统架构相对于郡县制的秦帝国显得松散（由于用于保障政治组织之效率的各种资源十分匮乏，“诸侯或朝或否，天子不能制”），

---

〔1〕 参见历史春秋网，http：//www. lishichunqiu. com/history/65. html。

〔2〕 参见沈长云、张渭莲：《中国古代国家起源与形成研究》，第三章，人民出版社2009年版。

〔3〕 《礼记·曲礼》：“天子同姓，谓之伯父；异姓，谓之伯舅。”

〔4〕 《五帝本纪》载尧“明俊德，亲九族，便章百姓，和合万国”；舜，举来自不同部族的八元八恺，“揆百事，布五教，内平外成”。可知作为受拥戴的共主，他们把联盟维持得很好，但谈不上基本的制度创新。同样，武王伐纣时会于孟津的八百诸侯，也只能作前分封时代的部落联盟解。

但相对于五帝时代的部落或邦国联盟，结构关系的性质已经有了根本性改变。它终结了此前相对更为松散的“邦国联盟”时代，强化了“中央和地方”的联系。〔1〕从影响效果来说，它是我们后来历史的直系正宗。八百年的王国〔2〕时期内，相当程度维持着宗统与君统的均衡，缔造了三代文明的黄金时代，成为儒家三代叙事的典范。〔3〕

这里想强调的是，有必要从世界史的角度，从酋邦到国家演变的重要环节，从与梭伦、克里斯提尼等改革的比较中对这一封侯建国的事件深入定位解读。

宗法制度主要是家族内部的继承制度、祭祀制度、婚配制度等，其组织的功能也主要属于社会性质，而与政治制度相区别。它是以亲亲为最高原则，以区分嫡庶分别血缘亲疏进而决定权利财产继承分配为其核心内容。一般都习惯性地从贵族制、从“封建性”理解分封制。这不能说错。但实际上，分封制是宗统与君统的混合，君统源于宗统，但君统却不能还原为宗统。如果说宗统属于宗法制，君统则已经不再能为宗法所包裹范围和约束。虽然分封所依托的是血缘关系和原则，并相当长时段内这种关系和原则也确实发挥出效应，但是这一决策更深层的影响和意义却是“反封建”或“反血缘关系和原则”的。因为，分封制将宗法制度和原则政治化使用，就是在既有的社会结构关系之上，重新建立一套以官爵级别具有职务高低的政治制度，即以尊尊为最高原则的君统——毫无疑问，它将独立生长日益扩大直至相互间争城以战，产生出新的帝国。宗统序列，按先天的辈分大小，以情为原则；君统序列，按后天的爵位高低，以义为原则。日本学者伊藤道治注意到：“成王以后的周统治集团内部出现了不同性质，在这里新出现了以王权为顶点的命令权。……出现了有权势的贵族把王臣变成私臣的倾向。”〔4〕指的显然就是君统机

〔1〕 商周分封制的一大不同之处就是，“商代诸侯对商王朝的依附较弱，而西周的诸侯较强”。李雪山：《商代分封制度研究》，中国社会科学出版社2004年版，第313页。

〔2〕 日知主编的《古代城邦史研究》（人民出版社1989年版）从城邦角度理解中国春秋战国时代的诸侯国，虽然对所谓五阶段论有超越，意义重大，但在世界史的学科视野里求同之心稍显急切，而忽视了其与希腊罗马城邦的差异性。

〔3〕 这样说，一方面是因为孔子在《论语·八佾》说：“周鉴于二代，郁郁乎文哉，吾从周！”另一方面则是柳宗元在《封建论》说：“尧舜禹汤之事远矣，及有周而甚详。”

〔4〕 伊藤道治：《中国古代王朝的形成——以出土资料为主的殷周史研究》，中华书局2002年版，第126页。

制的萌芽与显现。它显然是以分封制为制度或政治基础。

对这一分封行为作为事件来解读比作为制度来解读更有助于彰显其意义，因为作为制度不过是将土地和人民分封给自己亲戚的公事例行（论者指出商代已有分封制出现），而作为事件对待，我们将看到这一由周公主持的基于血缘组织基础的制度安排，因其所内在包含的政治元素和意图，〔1〕因其孳乳出许多新的政治共同体，形成其独立的利益诉求和利益目标，进而形成自行其是的运行逻辑，直至走向对宗法血缘组织及其关系的替代。换言之，分封制在先天的、网状互动的“宗统”（这是贵族制的特点）之外确立了这一垂直单向的“君统”（这是官僚制的本质），形成了有周一代“宗统”与“君统”二元并存的制度结构。〔2〕做一个这样的转换也许有助于理解：如果把郡县制理解成王者挑选和任命地方官吏，并定期予以考核、升降或更换，那么，武王—周公为藩屏周而封建亲戚则是挑选了自己的亲戚去镇守诸战略要地。只是因为他们之间存在一种亲缘的关系（宗统），同时相互间存在较多共同利益，王权没有必要也很难对诸侯进行考核更换或收税调兵，进行深度管理干预。再后来，局势演变，宗统影响力日衰，周室的权力基础如土地资源等日益枯竭，诸侯的特殊利益日益凸显，君统的组织和原则在政治领域日益通行，周天子在君统这一组织系统顶端的位置上的意义也就越来越形式大于内容，到春秋时代实际发挥影响调度作用的便渐渐转换为齐桓晋文之类的地方实力派。“诸侯之盛强，末大不掉”（柳宗元《封建论》），这样去理解难道不同样可通甚至更加准确符合事实？

就当时情形而论，正是这一超越宗统之君统组织系统和原则的引入——君统的范围显然比宗统要大，并且其边界是开放的，〔3〕才使得武王伐纣和周公东征的胜

---

〔1〕 政治活动和政治制度中的血缘宗法元素已经被足够重视和强调，并上升到中国历史文化基本特征的高度或程度，但是，血缘宗法制度及其相关事件中的政治元素却常常被忽略，其实它们也是非常重要的，因为它们不仅有未来的巨大发展可能，而且表征着问题本身的政治属性，即政治的问题、政治的行为、政治的理念已经出现。当农具被当作兵器使用时，我们就应该从军事的角度对其定位评估。

〔2〕 当然，这种二元并存从同一制度具有二层属性去理解要更加准确，因为是两种元素与逻辑内在包含于一体，而并不存在分离的两套人马。李峰有“西周国家的二分结构”之说，但所述指的是“新征服的、由诸侯权威所控制的东方与陕西中部渭河流域及洛阳周围小范围区域内由周王室直接实施行政控制的西部之间的划分”。参见李峰：《西周的政体》，北京三联书店 2010 年版，第 47 页。

〔3〕 “先王知独治之不能久也，故与人共治之”。曹炯《六代论》提到的“独治”概念很有意思，但“独治”在当时实际首先存在一个是否可能的问题，然后才是其能不能“久”的问题。

利成果得到消化巩固（所谓历史的必然性者在是），[1] 才开创出一种前所未有的政治新格局。因其成功，在儒家的三代叙事里最受称道。[2] 因其衰落，圣人痛心疾首。但必须指出，成也分封，败也分封，二者间的这一辩证关系似乎还没有得到学界的重视。正是二者间的鼓摩相荡，或互相补充激发，或互相颉颃折冲，许多的历史事件及尔后历史演变都与此有关或植根于此。“通过亲族组织对成千上万的‘邑’进行分层的编排和控制”的西周王室日趋疲弱，在春秋五霸、战国七雄之后最后由秦汉帝国改朝换代的原因是复杂的，但由此却不难一窥端倪。这一切在制度学意义上表现为“宗统”与“君统”的此消彼长，并且最终以“君统”对“宗统”的替代，迎来秦汉帝国的诞生。[3] 很难说多大程度上可以将“宗统”与封建制对应、“君统”与郡县制对应，可以断定的是，作为一个政治决策和行为的“封建亲戚”已经多少将基于政治组织的政治（与基于社会组织的政治相对）带入历史，而中国的国家规模、文化价值都由此奠定发端。

就像殷周之变的意义被过于放大了一样，周秦之变的断裂性也似乎是学界不言而喻的共识。[4] 其实，二者间某种制度连续性的存在也是真实的，并应予足够重视。从这样一个顺承的视角考察中国国家建构的问题，可以对“封建亲戚，以藩屏周”这一重大军事政治事件获得新的意义理解。[5]

---

〔1〕用郭静云教授的话来说，“在当时的时空背景下只有选择这种开放的制度，才能建立范围如此广阔的国家”。不过，郭教授说的是殷商，她不仅把殷商视为“最早的帝国”“集权大国”，而且认为“汉朝帝国能够完成中央集权的制度，实始于殷商”。见郭静云：《夏商周——从神话到史实》，第184页和第2页。

〔2〕儒家以成周郅治为理想范本，甚至可以说整个儒家思想的基本论述就是以当时二者的良性互动所缔造的辉煌为基础建立起来的。从《礼记·乐记》的“礼乐刑政，四达而不悖，则王道备矣”可知，王道的理想制度模式就是礼乐的仁爱的价值原则与刑政的治理效率的有机结合。另外也许需要说明的是，由于主题是国家建构，所以本文落笔重点主要在一些制度变迁的节点，因而显得抽象甚至有点目的论意味，但实际上我认为过程才是真正重要的，因为对生活和生命来说那才是历史的主要内容构成，而所谓的节点只是影响文化与人生的一种外部因素。

〔3〕吕思勉说“谓秦人行郡县，不如谓秦人之废封建之为得当也”。见吕思勉：《中国制度史》，上海教育出版社1985年版，第434页。

〔4〕这跟儒家对集权政治的批判态度以及由此形成的历史叙事有很大关系。

〔5〕郭静云教授注意到了殷周、周秦递嬗转换中的某种制度的内在联系。但笔者认为这种连续性应该从周公东征及“封建亲戚以藩屏周”的二元属性及其结果寻找，终殷商一朝没有可与此相提并论的重大事件。

王国维的“殷周制度论”对礼乐文化的理解，偏于“宗统”之归纳及其文化意义阐释，而对由此确立的“君统”之政治影响和意义则没有稍作拈示。也许主持东征以及战后分封并制礼作乐的周公自己也没有意识到这点，而仅仅想到利用宗法关系建立政治架构，成本低而合理、合情。〔1〕从《大雅·文王》“文王孙子，本支百世”表现出的乐观情绪看，“早期周人认为以大宗为中心的血缘组织的一体性关系不会随世代而疏远”。〔2〕在此基础上儒家形成的阐释和演绎，强调的是其基于血缘情感的仁爱价值以及对于生命存在的关注，〔3〕其作为范导的意义是永恒的，并不因政治的变迁而光辉稍损。但从现实来说，历史进程有它丛林属性的一面，而利用依托血缘组织系统对社会进行整合组织，虽然其中渗透的仁爱亲情具有崇高的价值光辉，但“君子之泽五世而斩”的封闭性、递减性和“非我族类其心必异”的狭隘性、排他性所决定的政治整合能力和范围上的局限性以及行政运作和应急动员上的低效性，与历史发展的趋势显然是存在紧张的。〔4〕

从权力和制度的角度说，祀与戎的后面分别是宗统和君统，反过来说宗统和君统的后面分别是教权与军权也同样成立。虽然二者长时期混合一起，但作为两种权力，二者实际存在本质性冲突：教权倾向对既有秩序格局的肯定，而军权则倾向对既有秩序格局的改变；早期，军权只是教权的工具，而作为工具的军权迟早要在新的秩序格局中占据顶端，使一切臣服于自己，因为军权倾向于不断增长，而教权失去军权则必然下降。分封制同样可以如是观，表面似乎是血缘组织及其原则的放大强化，但实际却因跨入了政治的领域或说超出了量变质变的关节点，使军权获得了独立发展的广阔空间。西周二者和谐统一；春秋战国，军权上升，教权下降，分离

〔1〕柳宗元《封建论》说“封建非圣人意”，强调“势”与合理性，其实从与太公、邵公的比较可以看出，周公的“仁爱”之意也具有相当影响作用。

〔2〕参见管东贵：《从宗法封建制到皇帝郡县制的演变》，中华书局2010年版，第161页。

〔3〕康有为《中庸注》：“孔子曰：‘天地者生之本也，祖宗者类之本也。’故乾为吾父，坤为吾母，人身特天之分气耳。思生之本而报天，于是有郊社之礼。则对越之时，凡众生繁殖，皆吾同气也，必思仁而爱之，使一民一物得其所焉。思类之本而报祖父，于是有宗庙禘尝之礼。则陟降之时，凡种族庶支，皆吾同体也，必思亲而爱之，使同宗同姓有欢心焉。……一切礼义皆由此出，学者宜尽心焉。”

〔4〕因此，对于儒家思想本身来说这些方面也是需要扬弃超越予以补强的。孔子以仁释礼、以生德释天意义在这里，柳宗元、王夫之等肯定郡县制的理由也应从这里寻找。

亦告开始，直至军权取代教权成为社会最高支配力量，并导致整体的政治、社会变迁。从政治学或制度史角度讲，这也叫作中国的国家其政治肉身从社会分离并确立自己的过程。

二、汉人：霸王道杂之与国族的成型

接着进入政教分离阶段。如此勾画其逻辑环节应该虽不中亦不远：政治（君统）的系统之建立；二者矛盾合作关系随着利益分化、力量对比改变导致教权地位的下降；崛起的王权实现对教权的控制。与“执玉帛者万国”到“八百诸侯会涂山”再到战国七雄这一“诸侯力征”的过程相对应的政治变化是“教权”与“政权”的分离。如果说《左传·襄公二十六年》的“政由宁氏，祭则寡人”是直接证据，那么“三家者以雍彻”以及“八佾舞于庭”等则是细节说明了。欧阳修说的“治出于二”就是政治权力由军权控制支配，与礼乐教化相对应的教权则退出政治中心。论者指出：“祭祀在春秋社会的政治生活中依然扮演着非常重要的角色，依然为政治家们所重视。但祭祀在人们心目中的地位已大不如前，祭祀这种制度在春秋时期已丧失了昔日的威严和威仪，无可奈何地走向了没落。随着祭祀政治功能的逐渐淡化，祭祀也日渐由政治中心滑向政治的边缘，直到纯粹成为政治的摆设，并最终退出政治舞台。”[1] 从《日知录·周末风俗》可以看到，这一变化到战国时代宗法礼仪的流风余韵也已经非常稀薄：“春秋时犹尊礼重信，而七国则绝不言礼与信矣；春秋时犹宗周王，而七国则绝不言王矣；春秋时犹严祭祀重聘享，而七国则无其事矣；春秋时犹论宗姓氏族，而七国则无一言及之矣；春秋时犹宴会赋诗，而七国则不闻矣；春秋时犹有赴告策书，而七国则无有矣。”

这里反映的是诸侯国与周王室的疏离，是宗统的萎缩废弛，是君统的成长独立，预示着新强权的崛起及其相伴而来的新的组织制度架构的诞生，三家分晋就是典型案例。封侯建国战略的决策及其实施，是宗法制发展的顶峰，从逻辑上讲，也是其走向衰落的起点，因为由此建立的诸侯国具有了不同以往的新的政治特征，它

---

〔1〕 张卫中：《春秋时期的祭祀与政治传播》，《浙江大学学报（人文社会科学版）》2003年第5期。

既是宗统的一部分，构成周室的“藩屏”，同时也是君统的一部分，具有独立的利益属性。作为宗统的一部分，先天性的血缘关系是递减的；作为君统的一部分，但天子又没有足够的实力和资源对其约束羁縻，所以，诸侯朝向具有独立政治、经济以及军事利益和目标的政治实体发展演变乃是必然的。如果说在早期周室还多少能够主导，〔1〕总的趋势却是在博弈冲突中步步退守，直至反转。〔2〕李斯说“后属疏远”是封建制解体的原因。实际利益出现分化、实力产生落差才是要害所在。它们使得诸侯的行为越来越变得自利、独立而非服从、合作，〔3〕而各个国家在这种趋势中也只能在走向衰落和走向霸权之间纠结选择。《淮南子·齐俗训》载：“昔太公望、周公旦受封而相见。太公问周公曰：‘何以治鲁?’周公曰：‘尊尊亲亲。’太公曰：‘鲁从此弱矣!’周公问太公曰：‘何以治齐?’太公曰：‘举贤而上功。’周公曰：‘后世必有劫杀之君!’其后齐日以大，至于霸，二十四世而田氏代之。鲁日以削，至三十二世而亡。”因此，新强权的产生是必然的。它不仅将从整体上改变原有权力结构格局，而且新的君统必然进一步实现对宗统的控制，开创出新的国家形态。历史后来的发展正是如此。〔4〕

当然，还是必须指出政教分离在历史中表现为一个漫长的过程。并且，即使政治层面的改变可以经由一次重大的军事行动实现，社会层面的改变却只能经由自下而上的内部演化才能完成。对于一个农业文明来说，这是需要以百年为周期来计量的。“上古竞于道德，中世逐于智谋，当今争于力气。”《韩非子·五蠹》的概括不仅说明了三个历史阶段权力的类型，还说出了它们的演变。将“教权”与“军权”带入这个叙述实际是可以互相印证、互相丰富并且给人启发良多的。

真正的分水岭应该是周秦之际。考古学家注意到，“二里头至西周时代……宫

---

〔1〕西周时期，各方利益交集较多，周室拥有的资源相对充足，如用于赏赐的土地，诸侯的实力发展程度有限。

〔2〕国际关系的现实主义理论或者将权力竞争，或者将安全寻求最大化作为理性国家的行为驱动力。这是人性或国家行为理性化的必然选择。

〔3〕顾炎武《日知录·郡县论》说“封建之失，其专在下，郡县之失，其专在上”，“其专在下”，使得独立王国的倾向不可避免。

〔4〕当然，不行封建更不可能，东征的军事成果当时就无法消化，任何制度都存在有效期限制。

庙合一，以庙为主；春秋战国时代至秦汉时代……宫庙分离，以宫为主”。〔1〕《新唐书·礼乐志》可进一步补充：“由三代而上，治出于一，而礼乐达于天下。由三代而下，治出于二，而礼乐为虚名。”所谓“出于二”就是说政治权力由君权支配，而与礼乐教化相对应的教权则退出了政治中心。这是理解明堂制度及其变迁的宏观背景，也是我们理解政教合一及其分离的基本依据。秦灭六国，秦王政号为始皇，是因为其军事上的成功，即因为拥有君权而获得神权。从“教权”与“军权”的角度说，这既是春秋战国以来政教分离的完成，也是君权（军权）获得绝对支配地位后改组社会、确立新型政教关系结构的起点。秦始皇—李斯方案的出发点是新帝国的稳定与长治久安。跟“书同文”“车同轨”相应的“行同伦”等同质性建设是必要的，并取得了巨大成功。〔2〕如果说出于帝国政治稳定的需要尽快完成对六国的整合是正当的，这种整合从政治社会学的角度看主要集中在思想文化的整合上，那么可以说它的难度是非常非常高的，而秦始皇—李斯方案的目标是对社会的全面改造，其手段则是十分强硬高压的“以法为教，以吏为师”。

某种程度上可以说这主要乃是将孝公时商鞅在秦国曾经实施的“变法”在六国故地加以实行。〔3〕当年秦国这样做，一是秦国地处西陲异于中原（故阻力不大），二是当时变法目的是强兵富国取威定霸（故可以由此获得超高的战争回报）。但是，六国的情况与此完全不同。它们不仅利益不同而且文化上十分自信自豪，对秦“夷狄视之”，同时，这样的改革如焚书坑儒〔4〕除开导致因政治压迫、文化羞辱和情感伤害而起的愤怒，〔5〕没有任何收益。因此，这一切努力遭到拒斥和不合作乃是自然而然的。拒斥与不合作使得秦的行政成本变得高昂，行政成本居高不下

〔1〕许宏：《最早的中国》，第13页。

〔2〕杜正胜说：“秦始皇征服六国，他确实有心要做天下人的皇帝，而不只是秦人的国王。”杜正胜：《编户齐民——传统政治社会结构之形成》，台北联经出版事业公司1991年版，第421页。

〔3〕商鞅变法主要有颁布二十等爵制、强推小家庭制、行什伍连坐法等。李斯这里新增的主要是禁私学、焚诗书。二十等爵制的深刻意义，西屿定生之外，日本学者尾形勇的《中国古代的家与国》（吉林文史出版社1993年版）也有讨论。

〔4〕指向“私学相与非法教之制”（《史记·李斯列传》），说明儒教理念与新的政治秩序存在某种紧张。

〔5〕《公羊传·僖公三十三年》：“其谓之秦何？夷狄之也。”《史记·商君列传》：“秦始戎狄之教。”秦孝公在《求贤令》里说“诸侯卑秦，丑莫大焉”，文化自卑感显然是他推动变法的重要心理动力。

就只能横征暴敛；[1] 横征暴敛则必然导致社会更多的不满和反抗。就是在这样的恶性循环中，希望二世十世万世一系的秦王朝不足百年就一命呜呼了。

贾谊《过秦论》"仁义不施而攻守之势异也"、柳宗元《封建论》"其失在政不在制"所说的，本质上都是指这样一种与社会为敌的政策方案。

随着秦始皇统一六国，君权获得了对教权的压倒性优势。但是，用皇帝信仰为自己加冕是一回事，在社会和大众实现观念意识的替代更新、建立对帝国的认同则是完全不同的另一回事。但这一点对于新生的帝国之稳定来说意义重大，不仅是国家认同、思想统一的同质性建设课题，也是意识形态矛盾之化解的问题。当时的对抗十分紧张，"儒以文乱法"，是民间反应。在官方，对立情绪同样存在："秦始皇者，秦始于皇也——秦人是太阳神的子孙。"[2] 皇、帝的信仰与太阳崇拜联系密切（皇、帝均"本义为日"），不仅是东方的，[3] 也是原始的——相对于抽象且已经由周公、孔子高度人文化的天神信仰，显然是一种"倒退"。这种"倒退"隐含着"文明冲突"的信息。[4] 相对于当年孝公"诸侯卑秦"的自惭形秽，今天的秦始皇显得豪气干云。所以，在李斯指责儒生"道古以害今，饰虚言以乱实"后，他马上选择了李斯"以法为教，以吏为师"方案，决定"焚书坑儒"。

实际这里的"文明冲突"还有一个严肃的政治学或政治哲学蕴含。从王权与

---

〔1〕《史记·李斯列传》："法令诛罚日益刻深，……赋敛愈重、戍徭无已。""督责益严，税民深者为明吏；刑者相半于道，而死人日成积于市，杀人众者为忠臣。"

〔2〕与周人的天神信仰、祖先崇拜不尽相同，秦"以原始帝神崇拜为自己的民族意志"。见窦连荣、王桂均：《秦代宗教之历程——原始帝神在秦代的复归》，《宁夏社会科学》1989 年第 3 期。但是，作者据此推断，六国的心理"既然他们是太阳神的后裔……临御万民看来是天经地义了"，则显然过于乐观了。

〔3〕秦属于东方民族（参见王玉哲：《秦人的族源及迁徙路线》，《历史研究》1991 年第 3 期），这多少也可以解释秦人的太阳神信仰选择或回归。

〔4〕齐思和亦谓，"皇帝"是"天神之号"，"实与天神无异"。见齐思和：《中国史探研》，中华书局 1981 年版，第 120 页。日人白川静也认为皇帝一词"本义为天帝、天神"。见［日］白川静：《常用字解》，九州出版社 2010 年版，第 136 页。李竞恒博士在补充这两条材料的同时也表示，秦代皇帝制度的"皇帝"当已脱离其宗教语境，更多是世俗性的政治主权者身份。皇帝制度的设置，恰恰具有更多的祛魅和理性色彩，皇帝作为世俗大圣，以灭六国的功业获取政治合法性，而不是直接受命于天。我的看法是，祛魅理性乃后人的思想史观感，即便知识学上成立，也不足以抹杀当时如此使用的意义功能。而如果仅仅是以功业为合法性论证，那也就完全不必搬出秦人早期信仰来与超验世界做勾连了。

教权的关系角度看，它固然是王权所选择的新信仰与旧传统的关系冲突，但从征服者与被征服者的关系看，从帝国的建构整合看，这乃是秦人所组建的帝国“政府”与被征服的六国之旧所组成的“社会”之间的对抗博弈。也许是商鞅以来的路径依赖，也许是六国征而未服对抗意识强烈，李斯方案是基于国家社会对立预设或判断（也许现实确实如此）：国家以行政力量为手段对社会进行改造，以对社会的绝对控制为政策目标。于是，君权对教权的关系，因为族群地位的改变，因为新信仰的引入，相当程度上转换成为了“文化的冲突”，并主要表现为上述国家与社会的博弈关系。《封建论》说郡县“其为制，公之大者也。……公天下之端自秦始”。这是从国家建构的角度对郡县制做出的正确结论。[1]国家建构包括制度建构和国族建构两个既相关联又有区别的两个层面。二者共同构成国家建构的基本内容，制度建构是政治性的、基础性的；国族建构是文化性的、标志性的。意大利政治家阿泽利奥曾说：“我们已经创造了意大利，下面该创造意大利人民了。”[2]由此可见，国族建构对于国家建构来说不仅是国家建构的重要内容，还是国家建构成功与否的衡量标准。

柳宗元指出秦之失“在政不在制”。汉承秦制，且“百代行之”，说明以郡县制替代封建制的国家制度建构是得到肯定的。其所失之政，即具体政策，那么它又究竟是为达到一种什么目的而制定实施的呢？——不明确目的，指控其失就不免抽象空洞。前面提到秦始皇—李斯方案以法为教、以吏为师，从统治者个人出发，是为保证自己的江山一世二世直至万世（横征暴敛是由方案选择必然衍生出的维持手段）。但由此展开的工作以及由此形成的政法律令与习俗传统之间的紧张，仅仅理解为思想专制、社会控制却并不全面足够。因为它确实甚至可以说主要是要建构某种政治同一性，即塑造认同。从整个中国国家形态的发育的视角看，将它理解为化楚人、齐人、赵人、秦人为一个具有帝国认同的秦人的国族建构的工程也是可以成立的。《睡虎地秦墓竹简》之《语书》留有以法为教的材料：“凡法律令者，以教导民，去其淫僻，除其恶俗，而使之之于为善也。”论者评点说：“就《语书》

---

〔1〕“元元黎民，得免于战国”，秦的统一自有其历史意义在。

〔2〕见维基百科，https：//it. wikipedia. org/wiki/Massimo_d%27Azeglio。

的内容看，其基调反映了秦统一六国实行集权统治的强烈意志。为此，要彻底清除各地在原有价值体系上存在的风俗习惯，全面施行秦的法律。"〔1〕与《礼记·王制》分封制治下的"修其教不易其俗，齐其政不易其宜"手段虽不尽相同，目标的一致性也是存在的，都是某种程度的政治整合、文化整合。差异只在，上古诸侯之间联系互动较少，因而各个政治单位自治程度较高。现在，大一统则追求"六合同风，九州共贯"。

事实上，从世界史的角度看，追求这样的目标应该说是新晋帝国正常而必要的政治行为。例如，著名的所谓罗马化（Romanization）就是旨在"消除罗马人和帝国西部行省居民之间的不同，使他们在语言、物质文化、政治情感和宗教上趋于一致"。〔2〕虽然秦始皇—李斯为实现这一目标而制定采取的政策目标过于狭隘专横，其手段过于暴虐凶残，既不符合价值理性，技术上也非常失败，但是，当我们今天审视这段历史的时候却不能因此而失去了对国族建构问题本身及其意义的关注。因此，某种程度上我们或许可以说，秦的二世而亡乃是亡于国族建构及其相关决策的错误和失败。〔3〕而汉的成功，则可以视为在帝国疆域的基础上，将王道元素加入霸道的制度结构之中，使社会与国家实现良性互动，中华帝国的基本格局于焉而定。"向使秦缓其刑罚，薄赋敛，贵仁义，贱权利，上笃厚，下智巧，变风易俗，化于海内，则世世必安矣。"《史记·平津侯主父列传》这里对秦的议论表现出的一半是期待一半是遗憾。汉武帝—董仲舒的方案正是以此为出发点和目标。于是，"霸王道杂之"构成了王权与教权的重新连接。

《汉书·元帝纪》记载宣帝对汉家制度的理解云："汉家自有制度，以霸王道

---

〔1〕［日］工藤元男：《睡虎地秦简〈日书〉所见法与习俗》，《考古与文物》1993 年第 5 期。

〔2〕参阅宋立宏：《对"罗马化"及其罗马帝国文化认同的反思》，《史林》2012 年第 4 期。但是，"罗马化这一概念承认本地人可以变成罗马人，本地人可以改变自己的生活方式，并由此改变原有的文化认同"这一点，移用于秦汉帝国时，适合于汉而不是秦。

〔3〕陈胜吴广揭竿而起被教科书诠定为农民起义，其实解释为被征服地区对帝国的反抗也可成立。有人就将其解读为六国的"复国"之战。从《过秦论》"山东豪俊遂并起而亡秦族"、《阿房宫赋》"诛秦族者秦也，非六国也"中"秦族"的用词也颇可以说明这场战争的性质。当然，这也是秦帝国之国族建构失败的间接证明。陈苏镇指出："由文化差异与冲突引起的楚人对秦政的反感，及齐、赵等地人民对楚人反秦战争的同情，是导致秦朝灭亡的重要原因。"虽然强调"秦法与楚俗"有点过头，但指出文化因素的重要性还是颇有所见。参见陈苏镇：《〈春秋〉与"汉道"——两汉政治与政治文化研究》，中华书局 2011 年版，第 37 页。

杂之。奈何纯任德教用周政乎！”这句话的重要性已经无须多言，但它的制度学内涵、政治意义与历史影响是否得到了足够深入的解读阐释呢？我们觉得有必要从历史学、社会学、政治学和儒学的角度对此再做讨论。

《史记·商君列传》有帝道、王道和霸道三个概念，颇可启示诠释这一表述的历史维度。[1] 费孝通先生说：“儒家固然希望政权和社会本身所具的控制力相合。前者单独，被称为霸道；相合后方是王道。”[2] 循此社会学理路，则“三皇无为，天下以治”即“帝力于我何有”的所谓帝道，应该就是“社会本身所具的控制力单独”吧。从儒家的角度说，孟子和荀子的政治主张有所不同。《孟子·公孙丑上》：“以力假仁者霸，霸必有大国。以德行仁者王，王不待大。以力服人者，非心服也，力不赡也；以德服人者，中心悦而诚服也。”《荀子·王霸》：“用国者，义立而王，信立而霸。”两相对照，孟子的王霸概念，明显有一个道德褒贬的维度。宋代心性学流行，王霸义利之辩被强化为君子小人之别。从此二者就成为了彼此对立的一对概念。[3] 但在荀子这里却不是这样，二者充其量只能说是境界高低有所不同，《荀子·仲尼篇》即将文武之道作为理想，作为治理之道都是可以认可接受的。如果说孟子处王道霸道概念主要属于伦理学概念，那么在荀子这里它就是基于历史描述的政治学概念。显然二者各有意义，不能互相替代和混淆。《吴子》：“河山之险，不足保也。伯王之业，不从此也”，伯与王也是并列概念。

王作为当时之最高政治文明宗法制的代表者，意味着“天下归往”。《礼记·王制》：“天子百里之内以共官，千里之内以为御，千里之外设方伯。”《史记·周本纪》：“周室衰微，诸侯强并弱，齐、楚、秦、晋始大，政由方伯。”裴骃集解引郑司农曰：“长诸侯为方伯。”《诗·小雅》：“宜君宜王。”《注》云：“君，诸侯

---

〔1〕 卫鞅曰：“吾说公以帝道，其志不开悟矣。”后五日，复求见鞅。鞅复见孝公，益愈，然而未中旨。罢而孝公复让景监，景监亦让鞅。鞅曰：“吾说公以王道而未入也。请复见鞅。”鞅复见孝公，孝公善之而未用也。罢而去。孝公谓景监曰：“汝客善，可与语矣。”鞅曰：“吾说公以霸道，其意欲用之矣。诚复见我，我知之矣。”……鞅曰：“吾说君以帝王之道比三代，而君曰：‘久远，吾不能待。且贤君者，各及其身显名天下，安能邑邑待数十百年以成帝王乎？’故吾以强国之术说君，君大说之耳。然亦难以比德于殷、周矣。”

〔2〕 费孝通：《皇权与绅权》，天津人民出版社 1988 年版，第 3 页。

〔3〕 程颢于《论王霸札子》曰：“得天理之正，极人伦之至者，尧舜之道是也。用其私心，依仁义之偏者，霸者之事也。”

也。王，天子也。”霸，就是伯的假借字，是指地方诸侯之长。这里的“地方”不仅意味着它是自下而上生长出来的“土豪”，而且意味着它是某种与中央权力组织系统在血缘和文化上有所不同的“他者”；是敌是友，视情势而定。这样一种土豪似的方国首领，政治理念、理想和方针政策自然不可能比肩名门正派的三王之道，而必然以实用主义、刑名之术作为生存策略选择。“王夺之人，霸夺之与（类），强夺之地。夺之人者臣诸侯，夺之与者友诸侯，夺之地者敌诸侯。臣诸侯者王，友诸侯者霸，敌诸侯者危。”（《荀子·王霸篇》）为抱团取暖或联合举事而争取拥戴，自然最重一个“义”字。

“王者莫高于周文，霸者莫高于齐桓。”荀子对霸道政治的归纳是：“天下之理略奏，刑赏已诺，信乎天下；政令已陈，虽睹利败，不欺其民；约结已定，虽睹利败，不欺其与；非本政教也，非致隆高也，非綦文理也，非服人之心也，向方略，审劳佚，谨畜积，修战备”。（《荀子·王霸篇》）这里的关键词是“刑赏”，是“方略”，是“劳佚”，是“战备”。而“非本政教也，非致隆高也，非綦文理也，非服人之心也”——这四点显然是以王道为参照。由此又可以推知王道的政治内容或诉求：本政教指以教化作为行政的基础；致隆高指追求高远的国家目标；綦文理指精修礼义。正是因为这些儒家认可的政治理念，王道才从一个历史的政治概念被孟子建构为一个政治伦理学的价值概念。

据此，我们或许可以大略归纳出王道与霸道的基本特征。政治伦理上，王道以仁义为价值标准；霸（伯）以信为价值标准。政治制度上，王道重血缘伦理，讲情感；霸道重规则，讲契约。政治制度上，王道重宗统，实行贵族制、分封制；霸道重君统，实行家臣制（官僚制的前身）。政治治理上，霸道倾向“道之以政齐之以刑”，属于荀子所谓的“王者尽制”或韦伯的工具理性；王道倾向“道之以德齐之以礼”，属于荀子的“圣者尽伦”或韦伯的价值理性。从社会学看，王道基本是社会本位；霸道基本是政府本位。在历史上，“任德教的周政”是王道的代表；霸道则是对齐桓晋文“强国之术”的总结。结合本文作为方法论使用的教权与君权概念，则王道与教权、与社会（society）、与儒家存在一条或明或暗的联系线，霸道与君权、与国家（State）、与法家存在一条或明或暗的联系线。

上述分疏除开知识上的清理之外，还有一个意义，就是拈示出王道与霸道虽然存在某种紧张，但二者无论在价值理性上还是工具理性上并非不能兼容的反对关系，而毋宁说是一种高低层次不同的关系、一种理论中心偏向不同问题领域因而各有擅长的关系。[1] 这种不同既可以从基于国家或基于社会理解，也可以从基础目标与终极目标的关系理解。一定程度上，这应该是荀子甚至孔子的思路与原意。管仲是桓公霸业的主将，孔子只是说他“器小”（眼界和胸怀不够）而已，对他的功业则高度肯定。在《论语·雍也》他更是说“齐一变至于鲁，鲁一变至于道”，换言之，太公之齐、周公之鲁、尧舜之道，是在同一条中轴线上。是的，尊尊与亲亲分开看是矛盾的，但它们能够也必须整合在一起；礼与法、仁与义亦可作如是观。《礼记·乐记》说：“礼乐刑政，四达而不悖，则王道备矣。”这里的王道就是综合言之。“大而化之之谓圣。”某种程度上，这也可以成为我们理解“霸王道杂之”的一个视角，把汉武帝—董仲舒的工作看成尧舜事业的初级版本——董仲舒在《春秋繁露·俞序》就说：“《春秋》之道，大得之则以王，小得之则以霸。”

汉承秦制，本身就是霸道原则的继承，就是维持以郡县制为主要内容架构的中央集权制度，就是萧何“收秦丞相御史律令图书藏之”而成九章汉律。王道的加入，则是通过尊重社会的自组织系统，实现双方的良性互动，约束国家权力的使用范围，降低社会治理成本；是“以儒术缘饰吏事”，提升行政效率；是将内在于整个社会基层的固有儒家传统确立为国家“意识形态”，塑造文化认同和精英共识。如果说霸王道杂之的霸道是秦始皇—李斯联手确立，那么其王道部分就是汉武帝—董仲舒携手建构，通过“复古更化”进行一系列的制度安排，最终使二者相杂相糅，奠定中华帝国两千年的制度格局和治理模式。“非承秦不能立汉。”[2] 秦之霸道是以王权为轴心，以郡县为骨干，以吏治为基础，以刑罚为手段。霸道的合理性在于能够超越血缘亲情的局限性，以普遍性原则、强制性力量进行组织和运作，更加有效地应对随着社会扩展而日渐增多的公共事务，承担和提供狭义的王道所未能

[1] “儒法斗争”是政治家基于其独特的历史感受和现实需要对儒法思想差异加以放大引申出来的思想命题。强化二者对立而忽视二者结合、整合的可能与必要，是肤浅和不负责任的。这种儒法斗争思维在今天的学术界、思想界依然存在并颇有影响，可叹可悲。

[2] 田余庆：《秦汉魏晋史探微》，中华书局2004年版，第28页。

或不能承担的政府功能。但是，用这种方式处理国家与社会的关系，则不可能获得成功，因为 Society 是 State 产生的母体，税收的来源，无论从价值理性还是技术理性角度讲都不能本末倒置。〔1〕秦二世而亡之后，汉武帝“常欲善治，而至今不可善治”，自我怀疑“其所操持悖谬失其统也”？六国整合、七国叛乱构成其甫即位便下诏策问的远近因果。董仲舒三次对策，分别从基础理论、行政效率和价值认同三个方面对自己理解的王道对症下药，进行系统阐述。

首先，董仲舒从问题入手，层层推进：灾异缘起于“废德教而任刑罚”。这种弃捐礼义、专为自恣的苟简之治源自嬴秦。他说，“汉得天下以来，常欲善治，而至今不可善治者，当更化而不更化也”。因为这是有违天道的：“天道之大者在阴阳。阳为德，阴为刑。王者承天意以从事，故任德不任刑。”进而指出，“道者，所由适于治之路也，仁义礼乐皆其具也”。(《汉书·董仲舒传》，下引不注）更化，就是在社会治理上回归仁义礼乐的王道理路。其次，针对武帝欲“详延特起之士”以破“长吏不明”之困局时，侃侃而论：“尧受命……诛逐乱臣，务求贤圣，是以得舜、禹、稷、契、皋繇。众圣辅德，贤能佐职，教化大行，天下和洽。”今日之贤良何来？太学养士：“不素养士而欲求贤，譬犹不琢玉而求文采也。”何以养士？“故养士之大者，莫大乎太学。太学者，贤士之所关也，教化之本原也。今以一郡一国之众，对无应书者，是王道往往而绝也。臣愿陛下兴太学，置明师，以养天下之士，数考问以尽其材，则英俊宜可得矣。”最后，对武帝对“教”与“道”的困惑（“三王之教所祖不同，而皆有失，或谓久而不易者道也，意岂异哉”）醍醐灌顶：“圣人法天而立道。道之大原出于天，天不变，道亦不变。王者上谨于承天意，以顺命也；下务明教化民，以成性也；正法度之宜，别上下之序，以防欲也：修此三者而大本举矣。”如何做到这三点？“《春秋》大一统者，天地之常经，古今之通义也。今师异道，人异论，百家殊方，旨意不同，是以上无以持一统；法制数变，下不知所守。臣愚以为诸不在六艺之科孔子之术者，皆绝其道，勿使并进。邪

---

〔1〕 State 主要是人工的组织系统和力量，是功能性的；Society 则是自发的存在方式，是其他一切产生的基础和目的。“从长远来看，维持、滋养并推动着人类命运的正是这种自发性。”见［美］奥尔特加：《大众的反叛》，第 115 页，转引自许章润主编：《民族主义与国家建构》，法律出版社 2008 年版，第 170 页。这也有助理解儒家对社会的维护与坚持。

僻之说灭息，然后统纪可一而法度可明，民知所从矣。”

显然，在郡县制与刑名法术之治的霸道政治文化结构中所增加的融入的王道政治文化就是儒家的政治哲学。对此武帝显然言听计从：“仲舒对册，推明孔氏，抑黜百家，立学校之官，州郡举茂材孝廉，皆自仲舒发之。”“罢黜百家，独尊儒术”在今天流行的说法里有思想专制说、愚弄人民说、王权制约说诸种。实际这都是从今天视角出发得出的结论，而与西汉当时所面临的问题无关。从武帝所提问题可以看出，他关心的是怎样才能降低治理成本、提升吏治水平？怎样才能凝聚各界共识国家和社会的良性互动？怎样处理集权帝国与传统价值理念的关系？这些问题又可以总体上表述为一个帝国在躯壳成型之后如何获得其肉身与灵魂的问题。无论如何这首先是一组关于国家和国族建构的问题。这应该成为我们讨论、评价汉武帝—董仲舒方案的正确论域和尺度。

相对于前朝秦始皇—李斯的方案，它显然是成功的。这种成功首先体现在国家社会关系的有机整合良性互动上。其意义可以引许倬云先生话说明——“中国真正地熔铸为一个完整的个体，不在汉初的郡国并建，不在武帝的权力膨胀，而在于昭、宣以后逐渐建立起的社会基础”。[1] 需要指出的是，昭帝、宣帝在这里只是执行者，所执行的正是汉武帝—董仲舒的王道政治方案。此外，“建立起社会基础”颇有进一步阐释的必要，需要延展到国家社会间的良性互动、国家制度与社会组织的磨合、价值共识的形成、社会精英作为政治资源和作为社会代表进入国家治理系统等等。从思想文化上讲，最重要的一点就是，通过对策以及对策之后的制度安排，秦时代的帝崇拜彻底被天替代。这种替代重新接续了周公孔子的传统，因其实现了与主流传统的和解，有效地实现了对社会的整合，“在1911年帝国时代结束之前，对天的崇拜始终被遵循着”。[2]

就现实意义说，首先，董仲舒依托春秋公羊学，通过引入阴阳家理论建立起天人合一的宇宙模式，以天为中心统一了国家、社会和个人，为汉帝国提供了完整的世界秩序图景。其次，以“公民宗教”的形式重新实现了儒家思想与政治治理和

[1] 许倬云：《求古编·西汉政权与社会势力的交互作用》，台北联经出版事业公司1984年版。
[2] 鲁惟一：《汉代的信仰、神话和理性》，北京大学出版社2009年版，第128页。

社会生活的连接。[1]虽然有别于三代的政教合一，但通过提供意义和秩序，在为君主提供统治合法性论述的同时也将其纳入天的约束之下。由于这种地位的确立，儒教成为政治价值的奠基者、文化认同的塑造者、个人行为的规范者。这应该就是阿泽利奥所谓“创造意大利人”，应该也就是指这样一些类似的工作吧。相对法兰西民族建构时的国家强制，这种同一性建构应该是以社会为本位的。由察举制作用在这一过程中至深至巨可见一斑。

不同于以前先秦时期的世官制以及后来隋唐时建立的科举制，其主要特征是由地方长官在辖区内随时考察、选取人才并推荐给上级或中央，经过试用考核再任命官职，体现了政府与民间的有机联系。《东汉会要》卷二十六《孝廉》按语：“汉世诸科，虽以贤良方正为至重，而得人之盛，则莫如孝廉。”“得人”的结果是“儒者一步一步登上政治舞台。……察举制是儒者赖以步入政治舞台的阶梯，而变军功入仕为以儒取士则又是推行察举制要达到的一个重要目的”。“举孝廉制度乃是武帝推崇儒术的重要措施之一。由于这一制度的实行，各地的儒者通过察举孝廉进入汉王朝官吏的行列，使汉室官吏队伍逐步儒学化。”[2]直接的有形的效用是吏治效率和品质的提升，它的后面则是国家社会良性互动关系的展开维系，是国家建构和国族建构的积累和推进。是的，信仰被尊重，记忆被理顺，想象被聚焦，现实被认同，原本离心离德愿景各异的齐人、楚人、赵人、秦人等就这样一天天逐渐被塑造成为汉人；借用现代民族政治学的话来说就是七个 ethnic groups 凝聚成为了一个 nation。由此也可以看出，所谓汉人，在其原初的意义上乃是一个政治概念，是两汉文治武功的产物。[3]如果说武功是军权、君权、霸道，那么文治就是教权、儒教、王道。

董仲舒在“霸道”制度基础上达成儒教与政治的重新连接，必然带来儒家思

[1] 参见陈明：《儒教与公民社会》，东方出版社 2013 年版。葛兰言在《中国人的宗教信仰》（贵州人民出版社 2010 年版）中把儒教叫作“官方宗教”“民族宗教”。

[2] 参见黄留珠：《秦汉仕进制度》，西北大学出版社 1985 年版，第 148-150 页。

[3] “汉族之称，起于刘邦有天下之后。”见吕思勉：《中华民族源流史》，九州出版社 2009 年版，第 93 页。当时应该是一个与秦族等相对的概念。其所以援用至今，成为“立国之主体”，则武帝之功当不在乃祖之下。当然，此汉族在当时主要为 nation 而非 ethnic 义，则又是另需专文讨论的问题了。

想传统在理论上的变化。相对于孔子及先秦儒学，董仲舒有所继承、有所调整也有所创造。主要表现在：

第一，将孔子处主要表现为批判性的政治哲学转换成建设性的政治哲学，以本末关系兼综王霸。孔子在礼崩乐坏的时代，有感于王纲解纽社会失序，主张“道之以德，齐之以礼”，反对“道之以政，齐之以刑”，倾向彰显王道霸道间的紧张。董仲舒则从礼乐刑政统一出发，认为“霸王之道，皆本于仁”。（《春秋繁露·俞序》）“教”与“狱”（刑）都被看成“政”，[1]而处理为本末关系：“教，政之本也。狱，政之末也。”（《春秋繁露·精华第五》）论者谓：“法家的理论本来只及于治理的方法，未尝及于为政的目的；儒家的理论有为政的目的，而未尝及于方法。两者结合，遂成为帝国政治体制的理论基础。”[2]这一评价大致成立。

第二，将《春秋》的逻辑重心由“道名分”转换为“大一统”，既适应了郡县制的制度变迁，又将这一制度的代表者皇帝置于“天”的约束之下。孔子呼吁“兴灭国、继绝世、举逸民”，理想蓝图一仍三代之旧。董仲舒则在天下已经“定于一”的情势下强调“春秋大一统”：“春秋大一统者，天地之常经，古今之通义也。”这个新的“一统”与分封形成的系统显然是完全不同的。董仲舒之所以认可，除开大势已定无力改变，也有对“六合同风，九州共贯”之政治效果的尊重。“道名分”显然主要是“尽伦”的王道政治。在新的历史条件下，在“唯圣人能属万物于一而系之元”的《春秋》“大一统”，意味着对君主圣人形象的赋予。这究竟是一种无奈的妥协还是一种理智的转折，自是仁者见仁智者见智。

第三，天的人格化。霸王道杂之如果仅仅是以霸道立制，以王道行政，那么“教本政末”的儒家政治哲学是没有根基也没有力量的。所以董仲舒不仅将天的地位置于君之上（“屈民以伸君，屈君以伸天”），还必须赋予天以人格性以保证其意志的表达和实现。他说：“观天人相与之际，甚可畏也。国家将有失道之败，而天

---

〔1〕《春秋繁露·五行相胜》肯定太公诛营荡，暗含着董仲舒对国家视角的重视和对仁义之政治效应的考量：太公封于齐，问焉以治国之要，营荡对曰：“任仁义而已。”太公曰：“任仁义奈何?”营荡对曰：“仁者爱人，义者尊老。”太公曰：“爱人尊老奈何?”营荡对曰：“爱人者，有子不食其力；尊老者，妻长而夫拜之。”太公曰：“寡人欲以仁义治齐，今子以仁义乱齐，寡人立而诛之，以定齐国。”

〔2〕许倬云：《东周到秦汉：国家形态的发展》，《中国史研究》1986 年第 4 期。

乃先出灾害以谴告之，不知自省，又出怪异以警惧之，尚不知变，而伤败乃至。以此见天心之仁爱人君而欲止其乱也。”由周公处的“皇天无亲”经孔子的“天地之大德曰生”，到董仲舒这里有了“天心”，不仅抽象地“仁爱人君”，而且可以具体地“欲止其乱”。这才是其天人感应论的核心，其政治哲学的关键。

由此实现的政与教的重新连接，相对于三代礼乐制度的政教合一，霸王道杂之意义上的儒教可以说是以一种公民宗教的形式发挥作用，并深刻影响到政治制度设计和社会组织凝聚。[1] 虽然欧阳修说这时已是“治出于二”，但儒教之礼乐并没有沦为“虚名”，而是以各种间接或直接的形式在公共领域发挥作用，如奠基政治价值、维持社会凝聚、提供文化认同等。

（未完待续）

〔1〕 严耕望先生用王霸兼综解释汉代制度之特点和优长。见严耕望：《中国地方行政制度史》，序言，上海古籍出版社2007年版。

先秦儒家知人思想的源起

王开元*

[内容提要]

中国传统儒家知人思想有着身心一体的理论奠基，因而它不把人的内在之“心”与外在之“身”完全分别对待，而更注重透过人的外在身体表现去把握其内在质性。知人思想源起于政治，发展于政治，最终脱离政治而获得独立地位，这是中国知人文化的早期发展形态。到了孔子之时的轴心时代，原先依赖巫、王以相接于天的传统也受到了冲击，人们可以不再向外追寻，而是面向自身，发现自我。这种自我发现使得人对自身的认知达到一个新的高度，发源于政治的知人也就从政治中获得突破，具有了更为深刻的涵义。

[关键词]

知人　身心一体　自我发现　儒家　先秦

* 王开元，复旦大学哲学学院博士研究生。

一

人类在探索外部世界之时从未放弃对自身的反观，对人自身的认知也是中西方文化中共有的问题。但是，这种认识在中西方却表现出不同的形态。在中国哲学中，人是一个整体的存在，在更高层面，人又与万物成为一个整体。因此，中国知人传统中，对人的认识也是由此展开，把人视为一个整体或整体中的存在。而在西方哲学中，对人的认识更多的是对自我之精神世界的分析，对物质肉体的认识则被归入其他学科之中。钱穆先生便认为："西方古代观念，认为人有'灵魂''肉体'两部分，灵魂部分接触的是理性的'精神世界'，肉体部分接触的是感官的'物质世界'。从此推衍，便有西方传统的'二元论'的哲学思想。而同时因为西方人认为物质世界是超然独立的，因此他们才能用纯客观的态度来探究宇宙而走上科学思想的大园地。中国人则较为倾向'身心一致'的观念，并不信有灵肉对立。"〔1〕因此，我们也就不难理解，中国传统知人思想何以包含更多复杂的成分，而西方对人的认识更纯粹理智地去关注精神世界。

在传统西方哲学中，身心并不处于一体甚至对等的关系。柏拉图认为灵魂与身体是理念世界与现象世界区分的延伸，坚持认为灵魂高于肉体，并创立了自己的理念论。〔2〕柏拉图区分灵魂与肉体，又贬低肉体的价值，从一开始便使得这种二元论中的灵肉关系难以平衡。沿着这样的二元论传统，西方哲学中对人自身的认识基本未逃脱思维精神领域。从苏格拉底的"认识你自己"，到笛卡尔的"我思故我在"，一直到胡塞尔现象学的自我意识理论，以及海德格尔和弗洛伊德等人对自身问题的考察，无不致力于探究人的精神层面的认知、意识等问题，以图借此来实现对人自身的哲学认识。当然，斯宾诺莎在实体论的基础上，认为身心是实体的两个平行的属性，强调身心在实体上的统一，但仍未脱离身心二分的预设框架。哲学家们真正开始重新思考一直以来的二元论传统，可以说始于法国的梅洛·庞蒂。梅

---

〔1〕 钱穆：《中国文化史导论》，商务印书馆1994年版，第19页。

〔2〕［古希腊］柏拉图：《斐多篇》，杨绛译，辽宁人民出版社2000年版，第17页。

洛·庞蒂的身体现象学让思想回到身体及其处境之中，认为身体与心灵、主体与客体之间是一个不可分割的整体。即便如此，身体也只是获得了更多心灵的功能与存在的意义，但又不免陷入消解“心”之地位的困境。

然而，因为中国传统没有西方那种二元论的哲学观念，所以当中国哲人们把视角转向知人问题时，并不把人的心灵与肉体做截然区分。或者我们可以说，中国传统并没有这种灵与肉的概念，其更加关注的是包含身、心的人之“性”的概念。但这也并不意味着身心的不可分别，而是将它们视为人之内外两端。

中国早期学者对身心关系的问题也多有探讨。例如《管子·心术上》中论及：“心之在体，君子之位也；九窍之有职，官之分也。心处其道，九窍循理；嗜欲充盈，目不见色，耳不闻声。”大致认为身心是一体之两个方面，且心对身有其调适作用。《荀子·天论》篇认为：“天职既立，天功既成，形具而神生，好恶喜怒哀乐藏焉，夫是之谓天情。耳目鼻口形，能各有接，而不相能也，夫是之谓天官。心居中虚，以治五官，夫是之谓天君。”徐复观先生认为荀子是“从官能的欲望，与官能的能力两方面来理解人性”。[1] 官能的欲望，即指向生理性的身体；官能的能力，即指向心之认知作用。身心同为一体之官能，然而心官所具有之认知功能使得其对身具有主宰作用，这也是荀子客观化路径下的应有之义。

但是，如果我们审视上述这种身心关系，会发现这种讨论并不十分纯粹。无论是管子还是荀子等，大都是预设了身体所具有的生理性欲望这一前提的。因此，他们的探讨也就十分隐性地变为对身心属性之间关系的讨论，而不是纯粹身心关系的论述，这也是中国传统对身心问题与人性问题的基本看法，这到后来便演变为宋明儒对天命之性与气质之性的区分。

中国儒家知人传统中还有一个即身心言身心的传统，而不是就身心属性的探讨，或者我们避免采用身心一词，而是使用更原始特色的内外概念。关于这一概念，我们将在后面的章节中再做讨论。而在这一问题中，内对应的是内在的德性或品质，外对应的是身体外在的肢体形貌。例如，《孟子·尽心上》言：“君子所性，仁义利智根于心。其生色也，睟然见于面，盎于背，施于四体，四体不言而喻。”

---

〔1〕 徐复观：《中国人性论史·先秦篇》，九州出版社2014年版，第232页。

在此，身心之间是一种自然无为的状态，其相互影响也是不着意为之的，因为外在生理上的情状形貌与内在的德性往往是对应的，内外之间并无太多隔阂。也是在这个意义上，传统的相术识人理论与实践得以充分地发展兴盛。

我们并不准备过多讨论作为“术”的层面的相人，但是确有必要列举几个事例，以此得以察知中国知人传统下相术的情貌。

1. “谷也丰下，必有后于鲁国。”（《左传·文公元年》）

2. “杨食我生，叔向之母闻之，往，及堂，闻其号也，乃还，曰：‘其声，豺狼之声，终灭羊舌氏之宗者，必是子也?’”（《国语·晋语八》）

3. “三十一年春，王正月，穆叔至自会，见孟孝伯，语之曰：‘赵孟将死矣。其语偷，不似民主。且年未盈五十，而谆谆焉如八九十者，弗能久矣。’”（《左传·襄公三十一年》）

4. “单子曰：‘君何患焉。晋将有乱，其君与三郤其当之乎!’鲁侯曰：‘寡人惧不免于晋，今君曰将有乱，敢问天道乎，抑人故也?’对曰：‘吾非瞽史，焉知天道? 吾见晋君之容，而听三郤之语矣，殆必祸者也。夫君子目以定体，足以从之，是以观其容而知其心矣。目以处义，足以步目，今晋侯视远而足高，目不在体，而足不步目，其心必异矣。目体不相从，何以能久?’”（《国语·周语下》）

以上所列四条有关相术的事例，其中前两条是对先天容貌或声情的评定，后面两条则具有更多的理性色彩，多关注被相者后天的言行举止。其实这种相人之术已经与儒家思想相去甚远，甚至多了些神秘色彩。但是，我们不可否认的是，相术的最终目的也是借由外在身体形态实现对内在品性的认知，传统相术的发展与传统身心一致的观念也是密切相关的。这也就回到了我们之前的讨论，中国知人传统并不持身心二元论，而是把人看作一个整体的存在。张学智也认为：“中国历史上的大多数哲学家都持朴素的身心合一论，较少由逻辑分析推到极处而有的身心分离为二个实体的学说。他们大都在身心合一的前提下讨论身与心的互相影响；在身心二者中，大多更重视心的作用。并且因为气本论的传统，大多数哲学家将精神活动归结为气的自然作用且在修养中加入道德的、艺术的意味。”[1] 无疑，对身心问题的

---

〔1〕 张学智：《中国哲学中身心关系的几种形态》，《北京大学学报（哲学社会科学版）》2005 年第 3 期。

重新审视是必要的，因为这关乎中国知人思想的理论基础。

因此，我们可以总结出这样的观点：中国传统知人思想有着身心一体的理论奠基，因而它不把人的内在之“心”与外在之“身”完全分别对待，而更注重透过人的外在身体表现去把握其内在质性。

二

经过前面的讨论，我们对知人思想的理论背景可以有更加明晰的理解，然而，中国儒家知人传统的源起并不只是理论的奠基，而是有着坚实的实践背景。我们毫不否认，知人思想的兴起是有多方面的原因的；然而，若要从根本上把握其原初起因，却不得不将视线转向政治。从政治角度探讨知人的源起是可靠的，因为从现今可得材料来看，上古之世的人事主要便是集中于政治，政治也一直是人事得以展开的重要维度。钱穆先生从分析地理环境入手，认为“中国文化，自始即在一大环境下展开，因此易于养成并促进其对于政治、社会凡属人事方面的种种团结与处理之方法与才能”。〔1〕这一环境背景下的政治，也就偏重于从内部建构一套维系团结与稳定的体系。因而，如何选任具有相应才能的人才担任领导者，维持群众和谐与人民安宁，便成为一个重要的课题。

我们先看一则材料：“帝曰：‘咨！四岳。朕在位七十载，汝能庸命，巽朕位？’岳曰：‘否德忝帝位。’曰：‘明明扬侧陋。’师锡帝曰：‘有鳏在下，曰虞舜。’帝曰：‘俞？予闻，如何？’岳曰：‘瞽子，父顽，母嚚，象傲；克谐以孝，烝烝乂，不格奸。’帝曰：‘我其试哉！女于时，观厥刑于二女。’厘降二女于妫汭，嫔于虞。帝曰：‘钦哉！’”（《尚书·尧典》）

关于这一段材料所述的真实性，历来多有分歧，本文无意于对此做一己之辩。但笔者认为，无论材料所述真实与否，其中反映出的崇尚德性的精神确是合乎儒家传统思想观念的。而且，从材料中我们可以看出，知人在政治中的运用已成为一个较为重要的课题。更为重要的是，从这则材料反映出的时人对于政治人物的寄望来

〔1〕 钱穆：《中国文化史导论》，第7页。

看，统治者的人格品质成为一项重要的选任标准。这一点不唯儒家观点如此，而是当时普遍的规则。在此，我们有必要引一段《左传》中的材料加以论述："立敬归之娣齐归之子公子裯，穆叔不欲，曰：'大子死，有母弟则立之，无则立长。年钧择贤，义钧则卜，古之道也。非适嗣，何必娣之子？且是人也，居丧而不哀，在戚而有嘉容，是谓不度。不度之人，鲜为不患。若果立之，必为季氏忧。'"（《左传·襄公三十一年》）

其中有言："大子死，有母弟则立之，无则立长。年钧择贤，义钧则卜，古之道也。"因此，如果我们简单地认为在继承制的传统下不需要选拔考察的话，那是不客观的。材料中言古之道，虽有既定规则，然而在一定条件下，"择贤"却是一项非常重要的标准。"居丧而不哀，在戚而有嘉容。"知人成为政治选任中的工具，也体现了君主地位的重要性。而天子或君王之所以如此重要，除了治理上的需要外，还有宗教上的因素。原始社会，自然条件的恶劣与生产力的低下使得人们长处于一种忧惧之中，此时人们在面对神秘的自然力量时常感无力，于是便把虚构出来的、具有保护力的天、帝神视为皈依，而巫文化正导源于此。巫之所以重要，即在于其能沟通"天""人"，成为人、神之间的中介，而这种特殊地位也可以让民众得以信任与敬重："民之精爽不携贰者，而又能齐肃忠正，其智能上下比义，其圣能光远宣朗，其明能光照之，其聪能听彻之，如是则明神降之，在男曰觋，在女曰巫。"（《国语·楚语下》）

由上可知，巫成为人民精神生活中的重要寄托，也因其特殊地位，若想成为巫、觋，必须有足够的德行与水平。"人而无恒，不可以作巫医。"（《论语·子路》）当时的巫，"自今天看来，他们是宗教家，同时也是哲学家，又是文学艺术家、自然科学家，而且还活动于政治舞台，实际他们是拥有没有分化的全部科学知识"。[1] 实际上，此时的巫已经获得了较为显赫的地位与对民众一定的控制力，而这种控制力足以成为政治领域的利用对象。巫术与政治的结合也得到一些考古发现的证实。张光直在论及良渚文化时指出："王权、巫术与美术的密切联系是中国古代文明发展上的一项重要特征……如今新的考古资料指明在东海岸的良渚文化

〔1〕 金景芳：《学易四种》，吉林文史出版社 1987 年版，第 144 页。

中，作为这种巫术与王权结合的最早的美术象征的玉琮特别发达。”[1] 王权与巫术的关系十分密切，虽然我们不能轻率地据此认为早期社会巫君是合一的，不过，我们可以肯定的是巫术已经被明确地用于政治统治之中，而且在后来的发展中，殷商之时，政治上的天子对巫术已取得绝对的控制力。余英时便认为：“地上人王‘余一人’或‘天子’通过对巫术的政治操纵，即巫师所具有的祭祀和占卜之类‘神通’，独占了与‘天’或‘帝’交流的特权。巫师之所以能行使中介功能也是奉‘余一人’之命而行。不但如此，‘余一人’也往往以人王的身份担任‘群巫之长’的角色，亲自主持祭祀、占卜的礼仪；卜辞中的商王和《尚书·金縢》中的周公都提供了具体的例证。”[2]

随着人文精神的发展，[3] 政治意义上的君王或天子地位得到不断的强化，巫之地位也随之下降。天子在获得绝对地位之时，同时也应具有原先巫所具有的德行，如此方能负起领导众民的责任。天子因此承载了更多的使命，这使得在天子人选的确定上，还必须考虑继任者才能、德行等多方面品质。

除了天子之位的选定，政治官吏的选任同样值得重视。《中庸》谓：“为政在人。”能不能选择真正的贤才来参与国事，往往关乎政治的成败。中国传统或可以说是一个人治的社会，因而统治者若能知人善任，则政治相对稳定与和顺；如果“世胄蹑高位，英俊沉下僚”成为一种普遍的现象，那么政权也难保长久。故而，选贤任能不是可有可无的技巧，而是维系统治的政治活动。《尚书·皋陶谟》中就有言：“知人则哲，能官人。”而《尚书·尧典》也充分体现了帝尧的官人智慧：“乃命羲和，钦若昊天，历象日月星辰，敬授人时。分命羲仲，宅嵎夷，曰旸谷。寅宾出日，平秩东作。日中，星鸟，以殷仲春。厥民析，鸟兽孳尾。申命羲叔，宅南交。平秩南为，敬致。日永，星火，以正仲夏。厥民因，鸟兽希革。分命和仲，宅西，曰昧谷。寅饯纳日，平秩西成。宵中，星虚，以殷仲秋。厥民夷，鸟兽毛毨。申命和叔，宅朔方，曰幽都。平在朔易。日短，星昴，以正仲冬。厥民隩，鸟

[1] 张光直：《谈“琮”及其在中国古史上的意义》，《文物与考古论集——文物出版社成立三十周年纪念》，文物出版社1986年版。

[2] 余英时：《论天人之际：中国古代思想起源试探》，中华书局2014年版，第25页。

[3] 徐复观：《中国人性论史·先秦篇》，第14页。

兽鹬毛。帝曰：‘咨！汝羲暨和。期三百有六旬有六日，以闰月定四时，成岁。允厘百工，庶绩咸熙。’”

可知知人善任一直是政治中的重要方面。选官制度随着时代的发展也逐渐变迁，然而选贤任能的思想却从未消退。尤其是到了春秋战国时期，由于诸侯国的争相称霸与招揽贤才，使得知人在政治中的地位更加显著。清人俞正燮谓：“太古至春秋，君所任者，与共开国之人及其子孙也。虑其不能贤，不足共治，则选国子教之。上士、中士、下士、府、史、胥、徒，取诸乡兴贤能，大夫以上皆世族，不在选举也。”〔1〕就是说春秋之前还是以世官制为主，选拔也主要集中于士及以下阶层。而到了春秋战国时期，“虽然存在着不同程度的世官制遗存，但唯贤、唯功毕竟成为选拔官吏的主要原则”。〔2〕齐桓公时，就有“处士曰小臣稷，桓公三往而弗得见。桓公曰：‘吾闻布衣之士不轻爵禄，无以易万乘之主；万乘之主不好仁义，亦无以下布衣之士。’于是五往，乃得见之”（《韩非子·难一》）。人主礼贤下士，此种例子，当时已不罕见，这便体现出知人的价值。在这种选官原则下，举贤才成为了一个重要的时代课题。“仲弓为季氏宰，问政。子曰：‘先有司，赦小过，举贤才。’”（《论语·子路》）对于举荐贤才给以足够的重视。子游为武城宰时，孔子也问他：“女得人焉耳乎？”（《论语·雍也》）由此也可见，举贤已经成为政治中极为紧迫的一个课题。这种“举贤才”的政治课题便大大推动了知人思想的发展，因为举荐必以知人为前提和基础。

在这样的政治环境下，知人的范围已经扩大到每一个人，自天子以至庶人，无一不可知。任何人只要具有足够的贤德，都有获得被选任、发挥自身才能的机会。这也就是“自天子以至于庶人，一是皆以修身为本”的意义所在。由此，即便到了孔子之时，知人仍遗存有诸多政治上的色彩。如“雍也可使南面”（《论语·雍也》），又如“由也果，于从政乎何有”（《论语·雍也》），再如“唯赤则非邦也与？宗庙会同，非诸侯而何？赤也为之小，孰能为之大”（《论语·先进》）。孔子说冉雍、公西华可做高官，子路适合从政，均是从政治角度考量的。这种知人虽然

---

〔1〕俞正燮：《乡兴贤能论》，《癸巳类稿》卷3，辽宁教育出版社2001年版，第70页。
〔2〕黄留珠：《中国古代选官制度述略》，陕西人民出版社1989年版，第40页。

未必与政治选贤直接相关，但它以政治才能为知人的标尺，由此便可见政治选贤对于当时知人思想的影响。但是如果我们仔细观察会从中发现，其实到了孔子，已经不再把知人仅仅视为政治上的功利手段，他做了一个翻转的工作，不再为了政治举贤而知人，而是把政治因素纳入到知人的系统之中。也即是说，知人到了孔子那里已经获得了独立地位，不再依附于政治而存在。当然，孔子赋予知人思想更多的道德意义，这一点将在后面章节详细论述。

知人源起于政治，发展于政治，最终脱离政治而获得独立地位。这是中国儒家知人文化的早期发展形态。

三

伴随着起源于政治的知人思想发展的，则是人的自我发现与自身意识的觉醒，这种自我觉醒又反过来提升着知人思想的理论高度。因为知人必然指向人自身，故而当这种面向自身的审视逐渐兴起之时，人的自我发现与觉醒也就是自然而然的了。而此时的知人也就已不再是单纯性的对他人的品评识别，而是获得了一种面向普遍人性的了解，也具有了更高的哲学意义。这种自我发现在春秋战国时获得巨大突破，雅斯贝斯把这一时期称为轴心文明时期，并论说："这个时期的新特点是，世界上所有三个地区的人类全都开始意识到整体的存在、自身和自身的限度。人类体验到世界的恐怖和自身的软弱。他探询根本性的问题。面对空无，他力求解放和拯救。通过在意识上认识自己的限度，他为自己树立了最高目标。他在自我的深奥和超然存在的光辉中感受绝对。……这一切皆由反思产生。意识再次意识到自身，思想成为它自己的对象。"[1]意识意识到自身，是对这一时期自我觉醒倾向的理论注脚。此时的知人，已经着意于探寻自我的深奥与人性的光辉，并祈求在自身内部达成超越。

那么，这种哲学意义上的知人是如何从传统政治中获得突破的呢？我们认为，这与传统政治的形态有密切关系。中国早期政治并没有完善的政治制度，它靠的与

---

〔1〕［德］卡尔·雅斯贝斯：《历史的起源与目标》，魏楚雄译，华夏出版社1989年版，第8页。

其说是精细的法律条文与高明的政治制度，不如说是在上者道德的兴发与教化的力量。在早期中国，政治，自内而言或许是维系一家一族统治力的工具；然而自外而言，则承担的是移风易俗、使民安然于世的一种责任。在此，它选择的是以人治人的政治模式，以人治人需要的不是法律规范施于人的畏惧感，而是使人民敬重的道德情境的创建。在这种情境中，人民得以各正性命，社会得以大化。这一点，可以说是从周代灭殷，从道德中寻求政权合理性开始的。

故而，在早期思想家看来，在上者所要做的不是设计多么完善的政治制度，更重要的是要创设出一种有助于化育的政治境域。其中，也是最重要的一点便是为政者自身德性的出众。如此，民众方能渐受教化而不作恶。所谓“君子之德风，小人之德草，草上之风，必偃”（《论语·颜渊》）是也。那么，为政者究竟需要具有何种德行呢？在老子看来，为政者应做到无为而治，“我无为，而民自化；我好静，而民自正；我无事，而民自富；我无欲，而民自朴”（《老子·第五十七章》）。故而，为政者应该清静无为，见素抱朴，使人民自然而化。在儒家，同样强调为政者应该顺应人民自然之情，使民自化，只不过为政者应该具有相应的德行，起到范导的作用。《论语》中载：“季康子问政于孔子。孔子对曰：‘政者，正也。子帅以正，孰敢不正？’”（《论语·颜渊》）又载：“其身正，不令而行。其身不正，虽令不从。”（《论语·子路》）再载：“道之以政，齐之以刑，民免而无耻；道之以德，齐之以礼，有耻且格。”（《论语·为政》）

在孔子看来，为政者自身应该具有相应的德行，以德服人，同样以德治人，使民自然而生发出一种道德感，而不是靠严格的刑罚。故而孔子认为，“为政以德，譬如北辰，居其所而众星共之”。虽然儒道两家在政治思想上有所不同，但最终的境界确实是一致的，即指向一种“无”的境界。即使是孔子的为政以德，依然是为了无所用其刑，而是靠德性的力量使民自然而化，在此意义上儒道是相通的。皇侃《论语集解义疏》对“为政以德”释云：“为政以德者，此明人君为政教之法也。德者，得也，言人君为政，当得万物之性，故云以德也。故郭象云：‘万物皆得性谓之德。’夫为政者，奚事哉！得万物之性，故云德而已也……人君若无为而御民以德，则民共尊奉之而不违背；犹如众星之共尊北辰也。故郭象云：‘得其性

则归之，失其性则违之。’”〔1〕

因此，无论诸子各家对为政者的要求如何，但都是为了养育出一种积极的政治情境，使人民得以顺自然之性，各正性命，万物得以自化。政治中的人物需具有突出的品性与德行，已成为不可或缺的要素。故而，古之君子是包含爵位与德行双重涵义的。但是，到了孔子之时，他不再把道德人格与社会地位固定化看待，而是唯德是依，“君子”已经不再仅仅是相对爵位而言，“孔子以来的儒家是把‘君子’尽量从古代专指‘位’的旧义中解放了出来，而强调其‘德’的新义”。〔2〕这一转变透露出的不只是“君子”涵义的多样化，更重要的是，这意味着内在的德性获得了普遍性与独立性，成为人人可得的精神品质。而且，原先依赖巫、王以相接于天的传统也受到了冲击，人们可以不再向外追寻，而是面向自身，从自身内部寻求与天相接的可能性。也即是雅斯贝斯所说的：“人证明自己有能力，从精神上将自己和整个宇宙进行对比。他在自身内部发现了将他提高到自身和世界之上的本原。”〔3〕这种自我发现使得人对自身的认知达到一个新的高度，发源于政治的知人也就从政治中获得突破，具有了更为深刻的涵义。

〔1〕《论语集解义疏》，何晏集解，皇侃义疏，商务印书馆1937年版，第13页。
〔2〕余英时：《中国思想传统及其现代变迁》，广西师范大学出版社2004年版，第140页。
〔3〕［德］卡尔·雅斯贝斯：《历史的起源与目标》，魏楚雄译，第10页。

论冯友兰的道德行为观

赵　浩*

[内容提要]

本文主要论述冯友兰关于何谓道德行为及其要素的观点：觉解是道德行为的前提，行义与为公是道德行为的本质属性，仁是道德行为的情感基础。冯友兰的道德行为思想对当下伦理学中关于道德行为的相关争论具有参考价值，也对我们的道德实践具有引导意义。

[关键词]

道德行为　觉解　公　仁　冯友兰

道德行为是伦理学的一个重要概念，一般也称作“伦理行为”，是“在一定道德意识支配下表现出来的具有道德意义并能进行道德评价的行为”。[1]由这一定义出发，道德行为具有三个内容：1. 它是人的一种能够进行道德评价的行为，人的行为有很多类别，如经济行为、政治行为、一般的个人化的日常行为等，行为不一

---

* 赵浩，东南大学人文学院博士研究生。本文系江苏省普通高校研究生科研创新计划资助项目研究成果。

〔1〕 朱贻庭主编：《伦理学大辞典》，上海辞书出版社2011年版，第39页。

定都具有道德评价的内容，因而并不是所有的行为都与道德相关，道德行为是人的一种特殊的行为类别；2. 道德行为具有道德意义，也即有一定的意义所指；3. 道德行为由道德意识所支配，具有意识自觉的基础。这个一般化定义并不代表道德行为的所有内涵，也不能终止在道德哲学中对道德行为的争辩，从西方伦理学来看，对何谓道德行为以及如何判断一个行为是道德行为，主要有动机论与效果论的两种对立观念，前者主要看行为本身是否符合道德的规范，是否出自善良的心，而不计结果如何；后者认为一个行为是否道德主要应该根据它是否带来了善的效果。从西方伦理学史来看，义务论是动机论的，康德伦理学是主要代表；功利主义是效果论的，如杰里米·边沁的观点。对道德行为的发生机制，有直觉主义与良心论的不同；对道德行为的作用方向，有自利利他与利他利己的区别。总之，在伦理学领域形成了一个道德行为观念的问题丛林。

以西方伦理学的观念反观中国伦理学，道德行为诸种争论的问题域在中国伦理学中都有呈现，越是深入中西之别越会发现中西之间观念的同大于异，且能够在一个通达的时空中进行横向纵向的比较。中国伦理学以儒家伦理为主，儒家伦理是如何判别道德行为的？本文以冯友兰的观点来探讨这一问题。冯友兰既是现代新儒家，“接着”宋明理学讲，开启现代新儒学的“新理学”一脉，同时又是美国哥伦比亚大学的哲学博士，熟谙西方哲学伦理学。他的哲学观点是在对西方伦理学与儒家伦理综合深入了解的基础上的创发，具有分析哲学的气质，同时具有中国哲学的底蕴，因此他的道德行为观中西兼备，但仍以儒家伦理为主；其次，冯友兰著作中特别强调道德行为，形成了完整的道德行为的观念。这是本文选择论述冯友兰的原因，并期待能从他的观点中引发对这一问题的当代启示。

一、觉解：道德行为的前提

对于何谓道德行为，冯友兰首先区分了道德的行为与合乎道德的行为，二者的区别就在于行为者是否对其行为有觉解。“觉解”是冯友兰独创的概念，“解是了解，觉是自觉”，“人做某事，了解某事是怎样一回事，此是了解，此是解；他于做某事时，自觉其是做某事，此是自觉，此是觉”，[1] 冯友兰认为了解是一种活动，自觉是一种心理状态，这使得觉解与理性的认识并不相同，后者是依靠事实、经验、逻辑的手段达到对客观明晰的知道，而觉解既包括知觉的活动，又是一种心灵的“悟性”，因而冯友兰的觉解更具有中国哲学的气质，他借鉴佛家的观念来说觉解，觉解是“明”，不觉解是“无明”，如果没有觉解，整个宇宙与世界都在无明之中，只有人的觉解才让宇宙等一切显现出来，觉解是无明的破除。觉解的程度不同，对宇宙人生的认识也就存在差别，所能达到的境界也就有高低之分，觉解是理解冯友兰“新理学”的关键概念。那么觉解与道德行为的关联是什么？从觉解的内涵来看，如果没有觉解，人根本不能自觉了解其行为的道德指向，也不会去做出道德的行为，到达不了意愿去做道德行为的境界，由此我们可以说觉解是道德行为的前提。

觉解的主体与道德行为的主体只能是人，儒家强调“人禽之辨”，孟子说“人之所以异于禽兽者几希”。人与禽兽有很多相似性，有相似的活动，相似的组织，相似的欲望，但是禽兽依靠本能而行为并不了解其活动是怎么回事，而人不仅了解其活动是怎么回事，而且自觉其是在从事某一活动，冯友兰举了两个例子：人要修房，鸟要筑巢，这看似一样的活动，但人在修房时，知道自己是为了御寒暑避风雨，了解修房是怎么回事，也自觉自己在修房，而鸟筑巢不过是本能罢了；又如一群蚂蚁要与另一群打架，这与一国出兵与另一国打仗相似，但是人在打仗时了解打仗是为国争权利，争自由，也自觉打仗是要有牺牲的，而蚂蚁虽打架但并不了解打架是怎么回事。朱子说“天地生万物，本乎一源。人与禽兽草木之生，莫不具此理……惟人得其正，故能知其本具此理而存之，而见其为仁；物得其偏，故虽具此理，而不自知，而无以见其为仁”，这就是“理一分殊”，人是万物之灵，只有人才能有觉解，动物植物没有觉解，也就没有道德行为之说，只有有觉解的人，才可能做出道德的行为。

觉解使得道德行为成其为道德的行为。即便只有人才能有道德行为，但是有道德指向的行为并不都是道德行为，有的只是合乎道德的行为，二者的区分在于行为

---

[1] 冯友兰：《三松堂全集》第4卷，河南人民出版社2001年版，第471-472页。

者是否觉解其行为是为道德而行动的，合乎道德的行为表面看来是道德的行为，但行为者并没有自觉去做这一行为，也对自己的这一行为没有觉解。以救落水儿童为例，如果是接到报案的警察救了落水儿童，他自己内心里并没有自愿去救或自觉到这一行为的道德性，那他的行为就只是合乎道德行为而不是道德行为；如果是一个傻子正好路过救起了落水儿童，他并不知道自己行为是在救人，不过是稀里糊涂为之，这也只是合乎道德的行为，而不是道德的行为；如果一个路人看到了落水儿童，他自己也意识到救人可能有生命的危险，虽然落水儿童非亲非故，但是还是要去救他，救他是正确的行为，不救良心会谴责他，那么他的行为就是有觉解的道德行为。

冯友兰的这一区分很重要，如果一个人对他的行为无觉解，他也就不能明白行为的目的指向，也就不能与道德相关联，由于习惯的、职务要求的、碰巧的为善都不是真正的为善，还要知道善是什么并为了善本身的缘故而去行动。以西方伦理学反证之，康德伦理学同样明确指明了这一点，对于一个行为是否是道德行为并不能从它带来的道德后果而论，而必须从其行为的主观价值上看，康德的伦理学强调义务，一个行为必须出自义务才具有道德的内容，才能够算是道德的行为，如果只是合乎义务，出自自然的偏好、内心的恐惧或功利的目的等都不能算是道德行为。但其与冯友兰观点的区别在于出自义务的能力是理性奠定的，人作为理性存在者为义务而义务是其自由的本质，“义务就是出自对法则的敬重的一个行为的必然性”。[1] 这与觉解的情感、体悟等指向不一样。康德的道德学将人从自然与认识的必然性中解放出来，而进入了自由的领域，显然此点没有觉解更高一层，冯友兰认为觉解是人不断获得人生境界进阶的根本所在。

觉解不仅是道德行为的前提，也是使人达到道德境界的途径。人能常为道德行为，那他就常驻于道德境界，依靠本能而行动的人只能属于自然境界，动物是在自然境界之中的，人则可以达到道德境界，冯友兰的境界说正是以觉解程度的不同分为四个境界：自然境界、功利境界、道德境界、天地境界。自然境界需要最少的觉解，在这种境界中的人不著不察、不知不识，接近于一种本能的状态，功利境界需

---

〔1〕 李秋零主编：《康德著作全集》第4卷，中国人民大学出版社2005年版，第407页。

要较多的觉解，道德境界需要更多的觉解，天地境界需要最多的完全的觉解。〔1〕自然境界中的人不知有我，功利境界中的人只有我，道德境界中的人知道有我，但是更知道还有他人，可以为无我，天地境界中的人无我，是超越了有我，而与天地同体，是一种“同天的境界”。从冯友兰的境界说来看，觉解是境界高低的条件，道德行为可以使人到达道德境界，是进一步达到天地境界的前提。但是人也可能落入自然境界与功利境界，尤其是停留在有我为我的功利境界。功利境界的特点是行为为自己求利，眼中只有我，而不顾及他人，这种行为不是道德的行为，但是有可能是合乎道德的行为。因此，冯友兰特别强调道德行为的本质属性，为他人的利，也就是为公。

二、为公：道德行为的本质属性

在觉解的前提下，道德行为区分于一般的行为或合乎道德行为的特点是行义。“在功利境界中的人，其行为是为利的；在道德境界中的人，其行为是行义的。为利者其行为是求自己的利。行义者，其行为遵循‘应该’以行，而不顾及其行为所可能引起的对于其自己的利害。”〔2〕“义者，宜也”，行义的行为才是道德的行为，自然境界中的行为无关乎义利，它是没有利也没有义的，因为其并没有觉解到有我无我，而功利境界的行为也不能算是道德行为，它是为利的，不是为义。冯友兰将义规定为道德行为的本质属性，这一属性可以通过道德行为的指向与目的而识别。这一部分将分三个方面总结冯友兰的观点：道德行为行义与为利之间的联系；道德行为行义的实质是为公；行义的方法是尽伦尽职，于日用伦常之间即可达到道德境界。

“行义的行为是道德行为。”〔3〕冯友兰举了个例子，两个军人同时冲锋陷阵，一个是想得到上级的奖赏或同伴的称赞，一个是认为这是军人的天职，其他别无所

---

〔1〕 冯友兰：《三松堂全集》第4卷，第501页。
〔2〕 冯友兰：《三松堂全集》第4卷，第546页。
〔3〕 冯友兰：《三松堂全集》第4卷，第547页。

求，那么第一个军人的行为是为利的，求的是他个人的利益，是属于合乎道德的行为而不是道德的行为，第二个军人的行为是“无所为而为”，具有更高的道德价值，是道德的行为。但是冯友兰强调，行义的行为并不是与利无关，而是与利有密切的关系。首先冯友兰批评了归义入利的观点，这一观点认为任何行为都以人的快乐为最终归宿，利是落脚点，他们忽略了谁之快乐，何人之利的问题，如果仅仅是使得自己快乐，自己获利，则行为不能是道德的，这是应该反对的，如果为的是他人的快乐，求的是别人的利益，这一行为就是道德的。其次，分利与义的观点也是错误的，孟子见梁惠王，一上来就说“王何必曰利，有仁义而已”，但是孟子后面又大讲了一通如何让百姓安居乐业的谋划，这不是利吗？其实这是义，因为这是为了百姓的利，不是孟子个人的利。冯友兰提出了分别意向的好与意向所向的好，意向的好是义，意向所向的好是为了别人的利，冯友兰以董仲舒的“正其义不谋其利，明其道不计其功”为例来说明，董仲舒抓住了儒家的基本精神，这句话是就个人行为意向的好说的，当然应该“正其义不谋其利”，个人的行为只能问是否应该，而不能计较对于他个人的利害，但是当考虑到对谁有利时，这就是意向所向的好，就应该计较了，对社会有利，对国家有利。

我们从冯友兰对道德行为的义利之辨可以看出，冯友兰打通了义利之间的区分，认为道德行为的义就是为利，只是这利是他人的利，社会的利，国家的利，绝不是个人的利。孟子说鱼与熊掌不可兼得，舍鱼而取熊掌者也，身与义而不可兼得，舍身而取义者也，鱼与身是个人的利，而熊掌与义是他人的利，为此可以舍弃鱼与身。进一步，沿着新儒家宋明理学的路子，冯友兰将义利之别归结为公私之分，为义的人，不是不为利，而是为公利，如果仅仅为我，就是纯粹的利，如果为他，则是行义。虽然冯友兰批评墨家是一种功利主义，但是他也肯定墨家所追求的“国家百姓人民之利”，主张的“忠，利君也”，“孝，利亲也”，“功，利民也”，因而墨家这里讲的忠、孝、功，都不是为了个人的，而是为了他人的，这是公不是私。这里我们也可以与康德伦理学比较，康德的目的是要建立一个排除一切经验的定言命令，这一道德的律令是从纯粹理性出发的，纯粹理性又是实践的，它与冯友兰说的觉解与行义相同，理性能够提供完全的道德法则，而其动机又是应该的应该，但是差别在于冯友兰将行义引向了为公，走向了为他人、为社会、为国家的实践领域，“一种行为，无论其为个人的或团体的，若不站在其所属于之社会之观点看，就无所谓道德的或不道德的”，[1] 这也是儒家的现实政治社会抱负，而康德伦理学就没有这样的内容，只是一个关于行为法则的纯形式，从康德对经验主义的反对理由中更能看出以道德法则为轴、为义务而义务之旨趣，经验主义“因此与一切禀好结盟，而后者如果被提升到无上实践原则的尊位，就会贬损人道……经验主义比一切狂热更加危害”。[2] 道德法则是不容许掺杂任何经验内容的纯粹理性实践能力，儒家的行义与为公在康德看来是指向经验的，并以经验为内容，总存在着危及“出自义务”的可能性，事实上这也可能是儒家的缺陷之一，可以以行义与为公为口实而做实质上不道德之事情。邓晓芒就批评“儒家的道德原则不是普遍的道德法则，它是建立在一种‘人情’与功利上的道德，一旦人情变化，功利到手，道德的‘工具’就被抛弃”，[3] 但是我们同样可以以儒家的观点来批评康德伦理学的义务是空虚的纯形式，是不关涉道德行为惠及对象之人的假定，是不入世的伦理学。

既然行义是为公，公不是“我”，而是“他”，那么为公是不是意味着像墨家那样对所有人“兼相爱”或者类似于基督教伦理将所有人看作一个平等的被造物呢？不是，冯友兰也批评墨家“无君无父”，批评基督教不够理性彻底，但冯友兰没有特别强调“絜矩之道”，而是认为他所谓的人伦不是传统所说的“五伦”，“五伦”从属于他说的人伦，“人与人的社会的关系，谓之人伦”，[4] 家庭伦理关系、国家君臣关系不过是社会关系的种类，冯友兰大大扩展了传统儒家对人伦的划分。人在社会中必居于某种位分，就要尽那个位分的职责，“在伦谓之‘尽伦’，在职谓之‘尽职’……尽伦尽职，就是尽性”，[5] 所以为父尽慈，为子尽孝，为君尽惠，为臣尽忠，都是尽伦尽职，就是做到了行义，也就是做到了为公。冯友兰的为他之利的“他”，既与儒家差序格局的外推相关，又不仅限于“家—国”的传统结

---

[1] 冯友兰：《贞元六书》上，华东师范大学出版社 1996 年版，第 121 页。
[2] ［德］康德：《实践理性批判》，韩水法译，商务印书馆 2005 年版，第 77 页。
[3] 邓晓芒：《康德道德哲学详解》，《西南大学学报（哲学社会科学版）》2005 年第 3 期。
[4] 冯友兰：《三松堂全集》第 4 卷，第 545 页。
[5] 冯友兰：《三松堂全集》第 4 卷，第 555 页。

构，这与冯友兰生活在现代社会及在国外接受过教育相关，与现代性有一个很好的接榫。我们可以看到，觉解是从人对道德行为本身的认识来说的，只有觉解的道德行为才能够被称为道德的行为；为公是对道德行为的外在规定性来说的，道德行为即为公，为公且觉解的行为即道德行为。如果这是道德行为的全部内容，道德行为依然显得冷冰冰的，这不是儒家的特点，儒家是温情的，理想的，冯友兰对道德行为的论述亦不仅限于此，道德行为还有一个情感的出发点，也可以称作道德行为的心理动力，这就是“仁”。

三、仁：道德行为的情感基础

冯友兰说“行义的人，于行义时，不但求别人的利，而且对于别人，有一种痛痒相关的情感”，这样的人就是仁人，这样的情感就是仁。仁在儒家传统里面既是一种德，也是一切德，仁人既是具有仁义礼智信美德的人，也是具有仁德的人，“恻隐之心，仁之端也”，恻隐之心对别人有一种感同身受的情感，大致等同于现在的同情心，同情心的基础是人心的相同，能感受别人的痛苦，能体会别人的快乐，也就能知晓别人的好恶，推己及人地做出道德的行为。“仁，人心也”，冯友兰认为“儒家以说仁义见称于世”，“康德只说到了义，没有说到仁”，[1]仁是儒家的标志，在冯友兰论述道德行为的观点中，仁成为了道德行为的标志。

仁的行为是对义的行为的超越，仁中包括了为公的义，同时具有了一种对别人痛痒相关的情感。冯友兰认为义的行为与仁的行为都是道德的行为，如果只讲到义的行为就还没有超越康德，讲到仁的行为就是儒家道德行为的特质了。二者的关系是义的行为不必是仁的行为，也可以是道德的行为，但仁的行为一定是义的行为。仁是对道德行为的锦上添花，从日常经验来看，哪一个道德行为的背后没有道德情感的作用？仍以救落水儿童为例，在施救的时候必然有着对落水儿童的同情之心，这么小的美好的生命夭折了多么可惜，孩子的父母会多么伤心等，道德情感对道德行为有激发的作用，出于强烈的道德情感，人们更能将行为付诸实践，会义无反顾

[1] 冯友兰：《三松堂全集》第4卷，第552页。

地去行。有人认为“人类的道德行为，强力的支撑在‘理性’”，[1] 但是理性并不能提供给人觉解的能力，更不能形成痛痒相关的道德情感。西方的情感主义伦理学也强调同情心的作用，休谟就说“理性，由于是冷漠而超然的，因而不是行动的动机，仅仅通过给我们指明达到幸福或避免苦难的手段而引导我们出自欲望或爱好的冲动”，[2] 同情才是道德判断与道德实践的基础。

作为道德情感的仁是发自行为者内心的，但并不意味着仁是一种个体的私人化的情感，仁是公的，能体会他人的情感，觉察他人的需要方可谓之仁。程伊川说“公而体之谓之仁”，朱子亦说“仁之道，只消道一公字，非以公为仁，须是公而以仁体之。伊川已曰‘不可以公为仁’。世有以公为心，而惨刻不恤者。须公而有恻隐之心。此功夫却在人字上”。这一点很重要，义不义可以以公私区分，但是仁不仁不能仅仅以公私区分，还要有一种对公的体贴的情感。我们现实社会中，以公的名义所行的事情有些给人类带来了痛苦和灾难，没有对他人的仁，为公可能变成了为私，为公而无仁，是有缺陷的。只有仁义相结合，才能真正做到“己所不欲，勿施于人”，“老吾老以及人之老，幼吾幼以及人之幼”，这是儒家的忠恕之道，尽己推己，都是为了他人。在这里，我们可以理解孟子所说的“仁之实，事亲是也”，亲也是他人，只是与自己更为亲近的他人，“实”可以理解为切近的方法，而不是本质或者唯一的内容，儒家只是就一个人最为日常的生活来说仁义，因而总是从家庭的伦理关系出发，但我们不能仅限于此。墨子强调兼相爱，但最终的方法亦是“施由亲始”，可见儒家只是找到了更现实更有效的行仁义的途径。

康德认为“这种情感现在也可能称为对道德法则的敬重情感……它也可以称为道德情感”，因此敬重是唯一的与义务相匹配的情感，“敬重始终仅施于人，决不施于物”，同时敬重在康德看来也是“无可质疑的道德动力，这种情感除了仅仅出于这个根据的客体之外就不指向任何客体”。[3] 我们可以看到康德的“敬重”是对道德法则本身的敬重，同时也是对于具有义务能力的理性存在者的敬重，它并不是一种与道德行为事实发生的人与对象的痛痒相关的情感，这种敬重的情感毋宁

[1] 周秀芹：《理性：道德行为发生的内力》，《中央党校学报》2013 年第 4 期。
[2] [英] 休谟：《道德原则研究》，曾晓平译，商务印书馆 2001 年版，第 146 页。
[3] [德] 康德：《实践理性批判》，韩水法译，第 81、83、85 页。

也可以说是神圣的、形式的、先天的，而不是世俗的、贴切的、后天的。敬重与“出自义务”一样，不能来自于个人的偏好、经验的事实以及任何受到外在杂质的影响，它具有一种“崇高性”。从道德情感来看，我们能发现冯友兰代表的儒家伦理学与康德伦理学的差异所在，前者是经验性的入世的，以社会为指向的，后者是先验的形式的，以理性存在者人本身为指向的。

冯友兰认为，作为道德情感的仁不仅使得人的行为是道德的，让人达到道德境界，仁还可以使人达到天地境界，这是同于大全的境界，“万物皆备于我”，在天地境界中的人是“无我”的，也是“有我”的，我与非我的区别已经不存在了。在道德境界中，以我有自私来说，已经是“无我”，因为道德行为要求人为他忘我，以我之主宰来说，又是“有我”的，在道德境界中有真正的“我”。天地境界是比道德境界觉解更高的境界，儒家要人常驻道德境界，但是更要人努力达到天地境界。冯友兰的天地境界已经神秘化且宗教化了，这是其新理学的高明处。

四、结语

从以上的简单论述与比较中，我们得以管窥冯友兰的道德行为观。研究冯友兰关于道德行为的观点有三方面的意义：其一，发掘传统，不仅是儒家伦理的传统，而且是现代新儒家伦理的传统，诞生于现代背景之下的新理学，交融着传统与现代，接榫着中国与西方，是一种综合的创新；其二，在一个全球化的学术背景之下，儒家伦理能够与西方伦理进行对话，且共享一个相似的问题域，我们讨论的冯友兰的道德行为观点的各个方面都能与西方伦理学的相关理论对应，也可说明冯友兰的观点并不过时，还对我们理解传统，对话西方，开启当下的道德行为研究具有借鉴意义；其三，学以致用是中国的学术传统，儒家伦理强调不离日用之间，冯友兰的观点能够提供给我们道德行为实践的指导，其觉解、行义、为公、仁都是我们现在社会所缺乏的，当我们面对“扶不扶”的道德困境，当我们面对道德知识与道德实践的分离，当我们面对越来越盛行的功利主义、自私自利，我们更需要认识何谓道德行为，更需要勇敢地践履道德的行为。面对当下人们贫瘠的精神生活，也需要提升一种人生的境界，道德行为是到达道德境界，进而达到天地境界的必要阶梯。

经典重读与当代阐释：朱光潜论“悲剧的衰亡”

朱仁金*

［内容提要］

朱光潜的博士论文《悲剧心理学》不仅是厘清和理解其悲剧美学思想的一条重要线索，也为中国当代悲剧理论体系的建设提供了重要的参照系。首先，他从西方悲剧理论入手，认为中国“并无严格意义上的悲剧”，但承认是有“悲剧性故事”的。其次，朱光潜在上世纪三十年代初就发现并提出了黑格尔的“艺术终结论”思想，早于阿瑟·丹托，但其重要学术价值迄今仍未引起国内研究者的注意。第三，朱光潜从理论与现实的高度，历史性地提出了“悲剧的衰亡”论，从而为电影及视觉艺术的文化转型埋下了伏笔。因此，《悲剧心理学》所蕴含的深刻内涵不仅值得进一步研究，即使在今天仍具有前沿性和开放性。

［关键词］

朱光潜　《悲剧心理学》　艺术终结论　悲剧的衰亡　文化转型

---

* 朱仁金，四川美术学院助理研究员，哲学博士。本文系重庆市博士基金项目“比较美学视野下的朱光潜及其当代阐释研究”（编号：2015BS094）的阶段性成果。

《悲剧心理学》是朱光潜留学欧陆时用英文写成的一部美学博士论文，1933年由斯特拉斯堡大学出版社出版，中译本1983年由人民文学出版社出版，张隆溪翻译，朱光潜亲自校阅了译本。该书以审美经验和“心理的距离”为基础，大量论及了亚里士多德、博克、康德、黑格尔、叔本华、尼采等各家悲剧理论思想，并结合西方经典悲剧作品展开论析，提出了独到的见解。朱光潜自陈，《悲剧心理学》不仅是其文艺思想的起点，也是《文艺心理学》和《诗论》的萌芽。[1]从中国戏剧理论史看，朱光潜是第一个从现代心理学美学的崭新视角来探讨悲剧艺术的内在奥秘与审美特性的：不仅扩大了表现主义美学在中国的影响，丰富了“五四”以来的“纯文艺”美学观，而且将中国现代戏剧理论的建设和发展引领到科学研究的轨道上来。因此毫不夸张地说，《悲剧心理学》是“中国现代戏剧美学思想史上的一座丰碑”。[2]《悲剧心理学》除了开拓性地用审美心理学的方法研究悲剧艺术，还前瞻性地提出了“悲剧的衰亡”问题，其理论依据正是黑格尔的“艺术终结论”。遗憾的是，朱光潜对黑格尔“艺术终结论”的发现及其延伸性探索和阐释，在国内学界至今尚未得到应有的重视。[3]“艺术终结论”话题的重新开启缘于美国分析美学的代表人物阿瑟·丹托及其代表作《艺术终结之后》，[4]国内众多学人因丹托而回到黑格尔，同时也将“艺术终结论”与现代艺术及美学的转向连接起来，并一度成为学术的重要增长点。因此，将掩盖于热潮背后的朱光潜揭示出来，不仅有助于进一步厘清和理解朱光潜的悲剧美学思想，而且对《悲剧心理学》这部经典著作的学术价值也会有新的认识。

一、误读或曲解：围绕《悲剧心理学》的争议

《悲剧心理学》是一部饱受争议的著作，因为朱光潜在书中多次谈到中国“没

---

[1] 《朱光潜全集》第2卷，安徽教育出版社1987年版，第209页。

[2] 焦尚志：《中国现代戏剧美学史上的一座丰碑》，《戏剧文学》1995年第7期。

[3] 参见彭锋：《“艺术终结论”批判》，《思想战线》2009年第4期。

[4] 论文版《艺术的终结》写于1984年，1997年推出专著《艺术终结之后》，中译本在2007年由江苏人民出版社出版，王春辰翻译。

有产生过一部严格意义的悲剧”。[1] 乍一听来，确乎有某种振聋发聩之感：中国地大物博，怎会没有悲剧？中国的戏曲艺术在元代就已经发展成熟，中国古典文学中描绘了多少悲情故事，怎会没有悲剧呢？的确，这种“害怕自己没有”的心理曾一度困扰着很多中国人，更有甚者甚至抱着某种偏执对此提出了质问，只有少数学者安下心来做详细的考察和研究。但一些重要细节仍旧常常为人所忽略：其一，朱光潜在提出“中国没有悲剧”的同时，前面其实是有限定词的，即“严格意义的”“几乎没有”等字样；其二，朱光潜的论断是有特定文化背景的，那就是西方悲剧理论体系及其哲学；其三，朱光潜的《悲剧心理学》成书于1933年，这是一个时间节点，同期或者之后的某些中国作家按照西方悲剧艺术的样式来创作的剧本显然不能作为反驳朱光潜的例证。可见，有些争议的核心其实不在于问题本身，而在于问题之外；印象式的意见并不能证明朱光潜结论之武断，精准和审慎才是他的风格，至少他承认中国有“悲剧性故事”。[2]

其实，“中国没有悲剧”这个观点并不是朱光潜的首创，延续到朱光潜这里似乎更像是一种共识。黑格尔就多次表示，中国没有悲剧，是因为中国人缺乏个人自由独立的意识。[3] 蒋观云1904年在《中国之演剧界》中也认为：“中国之演剧界也，有喜剧，无悲剧。”[4] 蒋观云持一种工具论思想，试图通过提倡悲剧挽救社会颓势，为强国富民服务。朱光潜认定中国没有悲剧，其思想基础自然是以黑格尔为代表的悲剧理论，并且将其作为检验标准来清理中国自古而来的戏曲及文学。客观地讲，朱光潜的结论是有一定道理的：中国当然存在悲剧性故事，却未必一定要争得“悲剧在中国自古有之”的美名；如果今天的研究者尚不能客观理性地看待这些问题，不能踏踏实实地进行研究，不能培植真正具有学术增长潜力的理论话语，那么他们得到的肯定比失去的要多。

而更有趣的在于，朱光潜一方面断言中国没有一部严格意义上的悲剧，另一方面又宣称“悲剧的衰亡”了。这种言说方式的背后，是不是将“中国有或是没有

[1] 《朱光潜全集》第2卷，第420页；类似表述还可以参阅该书第224、425、428、469等页。
[2] 《朱光潜全集》第2卷，第260页。
[3] [德] 黑格尔：《美学》第3卷下，朱光潜译，商务印书馆1996年版，第297-298页。
[4] 蒋观云：《中国之演剧界》，《晚清文学丛钞：小说戏曲研究卷》，中华书局1960年版，第50页。

悲剧”的论争提早摆在了一个更加滑稽的境地呢？朱光潜没有直言，这也不是《悲剧心理学》的重点之所在。但有一点是可以肯定的，即朱光潜论“悲剧的衰亡”是紧紧承接黑格尔的“艺术终结论”而来，以及尼采《悲剧的诞生》带给他的灵感，而现实依据正是古典艺术遭遇现代性时来自大众艺术和流行文化对悲剧所造成的冲击和挑战。令人吊诡的是，朱光潜在上世纪30年代就已经探讨过的理论话题直到今天仍具有现实意义，而且一度成为国内学界争论的焦点；但这种论争不是“接着”朱光潜讲，而是接着丹托讲。

二、艺术终结论：哲学体系与现代性预言

丹托之所以重提黑格尔的“艺术终结论”，是因为他身处西方现代艺术的现场，艺术品在后现代主义浪潮的簇拥下从形式到内容都在发生着深刻的流变和交替：杜尚的《泉》被堂而皇之地搬进了艺术的圣殿，安迪·沃霍尔的《布里洛盒子》也名正言顺地成为了艺术。艺术如何定义？艺术品又是什么？艺术史长期以来所形成的经典概念是否应当得到捍卫，抑或已然走向消亡？甚至丹托本人也不得不承认：“我在经典美学文本里学到的东西，似乎没有任何东西与正在发生的艺术有关系。”〔1〕而另一方面，丹托亦深刻地意识到，一股崇尚观念、复归哲学的幽灵正在席卷整个西方艺术世界，艺术的权利被“最全面的剥夺”，〔2〕艺术“必须转向哲学”。〔3〕尽管如此，“艺术终结论”却始终疑点重重、不乏质疑之声，因为艺术市场的繁荣正与它并行不悖。因此，只有回到黑格尔的“艺术哲学”体系，或许才能拨云见日、解开这道“艺术终结”的谜题。

1828年，黑格尔在柏林的一次美学讲演中首次提出了“艺术终结”这一话题。黑格尔认为：艺术发展到“浪漫型艺术就到了它的发展的终点，外在方面和内在方面一般都变成偶然的，而这两方面又是彼此割裂的。由于这种情况，艺术就否定

---

〔1〕［美］阿瑟·丹托：《美的滥用》，王春辰译，江苏人民出版社2007年版，第1页。

〔2〕Jane Forsy, *Philosophical Disenfranchisement in Danto' s "The End of Art"*, in The Journal of Aesthetics and Art Criticism, Vol. 59, No. 4. (Fall, 2001).

〔3〕［美］阿瑟·丹托：《美的滥用》，王春辰译，第16页。

了它自己，就显示出意识有必要找出比艺术更高的形式去掌握真实”。[1] 美是理念的感性显现。这意味着，理念为了摆脱对感性材料的依赖和外在的束缚，就必然要求艺术否定自身向着更高形式的宗教或哲学过渡，作为掌握真实的更高的形式，从而最终预示着艺术的终结。黑格尔研究艺术是从他的哲学体系出发的，体系化的讨论也贯穿了《美学》的始终。按照黑格尔的说法：“哲学若没有体系，就不能成为科学。没有体系的哲学理论，只能表示个人主观的特殊心情，它的内容必定是带偶然性的。哲学的内容，只有作为全体中的有机环节，才能得到正确的证明，否则便只能是无根据的假设或个人主观的确信而已。”[2] 因此，《美学》作为《小逻辑》哲学体系的理论推演，我们可以清楚地发现，所谓艺术发展的三种历史类型：即东方原始阶段的象征型艺术、希腊成熟时期的古典艺术，以及中世纪走向解体的浪漫型艺术，实际讨论的是内容、理念、心灵要不断超出有限形式和物质性从而复归其自身的过程，这也是区分三种艺术类型的根本依据，以及艺术终结的绝对根源。在象征型艺术的时代，人类对理念的认识是模糊的、朦胧的，他们无法找到与精神内容相吻合的物质形式，因而只能采取暗示、象征的手法来表现某些观念，如金字塔的神秘、狐狸的狡猾，显出“形象和意义之间部分的不协调”。[3] 古典型艺术的雕刻，“内容和完全适合内容的形式达到独立完整的统一，因而形成了一种自由的整体”，[4] 正像温克尔曼所总结的那样：“希腊杰作有一种普遍和主要的特点，这便是高贵的单纯和静穆的伟大。正如海水表面波涛汹涌，但深处总是静止一样，希腊艺术家所塑造的艺术形象，在一切剧烈情感中都表现出一种伟大和平衡的心灵。”[5] 因此，在古典型艺术自身内部，理念与感性形式的博弈仍旧存在，理念要超出有限定的本质不能也不会改变。这就是浪漫型艺术的到来。“在浪漫型艺术的表现里，一切东西都有地位，一切生活领域和现象，无论是最伟大的还是最渺小的，是最高尚的还是最卑微的，是道德的还是不道德和丑恶的，都有它的地

[1] ［德］黑格尔：《美学》第2卷，朱光潜译，第288页。
[2] ［德］黑格尔：《小逻辑》，贺麟译，商务印书馆2007年版，第56页。
[3] ［德］黑格尔：《美学》第2卷，朱光潜译，第11页。
[4] ［德］黑格尔：《美学》第2卷，朱光潜译，第157页。
[5] ［德］温克尔曼：《论古代艺术》，邵大箴译，中国人民大学出版社1989年版，第41页。

位。”〔1〕在这种情况下，艺术的愈加“世俗化”不仅不可避免，而且直接为浪漫型艺术的解体埋下了伏笔。

那么，艺术的生命是否就此走到了尽头呢？实际上，“艺术终结论”终结的不是艺术的具体样式，而是艺术类型；“艺术终结论”实质表达了他对艺术内在生命，即理念的深刻沉思和拷问，以及对现代性视野下艺术形式发生某种畸变时的审慎和警觉。黑格尔的这个思想在后来的德国艺术史家格罗塞那里同样可以得到印证：“饰品的发展，固然已经增进了饰品材料的范围，改进了制造饰品的技巧，但人们还从来没有能够在原始的诸形式之外，增加一种新形式。”〔2〕尽管格罗塞否弃了对理念的遵循，而是从原始艺术的具体考察中发现了生产方式的决定作用，但是他同样赞成了这样一个事实：不断推动艺术的花样翻新和艺术家的追新逐异，亚里士多德的“四因说”仍旧给人提供了诸多有益的启示。至于艺术从此是否朝着善的方向，这一方面还需时间的考验，一方面尚待理论家的总结。

三、悲剧的衰亡：历史命运与现实依据

朱光潜理解了黑格尔“艺术终结论”的创造性，但是却没有像哲学家的黑格尔一样从理念出发来抽象地检查艺术发展的内在规律，而是用活生生的悲剧艺术作品来验证，用近代心理学的研究成果来统摄，从而使黑格尔的“艺术终结论”有了更加饱满的肌质和新鲜的血液。恰如马克思、恩格斯在批判黑格尔时所谈到的：“德国哲学从天上降到地上；和它完全相反，这里我们是从地上升到天上。”〔3〕朱光潜也曾多次强调，哲学家的缺点在于太看重理智，爱将自己的“一点心得当作全部真理”；将一个简单的公式去概括繁难复杂的世界和现象，就会显得很勉强。〔4〕而悲剧恰恰是一个具体的事物，不是一个抽象的概念，因此讨论悲剧问题的前提首先应该是而且必定是以世界上的一些杰出悲剧作品为基础。朱光潜认为：

〔1〕［德］黑格尔：《美学》第2卷，朱光潜译，第365页。
〔2〕［德］格罗塞：《艺术的起源》，蔡慕晖译，商务印书馆2008年版，第79页。
〔3〕《马克思恩格斯选集》第1卷，人民出版社1995年版，第73页。
〔4〕《朱光潜全集》第1卷，第446-464页。

“黑格尔为我们提供了这种恶性循环论证的一个典型例子。他从一般的绝对哲学观念出发，假定整个世界都服从于理性，世界上的一切，包括邪恶和痛苦，都可以从伦理的角度去加以说明和证明其合理性。”〔1〕这样一来，活生生的悲剧作品就只能沦为证明抽象乏味的永恒正义的胜利的一个例子。后来的叔本华、托尔斯泰同样也牺牲了悲剧来保全他们的哲学，柏格森和斯宾塞则为了保全他们的哲学而牺牲了喜剧。哲学家们从天上走下来，他们只愿意去关注某个预设前提的实现，至于个别的具体问题，他们虽然力不从心，其实无心也无暇去顾及了。

朱光潜敏锐地将置身于现代性转型过程中的悲剧所遭遇到的生存困境确诊出来，其客观意义在哪儿呢？不仅把黑格尔的“艺术终结论”现实化了，而且充实化了。悲剧作为最重要的艺术形式之一，它的地位自古希腊开始就得到确立，悲剧艺术也成为西方众多哲学家、文艺理论家研究的范本；但近代以后，心理科学的发展将它的触角几乎延伸到了人类活动的一切领域，而悲剧及其研究却与人们渐行渐远了。朱光潜惊讶地发现康德的《纯粹理性批判》对悲剧一言不发，里波的《情感心理学》论审美情感的一章、德拉库瓦的《艺术心理学》对悲剧语焉不详，悲剧论著日渐稀少，论述喜剧的浪潮（如柏格森的《论笑》）却汹涌而至。就在人们欢呼现代性、沉浸在工业文明的欢乐海洋里的时候，悲剧的衰微正悄无声息地、在其自身内部渐渐形成了某种趋势，并因为外在力量的冲击而急剧凸显出来。因此，《悲剧心理学》的理论运行实际活跃着两条明线：一是运用当时心理科学的最新成果来考察悲剧的快感，二是借助黑格尔“艺术终结论”去审视悲剧衰亡的历史命运，从而为置身于启蒙现代性之下的人们提供某种审美之思。

按照朱光潜的理解，悲剧在古希腊的繁盛时期已经显露出衰落的苗头。悲剧终结论的始作俑者可以追溯到柏拉图。在柏拉图那里，文艺是属于情欲的，而不是理智的；荷马和悲剧诗人的作品最大毛病就是说谎，歪曲神和英雄的性格；悲剧“培养发育人性中低劣的部分，摧残理性的部分”，使观众在得到快感的同时也培养了他们的“感伤癖”或“哀怜癖”。〔2〕因此，应该把诗人从城邦驱逐出去。到

〔1〕《朱光潜全集》第2卷，第218页。
〔2〕［古希腊］柏拉图：《文艺对话集》，朱光潜译，人民文学出版社1963年版，第84-86页。

了亚里士多德时代，“希腊已经脱离幽暗的神话世界而进入一个学术开明的世界，诡辩学派以因果关系去解释世间万物，在这种情形下，亚里士多德自然很难得到早期希腊悲剧诗人们的精神”。[1] 亚里士多德是一个缺少诗人气质的唯理主义者，虽然他对悲剧的系统总结直到17世纪法国古典主义时期仍被奉为圭臬，如他的思想经钦提奥、卡斯特尔维屈罗、布瓦洛等人发展提炼而来的“三一律”就是一例；但是正如黑格尔后来对亚里士多德《诗学》、贺拉斯《诗学》（或称《诗艺》）和朗吉努斯《论崇高》等论著所做的结论那样：“这些著作中所做出的一些一般性的公式是作为门径和规则，来指导艺术创作的，特别是在诗和艺术到了衰颓的时代，它们就被人们奉为准绳。”[2] 所以后来的布莱希特戏剧理论体系所倡导的“间离效果”就是对“三一律”的巨大突破。不过，悲剧的成熟如此之早，衰落又是如此之快，这倒是令人始料未及。

但可以肯定的是，悲剧诞生在希腊，“是在希腊思想还没有固定化为一种严格的宗教信条或一个严密的哲学体系时诞生的”[3]。埃斯库罗斯和索福克勒斯的作品人物，并不为一套确定而系统的宗教信仰或是伦理学说所规范，渎神或伦理背叛有时在现代读者看来也觉得是必需的。至于城邦的稳定与否或是道德的健全与否，埃斯库罗斯和索福克勒斯至少首先没有去考虑这些事情；欧里彼得斯是一个怀疑论者，过度的思考削弱了他的内在生命力向未知世界的扩张，希腊悲剧就从他开始走向衰亡了。后来的拉辛皈依了冉森教，从此便将写作悲剧抛诸脑后；伏尔泰因为才气太盛，因而没有成为伟大的悲剧作家。这样看来，黑格尔从理念出发认定艺术终结于宗教和哲学，这是有合理性的。康德之后，形式主义美学讲究“为艺术而艺术”的艺术独立论经克罗齐、卡里特等人得到了极大的宣扬，只可惜天才的种子常有而土壤不常有，悲剧不断式微的命运看来是一去不复返了。

其次，“悲剧的衰落总是恰恰与诗的衰落同时发生”。[4] 悲剧是从抒情诗和舞蹈中产生出来的；悲剧的语言通常是用诗歌体写成的，而不是使用日常的语言。我

---

〔1〕《朱光潜全集》第2卷，第313页。
〔2〕［德］黑格尔：《美学》第2卷，朱光潜译，第19-20页。
〔3〕《朱光潜全集》第2卷，第469页。
〔4〕《朱光潜全集》第2卷，第247页。

们读索福克勒斯、埃斯库罗斯、莎士比亚的悲剧，那种诗体化的庄重华美的辞藻、和谐悦耳的节奏和韵律、富饶的意象以及瑰丽的色彩，使得悲剧所展现在眼前的时空、人物、情景、情节以及情操等都大大地高于我们平凡的世界和人生。欣赏悲剧也不是大略地了解一个故事梗概，而是要从诗体化的语言中感受它的节奏变化和饱满的情感，从而得到美的享受。哈姆莱特诀别仆人兼密友霍拉旭时的音调，麦克白得知其夫人死讯后的那段“虚无主义者的告白”，奥瑟罗自杀前的那些怅恨和追悔的言语，〔1〕都是非常典型的例子。后来的高乃依、拉辛的悲剧始终都是用亚历山大格式的诗体写成，但是近代歌剧的精神风貌已经大为改观了：戏剧语言越来越趋近于写实，抒情的部分正在退场。虽然易卜生、梅特林克、邓南遮这样一流的大师也是靠写实而闻名，但谁能否认他们的作品，无论言辞或节奏都保持着一种独特的风韵和诗意呢？伊丽莎白时代之后的英国，卢梭、伏尔泰、狄德罗时代的法国，我们便大概知道了悲剧衰亡的原因：启蒙的代价之一就是将经典的东西通俗化，为了照顾一般的大多数而不得不牺牲某种高雅的趣味来迎合观众的需要；悲剧和喜剧巧妙地混搭，使人们“于歌笑中见哭泣”“寓哭于笑”“苦乐相错”，〔2〕由此营造出某种不伦不类的滑稽场面；市民剧表面上越来越贴近人们的生活，但是却越来越远离人们的心灵。当悲剧也为了争取观众而发愁的时候，这种对自身判断力和价值尺度的丧失无疑给它自身造成了某种致命的打击；悲剧与喜剧的混合无疑加速了悲剧的衰亡。“斯德哥尔摩效应”无处不在。古希腊悲剧之后，莎士比亚是悲剧创作的一代大师，但总给人一种霞光唱晚之感，火红之后就渐渐隐入茫茫暮色之中了。

四、习尚与流变：作为新兴艺术的电影

黑格尔从他的哲学体系出发阐发了“艺术终结论”的深刻内涵。我们虽然不认为艺术会真正终结，因为艺术创作乃至生产活动还在不断发生，但是作为某种具体的艺术样式，我们却相信它会衰亡，甚至死亡、消失。黑格尔讲：“生命本身即

---

〔1〕《莎士比亚全集》第5卷，朱生豪等译，人民文学出版社1994年版，第272-273、420、580页。
〔2〕转引自王朝闻：《美学概论》，人民出版社2008年版，第67页。

具有死亡的种子。凡有限之物都是自相矛盾的，并且由于自相矛盾而自己扬弃自己。”〔1〕凡是在历史上产生的事物都是有限之物，有限之物在历史上产生也就必然在历史上消亡，那么它的自我扬弃乃至衰亡就是历史的必然。

朱光潜在希腊三大悲剧家之一的欧里彼得斯那里找到了悲剧衰亡的萌芽，而拉辛则敲响了悲剧的丧钟。悲剧延续了上千年之后，它作为艺术样式虽然还在，但是人们与那些伟大的悲剧家及其悲剧作品已经渐行渐远了；艺术家也再难创作出伟大的悲剧，理论家也渐渐淡出了对悲剧的关注。特别是十八世纪以后，启蒙现代性的煽动、工业化进程的加剧，田园牧歌式的静穆生活正逐渐被支离，世界成了欲望化的存在，人的追求简单而贫乏，性情变得脆弱而躁动，以喜剧为代表的市民剧空前发达起来并很快成为大众的宠儿。在那个大变革时代，人们对悲剧已经审美疲劳，追新逐异的好奇心却空前旺盛起来：从看戏到演戏，从再现到表现，从优美到崇高，人们追求艺术的驱动力还在，但主观化的倾向却越来越浓了。

的确，随着科学主义的兴起，因果关系似乎成了解释一切的万能药，变态心理学家们将人的昏暗的隐意识部分暴露于光天化日之下，实验美学用科学方法做审美的实验首先在德国闪亮登场。技术革命的成果令人目不暇接，人们在一边膜拜技术的同时也深深陷入了自己制造的美景和梦幻。那么，作为高度理想化的悲剧如何才能再次独占鳌头呢？现实格外残酷：科学主义在艺术上的孪生兄弟——现实主义，将长度有限、情趣集中、人物理想化的悲剧彻底击垮，小说家前所未有地登上了艺术的殿堂。这样看来，诗性写作及其所塑造的英豪们与人们的兴趣已经渐行渐远，对现实苦难的描绘及其倾向性批判才更能引起人们的共鸣。拉辛对心理戏剧（小说）的奠定（如《费德尔》）就是一个例子，巴尔扎克对欧洲批判现实主义的奠定（如《人间喜剧》）也是一个例子。

在科技的推动下，电影艺术应运而生。在《悲剧心理学》中，朱光潜数次谈到电影对悲剧的替代和冲击。〔2〕电影，这个西方近代科技发展到19世纪末才出现的产物，为什么在短短几十年间就爆发出如此巨大的能量？林赛·沃特斯说：“电

〔1〕［德］黑格尔：《小逻辑》，贺麟译，第177页。
〔2〕《朱光潜全集》第2卷，第299、450页。

影的出现标志着大规模的符号形式革新。”[1]但是更深层次的原因在于，电影艺术的流行是与大众文化的倡导相互交织在一起的；正确地欣赏悲剧需要一定层次的鉴赏力和审美修养，而电影则降低了欣赏的门槛，从而助推了它的流行及其商业化。在这种情势下，一方面悲剧的地盘在不断被压缩，另一方面悲剧的奢侈品本色却不是被削弱，反而是增强。这里值得注意的是，朱光潜只是指出了电影及视觉艺术对悲剧造成的冲击，但对电影本身并无直接的微词；朱光潜对狄德罗、莱辛所大力宣扬的“市民剧”主张的批评却是显而易见的。朱光潜似乎没有意识到，启蒙运动首先是一场发生在思想领域的社会运动，同时要将提升艺术品位的责任加诸其上是否太过求全责备呢？不过本雅明在《机械复制时代的艺术作品》中辨明了这个问题，使我们不至于操持着法兰克福学派的精英意识对大众文化进行过低批判和否定。本雅明认为，是“复制技术把所复制的东西从传统领域中解脱了出来”；[2]电影不仅提供了集体共享的机会，而且推动了政治民主化的进程。虽然本雅明的观点并不为持纯文艺思想的学者所赞同，但唯其如此，才可能极有见地地为我们揭示出某些真理：传统的审美方式已经在发生改变，现代艺术的“灵韵”同古典时期的意象显然不一样了，“一件艺术作品的独一无二性是与它置身于那种传统的联系相一致的”。[3]新生时代的艺术鉴赏力如果裹足不前，气韵和心胸必然要失去应有的张力。“挽歌”唱罢，该来的还是要来。

五、文化转型与精神复归：悲剧终结之后

有人认为，黑格尔讨论艺术类型的时间轴受限于他及其之前的那个时代，如今已经过时。这是可能的。因为每个人都受制于他的那个时代，这是认知的囚笼、思想的疆界，更是历史的必然，比如在黑格尔时代电影还没有出现，杜尚也还没有出生。但实际上，黑格尔的“艺术终结论”不仅从体系上对艺术发展史有一个高瞻远

---

〔1〕［美］林赛·沃特斯：《美学权威主义批判》，昂智慧译，北京大学出版社2000年版，第272页。

〔2〕［美］沃尔特·本雅明：《机械复制时代的艺术作品》，王才勇译，中国城市出版社2002年版，第10页。

〔3〕［美］沃尔特·本雅明：《机械复制时代的艺术作品》，王才勇译，第91页。

瞩的总体把握，更为重要的是，黑格尔从艺术的内在生命——理念——的不断自我生成中洞察到了现代性的某些核心命题，即艺术本质、艺术生产和艺术职能的转变。因此，黑格尔“艺术终结论”是令人警醒的，现代性的忧虑经卢梭到黑格尔并且继续发挥着作用。20世纪50-60年代，后现代艺术来临！一时间人们欢呼雀跃，但短暂的狂欢之后，人们突然意识到这仍然不过是现代主义的极端化而已。〔1〕阿多诺、丹托、波德里亚等人深感消费社会语境下的艺术作品危机重重，于是将黑格尔的艺术哲学引向了文化社会学的领域，权力、性别、阶级、日常生活等成为文化研究的重要关键词。这样看来，“艺术终结论”更可能蕴藏着一个现代性的启示录：即悲剧的崇高和神圣性在科学技术和物质生产力的催化之下逐渐被某种现实性的东西打破或取代，仪式和禁忌被不屑一顾地抛弃了，人与自然的合一被分离之后又重新产生了向心力；悲剧仍然可以给我们审美享受，就某方面而言还可以是一种规范或者高不可及的范本，但是悲剧产生的时代及其辉煌已经一去不复返了。这是悲剧的历史命运，也是理念实现自身的必然结果。

那么，作为悲剧读者的朱光潜是悲观的吗？不。朱光潜认为，悲剧虽然“带有悲观和忧郁的色彩，然而它又以深刻的真理、壮丽的诗情和英雄的格调使我们深受鼓舞。它从荆棘之中为我们摘取美丽的玫瑰”。〔2〕悲剧虽然渗透着深刻的命运感，但是悲剧人物的那种艰辛的努力和英勇的抵抗，恰恰是在他们最无力和最渺小的时候展示出别样的伟大和崇高。“应该设想，西绪福斯是幸福的。”〔3〕正如悲剧的历史命运同它所塑造的人物那样，躯干可以毁灭，精神仍旧永恒。

---

〔1〕 李泽厚：《杂著集》，上海三联书店2008年版，第193、195等页。

〔2〕《朱光潜全集》第2卷，第470页。

〔3〕［法］《加缪文集》，郭宏安等译，译林出版社1999年版，第709页。

读书与评论

白彤东、王维嘉、鲍鹏山等微言“权利”观

白彤东　等

编者按：近日，白彤东、吴钧、鲍鹏山等学者在翰林苑微信群畅谈儒家“权利”观等问题，多有辩难，交锋精彩。本刊特将对谈记录整理发表，以飨读者。

白彤东：先秦儒家恰恰不否定私，而要由私及公

王维嘉：对关于儒学的讨论我一直一头雾水：是要让儒学重新进入政治正当性论证还是恢复民间传统？如果是后者没什么好辩论的，互相尊重即可。如果是前者，则要先看是否应该，再看是否可能。

白彤东：对维嘉兄的问题，现在被标签为“大陆新儒家”的学者更多不满足于将儒学只当作个人道德选择，而是认为其还是有政治建构方面的意义的。

王维嘉：我的意思不是儒家造就专制，而是担心专制利用儒家。儒家是如何论证个人权利的？愿闻其详。

白彤东：至少我自己所做的政治儒学，是要以现代社会不可避免的多元性为前提的，而不是一家思想的专制。但是，就像在多元性下面，我们也会承认基本人权等共识一样，我认为，儒家也有这样的共识的资源，能扩大自由民主的共识，并能处理当代自由民主体制下的一些问题。在这个意义上，儒家是世界的，而不仅仅是中国的。这与雷颐教授讲的拒斥西方的儒家也不是一样的。

吴　钧：代白老师敬复王维嘉先生。唐律规定：“诸夜无故入人家者，笞四十；主人登时杀者，勿论。”顾炎武曰：“人之有私，固情之所不能免矣。故先王

弗为之禁；非惟弗禁，且从而恤之。……合天下之私以成天下之公，此所以为王政也。……世之君子必曰：有公而无私，此后代之美言，非先王之至训也。”黄宗羲曰：“人各得自私，人各得自利”才是理想之社会。

王维嘉：顾、黄之说并非儒家主流，这些关于“私”的论证不是民间所熟悉的叙事。另外承认“私”和认为个人权利有终极正当性还有巨大的差距。特别是“合天下之私为大公”还是用“公”的正当性来论证私。当“私”缺乏终极正当性时，一旦“公”需要，随时可以灭了“私”。

白彤东：吴钩兄是历史的论证（传统儒家有宪政与人权的因素），我自己更多是哲学意义上的规范论证（儒家思想可以有宪政和人权）。简单回答：可以相容，但会有所修正。

吴　钩：讨论中国传统政治是不是皇权专制，话题太大，很容易鸡同鸭讲，各说各话。不如讨论切口细的、可以归结为事实性判断的问题：比如讨论传统中国到底有没有权力制衡结构，有没有物权法，有没有缓刑，有没有社会保障，有没有司法考试，有没有专职、独立的法官。讨论这些可能就不太容易跑题。

王维嘉：同意缩小题目。我的问题是儒家支持个人权利的终极正当性吗？也即：某些权利在任何情形下都不可剥夺。白彤东，如何修正？

王延吉：@王维嘉　您指的个人权利是指什么？是西方强调的物质利益还是作为整体的人的天命？儒家不承认纯粹物质利益的正当性。儒家主张的是指向天命的人的大欲的终极合法性。但儒家并不反对私利，相反还承认这也是天理中的组成部分，它是不支持纯粹靠私利调节的那种自由。因为这种自由指向的是人受欲望的奴役而落入叔本华所构造的钟摆困境。

吴　钩：许多人都以为黄宗羲特现代，其实，我看了几遍《待访录》之后，觉得黄宗羲思想并非创见，而是回归。黄氏反驳过臣子并称的俗见：“夫然谓之臣，其名累变；夫父子固不可变者也。”今人又以为此说是对君父传统的颠覆。其实这是对先秦儒家传统的回归。郭店楚墓竹简记录的儒家文献说君“所以异于父，君臣不相在也，则可已；不悦，可去也；不义而加诸己，弗受也”。

王维嘉：@王延吉　个人权利不是道德范畴的概念，也不能被“私利”这样的概念包含。譬如信仰自由，包括不信儒家的权利。而且不可以被任何更“伟大”

的名义剥夺，不管是国家、社会或“大多数人利益”。儒家支持保护吗？

王延吉：儒家应该没有强迫别人把它作为一个信仰吧，只有为君子勿为小人的告诫。至于个人权利，我倒认为儒家做天理与人欲，大欲与小欲的区别是很必要的。不重视私利的危害性和复杂性，而把它笼统地包含在个人权利中予以无差别地伸张，正是现代性遭遇两种自由困境的主要原因。

白彤东：@王维嘉　您问的如何有言论自由，如何修正，详细的，在我《旧邦新命》的第二、四章。《孟子》中齐宣王说寡人有疾，好色好货。孟子回答，古代圣王有好色好货心，但与百姓分享，这恰恰是他们能成为圣王的原因。先秦儒家恰恰不否定私，而要由私及公。

曲阳竹子：大陆学者已明显意识到权利话语的不足

王维嘉：首先，个人权利绝不仅仅是私利。思想自由是私利吗？以天理灭人欲，以公欲灭私欲已经为极权铺垫好了。谁来代表天理和公欲，当然是掌权的。历史上哪一次极权不是以天理公欲的名义？

王延吉：儒家主张的不是公欲而是在私欲基础上建诸于心的大欲，虽然还是个人欲望，但是是一种完善理性的欲望，天人合一的审美的欲望，这与以公欲为借口行极权之时有天壤之别，尽管专制者往往将儒学扭曲成您说的那个样子。所以我认为儒学当务之急是要恢复其本质的教义，对人民对世界有益的价值。

王维嘉：如果儒家的重构能够赋予个人权利终极正当性而且把公欲的正当性建立在人权正当性的基础上，我双手赞成。但这个重构很难，因为“存天理灭人欲”已经流淌在中国人血液里；再加上法国卢梭的“国民公意”及其衍生物在中国强大的根基。如果儒家要进入正当性论证，只需回答一个问题：儒家学说与个人权利的终极正当性的关系。烦白彤东兄此处简述。

王延吉：您太低估私欲的力量了，它是人的本性中的东西，岂是口号能够打压住的？君不见现在中国上上下下物欲横流，才不关心崇高理想呢。

王维嘉：我再说一遍：人权不是私欲。

王延吉：我从来没说人权就是私欲，但人权和私欲的关系正是西方思想解决不了，儒家思想最精粹的部分。

曲阳竹子：维嘉提出的权利问题，白彤东论证过的，总结来说：1. 为了权利的普适，须允许对“权利”有不同的解读。2. 将权利观“削薄”，成为一个具有“家族相似”的重叠共识。3. 白教授引用了 Tiwald 的话：“也把对权利的诉求当作一个必要的恶。”4. 儒家与这样一个薄版本的权利观相容。5. “儒家的解读是它们不是受益者的可被要求的权利，而是施益者的可被要求和可被强化的义务。”目前对于权利观的解读，我看到比较多的说法是：义务的背面是权利。应该说，白彤东是跳出了这个思路的。另外，我还想推荐一下张千帆教授的《为了人的尊严》，他是想用尊严话语代替权利话语。以上说明，现在的大陆学者，已经明显意识到了权利话语的不足和缺陷，这些不足和缺陷是在自由民主制度下难以解决的，所以他们另辟蹊径，从华夏传统文化中寻找思想资源，以期做得更好。

白彤东：儒家对法治和人权的解释降低了个人主义解释的危害

白彤东：回到儒家与宪政的关系。其实我们真正要关心的问题，是宪政值不值得有；如果值得有，儒家是否可以有。对这两个问题，海外新儒家的答案是值得有也可以有。对可以有这个问题，牟宗三是生生地从儒家里读出了一套康德哲学，并通过诸如“良知坎陷”这种晦涩的概念证明儒家可以开出民主与科学。但这种论证儒家可以包容宪政的做法非常做作，并且让人怀疑把儒家与康德联系起来，儒家真正独特之处还保存有多少？更重要的是，这种解读下的儒家独立的价值还剩多少？因为我们可以问：为什么我们干脆不就去拥抱康德？并且，当代社会价值多元的事实意味着，不是所有人都是康德的信徒。如果必须拥抱康德（或任何特定的哲学家对自由民主基础的理解）我们才能拥抱民主，那就意味着拥抱自由民主的永远是康德或其他什么哲学家的信徒，其人数有限，因此永远得不到一个稳定的心悦诚服的大多数的支持。对此，美国当代哲学家罗尔斯给出了一个漂亮的解答：持不同宗教信仰、哲学观念的人，可以给出他们自己对宪政民主的解读，并以这种解读认可民主（而不必要开出民主），只要我们这种解读有足够的重叠，在民主国家内部的绝大多数人民中间形成所谓重叠共识即可。

对民主的这种“薄版本”的理解，可以同时回应对儒家与民主的相容性（可不可以有民主）的质疑，与对民主本身的可欲性（要不要民主）的质疑。据流行的理解，民主建立在个人主义基础上，强调自利与平等，讲法治，支持自由市场经济；而儒家与这些民主的根本价值格格不入，因为儒家强调集体、利他、等级、德治，并且强调政府干预经济。并且，在看到西方个人至上、物欲横流的恶果，并且认定民主必然建立在对道德的否定、虚无主义、极端个人主义、极端自私之上，有儒者与其他反宪政的人合流，认为民主是不可欲的。但是，这种对自由民主的理解（无论是意图拥抱还是意图拒斥它）甚为粗浅，反映出对当代自由民主理论的极端无知。其实，当代西方很多主流政治哲学家，都对极端个人主义、道德虚无主义等的危害，有深刻的体认，并且发展出了很多对自由民主的诠释与修正。比如罗尔斯的薄版本的民主，就为对民主的不同理解打开了大门。并且他一再强调，他的多元主义不是道德虚无主义，而是坚持每一个人都应该有一套安身立命的体系并认真坚持。他的自由民主的一大基石，是要求人民是“讲理的”“礼尚往来的”。他指出这一要求是道德要求，不是道德中立的或非道德的。人是“讲理的”具体表现之一是为了对他人公平，有时候他要准备好牺牲自己的利益。我想，这正是罗尔斯修正极端个人主义、个人利益至上的一个尝试。

自由民主是个复杂的概念。其中一个因素是人权。无论中西，历史上都有一些对（部分或全体的）人的权利之规定和权利保障，因此当代有些儒家由此而辩称儒家本来就有人权。但是，像当今西方这样广泛而深刻地对人权保障之体制，我认为兴盛于近代晚期，其原因是工业化社会之政府变得过于强大，对个人的威胁日益严重。在此之前，因中央政府常常无法全面有效控制其统辖的地域与人民，政治家与思想家关注的是个人或朋党对公益的侵害。工业化政府通过通讯、铁路等等工具达到的对国家的控制，恐怕是韩非子、秦始皇梦寐以求但同时不敢相信的，中国两千年的“专制”，即使是事实，也是无法与工业化时代的专制媲美的。因此，从私对公的威胁转到对公对私的威胁的关注，我认为，是工业化时代的新问题。在这个意义上，人权保障体制确是西方先建立起来的。但是，这不等于说，儒家意识到这种变化，不会或不想要认可这套体制。孔孟再世，恐怕也会对各种维稳和谐手段坚决反对的。只不过他们给出的道理会不同于西方主流说法。后者的论证是：我们本来都是独立自主的个人，为了去除自然状态中的危害和换取保护，我们加入国家，为此让渡出我们的一些与生俱来的权利。但是，当政府不对我们保护的时候，我们有权伸张自己天生的权利。

这种说法的问题是，并不是所有人（比如儒家）都接受这种自然状态下自由个体的假设。这种论证看似清晰，但是哪些是我们天生的权利，恐怕公说公有理，除了互相敲桌子，很难有解决争议的办法。并且，人权体制下个人主义泛滥，因而有人说权利（right）是用来保卫错误（wrong）的，鼓动人类各种自私与不负责的行为。儒家不会接受上述这种论证，但儒家还是可以通过自己的解读，接受甚至支持人权保障体制的安排。儒家不太讲权利，但是儒家强调义务。义务与权利常常不过是一个硬币的两个侧面。你可以说儿子有被父亲抚养的权利，也可以说父亲有抚养孩子的义务。但是，反对者会说，儒家全是靠德治，靠比如父亲的良好意愿，而权利的保障靠法治。诚然，理想上儒家希望靠道德，但是儒家完全可以将法律诉求当作后备机制（fallback mechanism）接受下来。

又比如言论自由。儒家绝对不会说言论自由至上神圣，但儒家会说良政是最高的善。如果我们加一个经验假设，即自由的言论更可能有助于良政的出现，儒家可以把言论自由当成一个有关良政的次级的善给接受下来。这种去神圣化的说法，还可能说服不视法律为神圣的人。并且，更一般地讲，儒家对法治和人权的解释，减低了个人主义解释带来的危害，因而增强了人权的吸引力。

王延吉：真正的儒者从来不是洁身自好、躲避俗世的性格

李雪原：今天亲儒，前天反儒。儒还是那个儒，国学或狗屎，权力说了算。儒生难道可以不警醒吗？难道不应该与权力保持冷峻的距离吗？

王延吉：按《理想国》说的，僭主何尝不是欲望的奴隶，与他们划清界限不过是做一个高傲的奴隶。儒家知其不可为而为，是要像苏格拉底那样做一只牛虻。

白彤东：维嘉兄和雪原兄所说，我并不同意。极权主义是20世纪的现象，这跟传统政治的中央集权不能同日而语。更重要的是，即使有利用，那么我们亲儒的人就应该洁身自好地走开吗？我觉得这时候要站出来发声，说儒家是干什么的。能交流则交流，不能交流，至少让其他人知道，儒家是这个样子，不是宣传的样子。不要做一个彻底拒绝一个并不是纯黑的政府的道德纯粹主义者。用子路的话说，“欲洁其身，而乱大伦”。

王延吉：真正的儒者从来不是洁身自好、躲避俗世的性格。与其做奴隶的奴隶（一只清高孤傲的流浪狗），不如做一只丧家狗。

王维嘉：我个人非常尊重儒学，没有丝毫否定的意思。在个人修身养性方面没有一个中国人可以不受儒学的影响。我唯一的问题是，进入公域的儒学如何处理人权。我还在细读白彤东老师的文章。

白彤东：下面论述为什么保守主义（包括儒家）可以既强调道德重要，但是又可以接受人权的安排，不会以理杀人。保守主义的一个普遍观念是当在对城邦或国家极为重要的事情中有公私利益冲突时，公共的和国家的利益应该优先于个人利益，而一些特定的道德是每一个公民都应具有的。尽管细节上的解释有所不同，但当今的左派实际上也分享这一观念。关于这一观念的一个问题是：对公共利益和道德强调是否必然意味着保守主义者总是倾向对个人使用无限制的压迫性的力量。一个仔细的考究将展示答案很可能是否定的。

首先，一个保守主义者可以相信道德应该通过习惯和教育、通过每个人灵魂中内在的对理智和至善的爱来逐渐地灌输给每个社会成员。这种培养出来的对道德的热爱可能只是有益的意见而不是真正的知识，但毕竟是建立在教育与一定程度上的自由选择基础上的每一个人自己的意见，而不是一个简单粗暴的强制的一致。一个保守主义者可能想要国家对公民的道德教育负责，但这不必然是倡导自由民主者所不能接受的政治上的压迫性力量。可我们应该如何对待那些已经得到可能的最好的教育，但仍不能或拒绝分担他们所应分担的公民责任呢？保守主义者的答案可能是根据问题的严重性，对那些真正地不能履行他们的公民道德的人应该用国家支持的压迫性的政治力量进行惩罚。惩罚的方式包括：关押、公众舆论谴责、在所涉及的事情与公共利益无关或关系不大的情形下放任自流。关押和公众谴责可能听起来很暴虐，但即使在一个自由民主的制度中，诸如将叛国犯关进监狱，或用公众舆论谴责那些利用法律漏洞来占公众便宜的公司经理们也被看作是正当的。之所以这些压迫性手段听起来是有问题的甚至是可怕的，是因为诸如道德和公益这样的事情常常极为复杂，因此人常常会做错误判断，或被想煽动公众以满足他们自己的卑鄙的或疯狂目标的蛊惑民心的政客所欺骗。

历史上常常是错误的人在惩治他人，或人们被错误地惩治。但这仅仅意味着当不得不做出这种判断时，人们应该非常负责和小心，不要被他们自己或者蛊惑民心的政客所欺骗。人们也应该给他们自己的判决一个合理的怀疑。我们应该有一个公平的过程，比如一个对有关事件的有教养的、知识信息充足的、公开的讨论，在必要知识缺乏下对不同意见的容忍，和一个能纠正错误和补偿被误判的人之痛苦的尽可能的最好的程序。后面这种考虑可以是保守主义者认可法治和“人权”的一个基础。特别是关于人权，一个保守主义者可能不认可每个人都是独立自在的并且有天赋的权利。但是他可能基于防错的考虑接受（有限度的）言论自由、善待嫌疑犯等等。虽然解释不同，在现实操作上保守主义者和个人主义的自由主义者可能持共同意见，从而达到一种“家族相似”。

王维嘉：让儒家与人权相容的努力目前有些牵强

王维嘉：@曲阳竹子　我认为不是儒家学者认识到了权利学说的缺陷，而是他们认识到了儒家在权利方面的缺陷。我非常尊重他们企图让儒家与人权相容的努力。但是目前看来还有些牵强。这种牵强是造成文字晦涩难懂的根本原因。我也支持继续努力一直到能把路边老妪说懂。

王延吉：儒学深层次里的权利学说能弥补西方相关不足。但的确需要继续挖掘与提炼，包括做普及和理顺的努力。

曲阳竹子：谈到对于权利话语的不足和缺陷的认识，应该说，不仅是白彤东这样的儒家学者，而且，张千帆、杨恒均等都是温和的自由主义学者，他们也都有不同层面的认识和论述。儒家学说可能有更好的方案。

白彤东：维嘉兄，我的论证如果有牵强的地方，请指出。并且，我上面的文章里面，也指出了权利学说的缺陷。不过这些缺陷都不是很大。儒家更能指出的自由民主的缺陷，在于这个体制对一人一票的过度依赖。

王延吉：一人一票的风险所在，在于表面自由的人可能是私欲的奴隶，而这样的一人一票看似平等但并不真正平等。看起来是人在投票，实际上是私欲在投票。苏格拉底做了一个几乎令人绝望的预设，四种政治体制最终都被私欲带向深渊，他的结论是不能指望政治体制解决私欲问题。后来的西方思想都试图解决这一问题，但都没有成功，所以我认为儒家的欲望主张可以在这方面做努力。

王维嘉：@白彤东　拜读了两篇文章，主要是下篇。没有全明白，和您讨论，理解错误请指出。1. “儒家不太讲权利，但是儒家强调义务。”这里您似乎是想说：既然是硬币的两面，儒家强调义务就等于强调权利。我的理解对吗？2. 关于言论自由您说儒家把良政作为最高的善，只要言论自由有利于良政就值得保护。这正是我最大的担心：谁来定什么是良政？

白彤东：维嘉兄，关于第一点，您的理解是对的。当然，不是所有义务和权利都能对应。密尔在《功利主义》根据能否对应，区分了完美的义务和不完美的义务。关于第二点，儒家的良政是民本。如果我们接受一个经验性假设，何种政策有利于民众需要公开讨论得以实现，那么，我们就不能让希特勒去决定，而是要诉诸言论自由。关于这一点，我觉得只需要假设，没有完人，或者人的判断会有错。那么我们就不得不让意见得以充分自由的讨论。当然，在紧急的情况下，言论自由要受到限制。这听起来吓人，必须有法律的明确规定。这种规定的重要，儒家可以接受，是因为我们可以把这种规定当作一种防错、防滥用的机制。

王维嘉：@曲阳竹子　权利话语是有不足。其中最大问题是在中国传统中找不到根基。权利的私人利益化并非权利本意，而是由于西方宗教式微造成的权利的两大支撑之一塌陷。由于宗教式微，有人开始试图将权利建立在理性（自利）基础上，这种“权利修正主义”才是各位认为有缺陷的，但它不是本尊。

王延吉：基督教对权利的制约其实还是很有效果的，但它同样不是权利的本尊，这也是为什么后期人们不满足它的状态而出现启蒙的原因，当然正像您所说，启蒙将本不完善的人类理性神化，造成自利的权利异化，其危害比基督教更大，这也是我认为儒家有机会从完全不同的视角介入这一领域的原因。

白彤东：人无完人，和人没有（道德和认知）能力的差别，是两回事儿。贤人治国只需要后者。

王维嘉：@白彤东　您的第一点的含混之处在于权利和义务的对应是指同一主体。同一主体的权利义务是对立的两面。承认一面并不能导出另一面。在您的例子中，父亲和儿子是两个主体，父亲对儿子的抚养义务就是儿子被抚养的权利。这样您就要求所有的权利都有一个另外主体的义务相对应。那么一个人思想自由的权利对应谁的义务？政府允许他思想自由的义务？这不是同义反复吗？关于第二点，如果有了人无完人或者公共政策必须讨论的假设，何必还要“良政”这个多余的假设？其实这个“必须公开讨论”的假设就是权利本身呵。

白彤东：维嘉兄，关于第一点，从我说的儒家原则出发，我们订立法律，规定不尽抚养义务的父亲要受到一系列惩罚。也可以从通常的权利学说出发，不被抚养的儿子可以诉诸自己的权利。这里，只是说法不一样，但是结果是一样的。思想自由的权利，不是从义务的对应导出的。我的书的第四章里讲了，我们可以从天赋权利出发，导出一堆权利。但儒家对权利的变相认可，可能是通过不同渠道的。但是，前者的害处，如我文章中所说，如果你认为的那套天赋权利和我认可的那套天赋权利不一样怎么办？最后就只能敲着桌子对着嚷嚷。

王延吉：这么说吧，儒家认为私欲是第一推动力，而心的存在是第二推动力，第一推动力是人与禽兽共有的，第二推动力是人特有的。

李竞恒：历史上私有制的演化，是相对于公权力而言的。古老的英格兰地产通过长子继承制延续。其延续性不是分家，而是公权无法打破小共同体的延续与继承。孟子反对杨朱，其实是反对原子个体，维护小共同体。小共同体的财产，公权无法剥夺，当然是私有制。小共同体内部，正常情况是有相当共财的，比如你和你老婆就是同财。只有秦律之类的东西，才会强制规定夫妇家人之间异产。

白彤东：人民满意是政权合法性的基础，但是政治决定不能让人民去做

白彤东：公共政策之所以需要充分讨论，因为讨论出来的才是好的政策。这是为什么需要良政假设。讨论不是首要的，好政策是首要的。但是如果讨论是不可避免的手段，它也就因此被 justified。另外，儒家的理想之一是让人们心悦诚服。因此，让人们参与讨论是让他们由衷接受的一步，因此也是需要言论自由。再有，孟子讲天听自我民听，人民是否幸福要他们自己表达。这也需要言论自由。

王维嘉：@白彤东　您这里最大问题就是需要每一项权利都有一个对应的义务提供者。这个假设成立吗？您也说思想自由就不能用义务提供者导出了，那怎么办呢？如果良政被定义为讨论出来的政策，这两者就是一回事啊。因为人们无法判断一个政策是否良政，只能判断是否通过讨论。所以最重要的不是是否良政，而是是否通过讨论。最后我同意天赋人权有问题，因为它的先验性。这才是处理儒学和权利学说的难点。我喜欢您最后的论证：为什么要思想自由？孟子说的！——儒式天赋人权。老百姓一听就明白！

白彤东：维嘉兄，刚刚坐下来。我从来没有说每一项权利都有一个对应的义务承担者。有些权利，儒家是通过义务来论证的。有些权利，比如言论思想自由，儒家用的是其他的方式。并且，我从儒家角度出发的言论自由论证，不是天赋人权式的论证。我给出的论证有三条。第一，士大夫之间言论自由地讨论政策，是制定优良政策的前提。第二，孟子希望人们心悦诚服，所以希望他们能够参与到讨论中来。第三，孟子的民本思想，要以服务人民的福祉为国家的最高要求，这也要求言论自由。这里没有任何通常意义上的天赋人权的论证在里面。那么，你可以批评说，儒家对权利的论证很零散。相对而言，西方近现代哲学的天赋人权的说法，似乎基于一个清晰的预设。比如洛克就说，上帝/自然/理性希望人是如何如何。乍看起来，这很干净利落。但是，我的文章提到的罗尔斯的挑战，在这里，我们就可以问，你洛克凭什么说上帝希望人类如此如此。我觉得上帝希望人类如彼如彼，怎么办？除非一个上帝，千秋万代，一统江湖，这就会导致诸神之争，或者我说的，两个对上帝解读不同的人，最终也就只能对敲桌子。

王维嘉：感谢彤东兄答复。这个问题是如此关键，我还是想进一步准确地理解您的论证。1. 如果您的“权利—义务”配对不是广泛存在，甚至不能涵盖最重要的权利如思想自由信仰自由，那这个论证其实没有意义。2. 关于思想自由的三个论证。如果您拒绝“孟赋人权”，那您的第二、第三点就没有意义，因为我可以说我凭什么听孟子的？这里的问题与您说的英美人权基于上帝是一模一样的问题。现在聚焦在您的第一个论证上。您把良政放在最高目的，自由讨论只是手段，服务于最高目的。挑战的人可以说：自由讨论并不绝对保障出最好政策，真理往往在少数人手中。历史上和今天民主国家由讨论做出的错误决定比比皆是。譬如希腊的高福利道路就是希腊人民讨论出来的并得到大多数人拥护的。当我们明明知道某次自由讨论的结果会导致恶政时怎么办？自由讨论此时还有正当性吗？

白彤东：维嘉兄，第一，对，我给出的儒家权利论证，不是从一个出发点，涵盖所有权利的论证。但我一再强调，这种做法的好处在于乍看起来系统性强。用哲学术语说，从一套先验体系出发，涵盖所有。但我也一再强调，这种论证的问题在于如果拒绝它起点的那些假设，这个论证就无法成立。从一个先验体系看另一个先验体系，经常会觉得对方是疯子，或者危险的。因此，罗尔斯提出来一个极为深刻的问题：如果我们想接受一套普遍的人权，论证它们的先验体系又是多元且不兼容，那么普遍人权何以可能？明白这一点以后，可能您就不会觉得，给出权利的多来源论证，有那么糟糕。当然，如果您希望有一个从一套先验体系出发的论证，也有，牟宗三等海外新儒家就走的这条路。但是，他们的问题就是无法回应我上面提到的罗尔斯的挑战。

回到我给的儒家论证。它不是举例，而是说我们认可的一系列普遍人权，可能出发点不同。义务出发的有一批。如果是这样，怎么能说这么做没意义呢？比如在材料物理，一套方程用在这里，另一套方程用在那里。您能说这些方程没有意义吗？至于思想自由的论证，您当然可以不听孟子的。但是，比起“上帝是这么想的”这样的论证，孟子式的论证，给出的既是出自儒家根本观念，但也是很多人能够明白的，比如心悦诚服的重要，比如民意的重要。没有什么论证可以说服所有人，但至少我理解的儒家论证，更是出自日用常行，“接地气”。是，自由讨论本身不能必然导致良政。它只是良政的必要条件。至于最后的政治决定，比如您所提到的人民拥护的错误决定，恰恰支持了我所解读的儒家的另一个重要想法：人民满意是政权合法性的基础，但是政治决定不能让人民去做。就像里根问选民的，他们过得比四年前好，还是坏，这个要由人民决定。他们觉得过得不好，应该怎么办，这是政治精英的责任。

王维嘉：“天赋人权”的翻译隐含了嫁接本土资源的努力

鲍鹏山：看白先生的“孟赋人权”，很赞成。其实我多年来一直在说庄子的“道赋人权”。庄子的齐物论，并非论证万物等齐，而是论证不同的万物有相同的权利，所以，齐物论其实是齐权论，道在屎溺都是在证明任一个体，都自足完备，故泰山为小秋毫为大。他的一句“万物皆种”，就是道赋人权的宣言。

王延吉：@鲍鹏山　道赋人权只解决权利的合理性，但并没解决人作为万物灵长享受特殊权利的合法性。道只是天理给万物统一的第一推动力，命才是专属人性的第二推动力，这个问题不弄清楚，权利问题仍会陷入两种自由的矛盾之中。

王维嘉：@白彤东　首先如果一套理论在逻辑上无法自洽，或者论述逻辑不一致，这样的理论普通人很难理解，也会在适用时常常遇到问题。譬如您的论证思想自由时遇到的问题。其次由不同先验假设出发的体系结论不同，如果错，一定错在假设而非逻辑。任何理论的基本要求就是逻辑自洽。至于罗尔斯之问完全是因为他把权利建立在道德体系上造成的，而道德又是由多元的文化演化出来的。所以罗尔斯陷入了一个自己挖的坑而不能自拔。至于我个人更愿意看到学者们继续进行“孟赋人权”的努力，这样直接直白，直接跨过一套不自洽因而非常难理解的论证。因为这个论证如果不能简洁明了还不如不论证。今天美国之所以权利话语的问题少就因为大多数人还相信天赋人权。中国只要大多数人服膺孔孟之道，孟赋人权就可以有。当然也可以由“道赋人权”“佛赋人权”“真主赋人权”，大家殊途同归，共同用自己的先验信仰赋予人权终极的正当性。

彭永捷：美国人又不信仰天，哪里会说“天赋人权”。“天赋人权”已经是用中国观念格译西人思想。

王维嘉：@白彤东　您提到的最后决定还是要贤人做才是“儒家宪政”的本质。如果自由讨论与贤人意见相左听谁的？按儒家肯定听贤人的。这里基本否定了自由讨论的终极正当性。

白彤东：我们之所以要维护思想自由，有三个原因，这为什么叫逻辑上不自洽呢？除非这三个原因互相矛盾，你才可以这么说，对吧？我们平时干一件事情可以有不同的、但逻辑上兼容的原因。这比那种什么事情都从一个原因出发，一根筋到底，哪个更好呢？罗尔斯是一代美国大哲。他是大哲有他的道理。你不能太望文生义，随意判断。我说权利与多元性，其实是在发挥他的思想。

王延吉：@王维嘉　看得出来您对西方权利学说的解释也不满意，其实西方权利学说最大的困境就是伯林说的两种自由的矛盾，即任由人的自由意志发展而得的积极自由，最终不能避免对他人权利的侵犯，而道德律令下的消极自由，会时时受到自由意志冲击，而且消极自由之间存在的真空仍会诱使私欲膨胀。

白彤东：我说了，自由讨论是前提。美国自由讨论，不是最后还是要有两院投票？儒家混合政体也可以有自由讨论，然后投票决定。

王维嘉：@彭永捷　是。西人是“God 赋人权”我们翻译为“天赋人权”。其实这个翻译已经隐含了译者先贤们企图嫁接本土资源的努力。

王延吉：所以人的权利想要得到终极正当性的证明，必须对权利本身的内在张力充分解析与释放。

王维嘉：@ 白彤东 代议制保障自由讨论的终极正当性和贤人制有本质不同。如果您的贤人就是民选议员那我们没有分歧。 @ 王延吉 我当然认为西方权利话语有重大缺陷，不论是先验论、效益论、法律实证论还是罗尔斯的道德论。

白彤东：假设你说的对，当代美国主流人权的基础是天赋人权的信仰（这其实很有争议）。那么假设伊朗人民的主体也信仰天赋人权。结果发现耶稣说的（美国）和穆罕默德说的（伊朗）有矛盾，并且不可调和，怎么办呢？那就打吧。如果我们不想走向这样的结局，我们就要警惕天赋式的论证。

鲍鹏山：@ 王延吉 在庄子看来，人或人类并无相对于其他物种的特殊权利。

王延吉：但人的确是对于万物有特殊权利的，因为人的确相较动物有特殊性。庄子与犬儒想要齐物，但这种努力是小众的，大多数人的理性不能理解的。现代人的物质权利不要说比动物，比古人都要高千万倍，但跟谁说让他放弃一点东西，他都要反抗的，这就是人性啊。

鲍鹏山：但这与道赋人权并不矛盾，或者并不构成逻辑断链。耶教也有类似普爱万物的观念，并不妨碍人权的实现，恰恰成为人权理论的宽广基座。

王延吉：同意，其实主张齐物的犬儒在后期发展为斯多葛派，就是我上面所说基督教自洽权利说的思想基础。所以齐物的确可以催生像样的权利理论。

彭永捷：联合国教科文组织关于全球伦理中道德的黄金规则是普遍规则的论证方式，颇可参考。一个规则若是普世的，一定以这种那种的语言存在于一切文明体中。

王延吉：儒家处在自由主义和专制论的夹缝中，要开出一条新路

王延吉：天赋人权实际上就是西方对人权的合理性与合法性融合的一种尝试，一方面人权来自于天，神圣不可侵犯；另一方面，神授予人权，人权必应受到神化道德律令的限制，这就是@ 王维嘉老师所说的基督教人权的自洽，但是由于对人权本身内部张力没有充分解析，而是把它当成一个不可分的基本单位，如此自洽的系

统最终也走向崩溃。

王维嘉：@ 白彤东　我完全同意您说的先验论造成的公婆有理的问题。在一个真正被普遍接受的权利基础论证出来前，退而求其次的方法只能是诉诸各自文化。这就是罗尔斯方案。

白彤东：对，但是我其实是对他有所修正，认为有些论证，接地气，可以成为不同文化之间的重叠共识，也是上面永捷兄所说的，存在于不同文明中的共通语言。儒家的很多论证，其实可以转化成这样的论证。

王维嘉：我曾经和一个埃及大法官探讨过基本人权和伊斯兰法冲突问题。这是困扰伊斯兰世俗国家的最大问题。在埃及，伊斯兰法是宪法的指导原则。他的回答是在法律适用时如果两者冲突，人权优先。

王延吉：所以我觉得王维嘉老师说的问题的确是儒学首要问题，就是开出另一套自洽的权利正当性理论，而在我看来儒家做这方面努力，必须基于对权利内在因素的充分解析。

王维嘉：我非常支持建立一套基于儒学或中国文化的权利学说，但我也非常警惕由于论证的不清晰而造成权利终究是小三而不是正室的危险。

鲍鹏山：我其实想法很简单。第一，说明人权是普世价值，没有什么特色。第二，中国文化与此普世价值并无轩轾，并不妨碍中国的现代化。第一条反特色理论，第二条反一些所谓自由主义者对中国文化不能通向现代化的傲慢与自卑并存的判断。其实这样的自由主义者已经与专制的特色论者坐到一条板凳上了。

白彤东：维嘉兄，我觉得我给出的如今式的论证挺清晰的。但是，清晰和从一个出发点的先验论证，是两回事情。并且，你提到的埃及大法官的例子，其实恰恰很有问题。也就是说，他凭什么让人权优于伊斯兰法呢？

王维嘉：@ 王延吉　您的关于基督教人权的评论精准。现代性之初天主教弥漫坚固没人不信上帝。希腊理性赋予人权合理性；天主教教义限制私欲。当基督教式微，赋权的天没有了，才会想把人权建立在理性基础上，未曾想此举把人权变成了理性的婢女，可以随时蹂躏，直接导致 20 世纪极权主义。人权理性化带来的第二个问题是没有了神律的约束，私利被正当化。所以罗尔斯才企图重建。但“公正”类似道德论证，而道德受制于文化因而滑向相对主义。绕了一大圈还是鸡同鸭讲，还不如各信各的主来得方便。@白彤东　埃及法官没有给出理由。他给我的是一副无奈的表情。

王延吉：其实就像@鲍鹏山 所说的，儒家处在反传统的自由主义和专制论的夹缝之中，需要开出一条新路。其实这处境也与耶稣当年一样，一方面是帝国内部专制压力，另一方面则是古希腊自由思想的强势。耶稣选择了一条基于犹太传统的，借鉴斯多葛主义精华的权利解释，创立了基督教传统，这条道路还是比较成功的，方法上值得儒家复兴借鉴，我们可以做得再细一些。

王维嘉：儒学或中国文化最终要参与到人类大同的论证中去

鲍鹏山：我在反思我们学界对《论语》做的事。我们今天用西方学术规范来做《论语》研究，理性了，规范了，学术化了，其实就是历史化了。但信仰体系的建设，包括信仰源和信仰逻辑，都不大能历史化的。一旦历史化，就如一个澳大利亚学者曾经质问我的：难道孔子没有缺点？而我反唇相讥：难道耶稣没有缺点？问题就在于：人家对待信仰问题包括耶稣，采取的是非历史化理性化策略，而我们对孔子、对《论语》，恰恰是在所谓科学方法学说规范下，用了历史化的方法。一个德国学者在邮件里跟我说：孔子太老实啦，如果他不是创立学派而是教派，装神弄鬼，谁敢说他半个不字？

王延吉：@王维嘉　谢谢您，这件事绝不是一两个人能干的事，需要所有真正同情儒学有意复兴传统文化的人共同的智慧，所以当务之急是消除隔阂，充分讨论核心问题。您所提的权利终极正当性问题我认为就是核心问题所在，其实整个一本《理想国》就是在剖析灵魂的内在结构，也就是给权利正当性背书，可见它是哲学的根本问题，真心希望学者们在这一问题上给予全心的投入。

王维嘉：@王延吉　完全赞同。我进一步认为儒家与权利问题不仅是核心问题而且是唯一问题或"元问题"。这个问题不理顺其他都是一盆糨糊，大家永远掰扯不清楚。这个问题清楚了，后面迎刃而解。@白彤东　拜读了治权在贤的大作。我对这种设计没有基本反对意见。正如您指出美国宪法设计极为在意限制民粹。但这个又开了新话题，和权利学说不直接相关。我唯一的评论是，我们在目前状态下或许还没能力和资格用儒家为世界提供普遍的正当性论证框架。能把中国的事说明白就善莫大焉。

白彤东：让孔子讲道理，这既是对孔子/儒家的传统里有的理解，也是能为不同人群所接受的。如果想让儒家走向世界，就必须让孔子讲道理。

王延吉：@王维嘉　这个问题是所有哲学的立学之本。其实不大同意@鲍鹏山　老师对基督教纯粹信仰体系的评价，我倒认为它是一个类似于哲学的体系，原因就在于它对权利有基于人性的假设和符合理性的分析，耶稣传教并不是装神弄鬼，他从不在信徒面前显露神力（也未必有什么神力）就是证明。所以儒学的前途不是让大家信仰，而是给出一些世界性难题的解决方案。当然，我理解您的出发点是批评所谓科学理性思维，我也同意这种观点，并且认为智慧问题同样是权利问题中不可忽视的课题，但我觉得不应因此而走向全盘否定科学的另一个极端。知识与欲望是人性的两个重要支点，这同样来自于基督教的伊甸园预设。

白彤东：说中国本身的事儿，这是政治家、政治活动家、政论家的事情。我自认为是学哲学的，关心的是普世问题。现在全球各种危机，中国迄今为止，近三十年比较成功，开始有人听中国人说话了。这正是推广儒学的好时机。坦率地讲，我在西方用英语讲我这套东西，比在中国遇到的敌意小多了。

王维嘉：@白彤东　理解，钦佩。儒学或中国文化最终要参与到人类大同的论证中去。

鲍鹏山：@白彤东　我要说的也是要让孔子讲道理，而不是让学者讲学术。基督教在大众中的传播以及收获到的信任（如果还不是信仰的话），就是那些牧师还有很多学者在用讲道理的方法阐释《圣经》，而不是讲科学和学术。

王维嘉：@王延吉　反对理性至上不等于否定科学和理性。没人能否定科学，除了神棍和巫婆。

白彤东：我是把孔子当成类似柏拉图、康德、罗尔斯这样的哲学家的。但是，我并不排斥、其实很支持社会文化的努力。在这种意义上，我觉得儒教（包括去借鉴一贯道的经验、人间佛教的经验）、面对大众读经讲经，我都很支持。

王延吉：@王维嘉　因为所谓道理就是化道为理，让人的理性能够接受，而非仅仅是感性的认同，这也是我为什么强调权利学说必须解决合理性与合法性矛盾的原因。

鲍鹏山：@王延吉　赞成。我是觉得我们在给大众普及和传播儒学这方面做得不够，很多学者热衷于做国家项目，热衷于做帝师希望影响执政者，这也不错。但是，别忘了大众，其实耶教是先影响大众然后执政者作为信徒再影响政治的。我其实也并没有做什么面向大众读经讲经的事，我只是从教育的角度考虑：任何国家的人文教育，必以本国和全人类的文化经典为依托。

意识形态的造反与造反的意识形态

——重读孙中山

董彦斌*

一、意识形态的造反

当儒家作为旧政制的意识形态迈向薄暮，清末的中国在摇摆中等待和塑造新政制，也在等待和塑造新意识形态。

新政制无非是两条路：一条是君宪，一条是民宪（共和），新意识形态的塑造之路，则从社会达尔文主义始。无论是君宪的意识形态，还是民宪的意识形态，都经历了社会达尔文主义的激荡与浸润。〔1〕胡适的名字，正来自社会达尔文主义的名句“物竞天择，适者生存”之“适”字：“在中国屡次战败之后，在庚子辛丑大耻辱之后，这个‘优胜劣败，适者生存’的公式确是一种当头棒喝，给了无数人一种绝大的刺激。几年之中，这种思想像野火一样，延烧着许多少年人的心和血。‘天演’‘物竞’‘淘汰’‘天择’等等术语都渐渐成了报纸文章的熟语，渐渐成了一班爱国志士的‘口头禅’，还有许多人爱用这种名词做自己或儿女的名字，陈炯明不是号竞存吗？我有两个同学，一个叫作孙竞存，一个叫作杨天择。我自己的名

---

* 董彦斌，西南政法大学法学研究所研究员，法学博士。

〔1〕 参见［美］浦嘉珉：《中国与达尔文》，钟永强译，江苏人民出版社2008年版，第229页。

字也是这种风气底下的纪念品。”〔1〕自由主义扛鼎者的名字来自社会达尔文主义的名言，这颇有一种隐喻的味道。

本来，社会达尔文主义的几个主要思想者严复、康有为、梁启超并不赞成天翻地覆的意识形态大转换，也质疑这种大转换的短期成功可能。但他们对社会达尔文主义的推广却实际促成了天翻地覆的转换。冲击首先体现在，社会达尔文主义是一种唯物论的思考方式，而旧的意识形态与天道观念紧密相连。尽管天道观念并非神学，但毕竟有部分神秘色彩，唯物论就破解了这种色彩，使天道降低甚至失去了神秘感和尊严感。蔡元培等指出：“数千年君权、神权之影响，迄今未泯，其与共和思想抵触者颇多。同仁以此建设兹会，以人道主义去君权之专制，以科学知识去神权之迷信。”〔2〕《国民日日报汇编》有“革天”一文，云：“天何言哉，则言天者不得辞其咎也。中国数千年之坐误于此者多矣。今者公理大明，人智增进，将冲决无量之网罗，大索同胞之幸福，而仍遮蔽于此，岂可训欤！甚矣，天之不可以不革也。革天者，非天之所以为革也，有革之在也。天革，而他革乃可言也。”〔3〕“革天”就是本体论上的造反，社会达尔文主义敦促中国从意识形态上革掉了天，也就只能促使中国在应时而变中一路奔跑，而背离了严复等人最初的改良设定。也就是说，社会达尔文主义的中国鼓动者们想推动的是意识形态的改良，最终迎来的却是意识形态的造反。孙文主义，正是意识形态上的集中造反。

孙文本人的确接受社会达尔文主义的影响。在一封早年书信里，孙中山概括自己：“于西学则雅癖达尔文之道，而格致政事亦常浏览。”〔4〕从进化论出发，孙文阐发人类社会发展之道，这种论述，成为他整体话语中不可缺少的部分。〔5〕中国进步，意识形态进步，这才能论证出革命手段与孙文主义的正当性。但须指出的是，孙文接受社会达尔文主义的影响，并不意味着他由社会达尔文主义过渡而来。而是说，中国的知识阶层已经从社会达尔文主义的熏染中生发出革命情绪，而接受

---

〔1〕《四十自述》，欧阳哲生编：《胡适文集》，北京大学出版社1998年版，第70页。

〔2〕《社会改良会宣言》，高平叔编：《蔡元培全集》第2卷，浙江教育出版社1998年版，第137页。

〔3〕张枬、王忍之编：《辛亥革命前十年间时论选集》第1卷，三联书店1960年版，第718页。

〔4〕《复翟理斯函》，《孙中山全集》第1卷，中华书局1981年版，第47页。

〔5〕参见《建国方略》，《孙中山选集》上册，广东人民出版社2006年版，第20页。

了孙文主义。或者说，孙文主义迎合和鼓噪了当时中国社会的革命情绪。

早岁，“孙中山本人因为钦佩太平天国的领袖，也被起了‘洪秀全’的绰号”。[1]孙文自己说：“予自乙酉中法战败之年（1885年），始决倾覆清廷，创建民国之志。由是以学堂为鼓吹之地，借医术为入世之媒，十年如一日。”十年后，他先上书李鸿章，复率兴中会举事广州。所以，“倾覆清廷，创建民国”，这就是孙文主义早期的两大革命出发点，而且也正契合了清末的民间情绪。革命本不是西学的组成部分，政治诉求的战争解决更是人类社会的常用之道，但孙中山的革命诉求，结合了西方现代政治理论，成为具有现代性，同时具有广泛认同性的新信念，满足了各阶层对于现代意识形态的需求与想象。李大钊对早年和中间阶段孙中山这种聚合各种力量的分析颇有道理：“他承接了太平天国民族革命的系统，而把那个时代农业经济所反映出来的帝王思想，以及随着帝国主义进来的宗教迷信，一一淘洗净尽。他整理了许多明季清初流下来以反清复明为基础、后来因为受了帝国主义压迫而渐次扩大着有仇洋色彩的下层结社，使他们渐渐地脱弃农业的宗法的社会的会党的性质而入于国民革命的正轨。他揭破满清以预备立宪、欺骗民众的奸计，使那些实在起于民族解放运动而趋入于立宪运动的民众，不能不渐渐地回头，重新集合于革命旗帜之下。”[2]从李大钊的叙述亦可看出，孙文的主张里熔反清、反满、反专制、共和、民主的各派诉求于一炉，以求“得道多助”。

孙文的理论不乏对于西方民主理论的基本描述，但这些理论一扫近代既往理论的遮遮掩掩，毫不认同清廷统治，而开出新面，显得干净利落，从而颇能吸引时代青年。这就是他所谓的民族、民权、民生。他抓住时代最受人关注但不是最深刻的命题，虽不是极深刻，但极能取得认可。相比之下，“五权宪法”成为孙中山刻意为之的理论制造，刻意呈现其作为中国意识形态的特别性与原创性，显示了意识形态营造者的理论野心：“大家底意思，以为世界各国只有三权宪法，没有听见讲什么五权宪法的，大家觉得这个事情很奇怪，以为兄弟伪造的。但兄弟倡此五权宪

---

〔1〕［美］史扶邻：《孙中山与中国革命的起源》，邱权政等译，中国社会科学出版社1981年版，第21页。

〔2〕李大钊：《孙中山先生在中国民族革命史上之位置》，《六大以前：党的历史材料》，人民出版社1980年版，第422页。

法，实有来历的……奔走余暇，兄弟便从事研究各国政治得失源流，为日后革命成功建设张本。故兄弟亡命各国底时候，尤注重研究各国底宪法，研究所得，创出这个五权宪法。所以五权宪法可谓是我兄弟独创的。”〔1〕

对于“爱国”的宣传是孙文主义的大主题。民族主义不单指汉族，亦指向整体中国。强调汉族是针对反满而言；强调整体中国是针对外来侵略而言。作为政治人物的孙文，在实践中不乏主权问题上的妥协退让之举，尤其表现在当时外蒙古主权的问题上，他对苏联提出的驻军方案相当认同。但他又以举国振起作为鼓动之道：“翳我祖国，以最大之民族，聪明强力，超绝等伦，而沉梦不起，万事堕坏；幸为风潮所激，醒其渴睡，旦夕之间，奋发振强，励精不已，则半事倍功，良非夸嫚。惟夫一群之中，有少数最良在心理能策其群而进之，使最宜之治法适应于吾群，吾群之进步适应于世界，此先知先觉之天职，而吾《民报》所为作也。”不过有意思的是，孙文不能同意按清廷的方式去爱国，也不能同意按照当时同为在野而游于海上的保皇党的主张。孙文批评保皇者们的爱国，认为他们对清廷的拥护，丧失了最基本的民族立场。可见，爱国与爱民族，在他这里常常混谈。他在驳《保皇报》时指出：“彼开口便曰爱国。试问其所爱之国，为大清国乎？抑中华国乎？若所爱之国为大清国，则不当有‘今则驱除异族谓之光复’一语自其口出；若彼所爱之国为中华国，则不当以保皇为爱国之政策，盖保异种而奴中华，非爱国也，实害国也。”〔2〕按照冯自由《革命逸史》的叙述，华侨《大同报》在这个问题上便界限极为鲜明，用了“康徒之毒计”这样极为激烈的话。而《大同报》是深受孙文影响的，是孙文主义的践行者和宣传者。〔3〕至中华革命党成立之时，孙文提出服从领袖：“凡人投身革命党中，以救国救民为己任，当先牺牲一己之自由平等，为国民谋自由平等。故对于党魁则当服从命令，对于国民则当牺牲一己之权利。”〔4〕这里呈现出手段和目的的悖论，如果党内实行绝对服从，如何培养社会

〔1〕《五权宪法》，《孙中山选集》下册，第22页。

〔2〕孙中山：《驳保皇报》，陆曼炎编：《中华民国开国前革命文献》，名山出版公司1944年版，第91页。

〔3〕参见冯自由：《革命逸史》初集，中华书局1981年版，第154页。

〔4〕《为创立中华革命党致南洋同志书》，《孙中山全集》第3卷，第92页。

的民主精神，孙文没有回答这个问题。从后世历史来看，对社会形成戕害最大的，不是古代社会式的专制主义，反而是极权主义。那么，孙文这里的绝对服从领袖的确埋下了近似极权主义的全能主义的伏笔。

本文主要讨论早期的孙文主义。若从整体而言，孙文主义作为革命共和制的意识形态，可按两种标准来界分阶段。第一种界分为北伐前和北伐后。北伐前的孙文主义是诸多竞争性意识形态中的一种，在袁世凯时期同样如此。“文奔走国事三十余年，毕生学力尽萃于斯，精诚无间，百折不回，满清之威力所不能屈，穷途之困苦所不能挠。吾志所向，一往无前，愈挫愈奋，再接再厉，用能鼓动风潮，造成时势。卒赖全国人心之倾向，仁人志士之赞襄，乃得推覆专制，创建共和。”〔1〕北伐后的孙文主义则被国民政府确立为政权意识形态。但是孙文主义作为政权意识形态，与现代民主国家的意识形态有一些不同。孙文主义的内容颇多民主自由的成分，而将孙文主义确立为意识形态且独享尊严的方式则颇类专制主义的做法。孙文主义是以专制的手段确立的民主内容的意识形态，成为统一思想的工具。它的形式与内容无疑是相悖的。第二种界分为联苏前和联苏后。联苏前的孙文主义以建立共和国的革命情绪和民主国家构想为内容，是一个六经注我、万派归流的大统战思路。联苏后的孙文主义增加了许多列宁主义的色彩。〔2〕李大钊评论说：“他经过了长时期矫正盲目的排外仇洋运动，以后更指导着国民革命的力量，集中于很鲜明的反帝国主义的战斗。他接受了代表中国工农阶级利益的共产党员，改组了中国国民党，使国民党注重工农的组织而成为普遍的群众的党，使中国国民运动很密切的与世界革命运动相联结。”〔3〕

在意识形态的造反过程中，孙文主义终于以其实用性和包容性取胜。其实实用性也就是动员性，孙中山总是试图动员大多数的人，早先动员反满，其次以军事化的手段动员党员，复次动员北伐，这种动员固有效果，但也往往背离现代民主精神。包容性亦然，这种包容并非多元主义，亦非言论自由，而是取万物为我所用，

〔1〕《建国方略》，《孙中山选集》上册，第20页。

〔2〕参见《共产国际、联共（布）与中国革命档案资料丛书》第1卷《联共（布）、共产国际与中国国民革命》，第四部分“国民党的党组及其初步成果”，北京图书馆出版社1997年版。

〔3〕李大钊：《孙中山先生在中国民族革命史上之位置》，《六大以前：党的历史材料》，第422页。

带有强烈功利目的。革命是手段，共和是目标，但革命的手段恰好异化了共和的目标。

二、造反的意识形态

尽管孙文的理论中蕴含着对于未来中国的政治理论想象或政治承诺，但孙文对其时代最大的影响仍为造反一条。要除去专制就要除去满族专制，而除去的手段则是铁血革命。由此，孙文及孙文党团的核心人员为造反塑造了新意识形态。

邹容“革命军”之召唤，华章典文，以千年王国式的描绘展现革命造反的功能：“扫除数千年种种之专制政体，脱去数千年种种之奴隶性质，诛绝五百万有奇被毛戴角之满洲种，洗尽二百六十年残惨虐酷之大耻辱，使中国大陆成干净土，黄帝子孙皆华盛顿，则有起死回生，还命反魄，出十八层地狱，升三十三天堂，郁郁勃勃，莽莽苍苍，至尊极高，独一无二，伟大绝伦之一目的，曰‘革命’。”〔1〕无疑，这是诗歌，是宣传鼓动，是千年内几乎无法实现的许诺，似乎在邹容看来，造反一次就能摆脱千年以来的“奴隶”命运，而步入最自由最适意也最诗意的状态，这如果不是一种宗教情绪，就是一种非理性的狂热。但恰好就是邹容式的激情澎湃的革命，成为了孙文主义初期的中国人之需求。革命成为了蕴藉对未来美好想象的箩筐，一切美好的概念、理念和观念都可以装入其中。而实现的手段乃是刀兵相见。只要刀兵相见地去造反，造反之后就迎来了灿烂阳春。

革命者极为强调华夷之辨，以此求得汉族内部最大程度的统战。汪兆铭溯源民族早期，寻找满汉之别，强调二者毫无交集。“满洲与我，族类不同，此我民族所咸知者也。即彼满人。亦不腼然自附，观其开国方略云：‘长白山（在吉林岛拉城东南）之东，有布库哩山，山下有池，曰布勒瑚里，相传有天女三，浴于池，有神鹊衔朱果置季女衣，取而吞之，遂有身，生一男，及长，命以爱新觉罗为姓，名曰布库哩雍顺云云。’是则满族与我，真若风马牛之不相及，无他之问题，可以发

〔1〕 邹容：《革命军》，《中华民国开国前革命文献》，第98-99页。

生。”[1]语言、衣冠、习俗自始不同，这也就消解了满汉之间可能的亲切感。另一方面，从政治上说，而且满族作为“恶劣民族”，建立“恶劣政府”，对汉族更无统治资格。所以，“倾覆现今之恶劣政府，此造端之事业也”。胡汉民说：“以吾多数优养之民族，钳制于少数恶劣民族之下，彼不为我同化，而强我同化于彼，以言其理则不顺，以言其势则不久，是故排满者，为独立计，为救亡计也。以满人创汉之深，故两皆称界必不能平。”[2]

既然逻辑已经到了“倾覆恶劣政府”，那么专制应当是不能被认同的。但在满汉之别的名义下，孙文等人又可以认同汉族历史上的专制。朱元璋的专制主义本登峰造极，以现代自由民主理念来看，实难认同，而孙中山在辛亥之变后祭明太祖文中却说：“国家外患，振古有闻，赵宋末造，代于蒙古，神州陆沉，几及百年。我高皇帝应时崛起，廓清中土，日月重光，河山再造，光复大义，昭示来兹。不幸季世俶扰，国力罢疲。满清乘间入据中夏，嗟我邦人诸父兄弟，迭起迭踣，至于二百六十有八年。呜呼！我高皇帝时怨时恫，亦二百六十有八年也。……迩者以全国军人之同心，士大夫之正议，卒使清室幡然悔悟，于本月十二日宣告退位，从此中华民国完全统一，邦人诸友，享自由之幸福，永永无已，实维我高皇帝光复大义，有以牖启后人，成兹鸿业。文与全国同胞，至于今日，始敢告无罪于我高皇帝，敬于文奉身引退之前，代表国民，贡其欢欣鼓舞之公意，惟我高皇帝实鉴临之。敬告。”[3]这里延续的，是反清复明的剧烈情绪，表明他对于民众的朴素心理，具有某种迎合性。孙中山对洪秀全亦极推崇，正是在光复汉族的主题下，他将朱元璋和洪秀全并提，并反对时人“是朱非洪”。他说：“朱元璋、洪秀全各起自布衣，提三尺剑，驱逐异胡，即位于南京。朱明不数年，奄有汉家故土，传世数百，而皇祀弗衰；洪朝不十余年，及身而亡。无识者特唱种种谬说，是朱非洪，是盖以成功论豪杰也。”[4]朱元璋是古典专制的巅峰，洪秀全则是基督教与农民革命的杂糅，孙文以反满为公约数，可见排满在其心目中的位置。李大钊对此的评论是：“太平

[1] 汪兆铭：《民族的国民》，《辛亥革命前十年间时论选集》第2卷上册，第87页。
[2] 胡汉民：《民报之六大主义》，《中华民国开国前革命文献》，第175页。
[3] 《祭明太祖文》，《孙中山全集》第2卷，第94页。
[4] 《太平天国战史序》，《孙中山全集》第1卷，第258页。

天国的运动，是并合明亡以来‘反清复明’的民族运动，随着外力侵入中国的耶教运动，以及骤变帝国主义政治的、经济的压迫而发生的国民革命运动三大系统，汇注而成的。有明既亡，许多孤臣遗老，亡命南来。在闽粤一带的下层民众，留下了秘密组织，把反清复明的民族思想，深深的撒布在中国民族最深最下的层级，希图保存其种萌，而待时以发育……”〔1〕这一描述符合当时革命党人寻找反满联合体的状态，例如孙中山成功地将如致公堂纳入到联合体之中：“孙总理、郑士良、尤列、陈少白及余等深知彼中情形，故不惜卑躬屈节，先后加盟于洪门团体，即不外迎合洪门前辈自尊自大之心理，避免猜忌，联络感情，庶于大局进行有所裨补耳。”〔2〕

在同仇敌忾之下，反满的革命者们要用枪炮和血汗倾覆清廷，成就其革命的目标：“今之满洲，本塞外东胡，昔在明朝，屡为边患；后乘中国多事，长驱入关，灭我中国，据我政府，迫我汉人为其奴隶，有不从者，杀戮亿万。我汉人为亡国之民者二百六十年于斯！满洲政府穷凶极恶，今已贯盈，义师所指，覆彼政府，还我主权。其满洲汉军人等，如悔悟来降者，免其罪；敢有抵抗，杀无赦！汉人有为满奴以作汉奸者，亦如之。”〔3〕当此，革命党人喊出了“国人皆曰‘杀，杀，杀’”的口号：必杀康有为、梁启超，必杀张之洞，必杀庆祝立宪党，必杀各级官吏之暴者，必杀各监督、兵官之妖者，必杀假新党。〔4〕列出这样一张名单。他们既寻找了最大多数的反满同志，却又与其同志一样，和相关的温和派与满族政权中的汉族既得利益者划清了界限。

三、造反与重建秩序

就在孙文成长的过程中，王韬、郑观应等诸人，俱早已以先知式的敏锐论及宪

---

〔1〕 李大钊：《孙中山先生在中国民族革命史上之位置》，《六大以前：党的历史材料》，第421-422页。

〔2〕 冯自由：《革命逸史》初集，第156页。

〔3〕《中国同盟会革命方略》之“军政府宣言”，《孙中山选集》中册，第183页。

〔4〕 刘道一：《驱满囚必先杀汉奸论》，《辛亥革命前十年间时论选集》第2卷上册，第859页。

法宪政。袁世凯奏请天津试办自治，将自治看作宪政的基础亦具开放姿态："乃者东西立宪诸国，雄长大陆，稽其历史，则地方制度必先乎立宪政治而兴。德之建国，发轫于州会。日本之维新，造端于府县会。选举有定法，议决有定程。人民以被选为荣，斯民德日崇，类能辅官治之所不及。"〔1〕这都是具有欣欣向荣气象的改良和推动进步之举。《清史稿》则载戊戌维新期间清德宗召见袁世凯之谕："国家振兴庶政，兼采西法，诚以为民立政，中西所同，而西法可补我所未及。今士大夫昧于域外之观，辄谓彼中全无条教。不知西政万端，大率主于为民开智慧，裕身家。其精者乃能淑性延寿。生人利益，推扩无遗。朕夙夜孜孜，改图百度，岂为崇尚新奇？乃眷怀赤子，皆上天所畀，祖宗所遗，非悉使之康乐和亲，未为尽职。加以各国环相陵逼，非取人之所长，不能全我之所有。朕用心至苦，而黎庶犹有未知。职由不肖官吏与守旧士夫不能广宣朕意。乃至胥动浮言，小民摇惑惊恐，山谷扶杖之民，有不获闻新政者，朕实为叹恨。今将变法之意，布告天下，使百姓咸喻朕心，共知其君之可恃。上下同心，以成新政，以强中国，朕不胜厚望焉。"（《清史稿·德宗本纪》）清德宗所讲的"兼采西法，诚以民立政，中西所同，而西法可补我所未及"，此中颇有微言大义，他认为官吏与士大夫阶层不能体会其苦心，而民间情绪则过于激烈，难于形成与他的互动。以君主而对大臣如此交代，见清德宗引进现代意识形态以回应新局势，不仅在思考，也在推动。当此时，包括清德宗在内的中国精英阶层对西方宪政到底有多少了解，亦为问题，所以数年后，大臣们考察宪政，实是充实宪政知识，体察宪政实践的开放之举。总需先有对现代合法性的认同，复有对现代合法性的体察，方能按步骤成事。载泽在考察之后上奏折认为："宪法之行，利于国，利于民，而最不利于官，若非公忠谋国之臣，化私心，破成见，则必有多为，则必有多为之说，以荧惑圣听者。盖宪法既立，在外各督抚，在内诸大臣其权必不如往昔之重，其利必不如往日之优，于是设为疑似之词，故作异同之论，以阻挠于无形。彼其心非利有所爱于朝廷也，保一己私权而已，护一己之私利而已。"〔2〕认定立宪乃是利国利民的必由之道，同时也预计到清廷内部的反

〔1〕《北洋大臣袁世凯奏天津试办地方自治情形折》，《清末筹备立宪档案史料》下册，中华书局1979年版，第719页。

〔2〕《奏请宣布立宪密折》，柴德赓等编：《辛亥革命》第4册，上海人民出版社1957年版，第29页。

对之声。而在立宪的语境之内，御史黄瑞麒谈到了法治国与人治国的区分问题：“法治国任法而不任人，人失而法不失，故其国能长治久安。非法治国任人而不任法，人失则法亦失，故常朝治而夕乱。今欲进非法治国为法治国，舍立宪莫由。立宪云者，立宪以统治官吏、人民，使人人皆受治于法，法有权而人无权，故司法为独立机关，而行政官吏但能奉法而行，一有诡失，国家执法以绳其后，人民据法以发其私。”〔1〕这些言论，都表明了清廷立宪官员在宪政理念上的大进步。

但对于这些重构中国政治秩序的大努力，孙文主义者们毫不留情地反对。如果说反对古典君主制，自有其反专制的道理。那么反对立宪君主制，则其理何在，值得探讨。原来他们的出发点是，只要是满族统治，不管是什么样的政体形式，都是绝对不能接受的：“读康有为所著之《最近政见书》。此书乃康有为劝南北美洲华商不可行革命，不可谈革命，不可思革命，只可死心踏地以图保皇立宪，而延长满洲人之国命，续长我汉人之身契。……革命保皇二事，决分两途，如黑白之不能混淆，如东西之不能易位。革命者志在摧满而兴汉，保皇者志在扶满而臣清，事理相反，背道而驰，互相冲突，互相水火，非一日矣。”〔2〕孙文的同盟者致公堂同样表达立场说：“本堂洞悉其奸，不肯附和，遂大触彼党之忌。”〔3〕在这里，一切的西式进步只要贴上了汉奸和满清的标签，就变得虚假、罪恶起来。

当朱执信看到《法律新闻》关于清廷“日悟变法自强之为急务，遂见废科举之快举，其他政刑百度，悉期更新。特为将实施立宪制，而派遣视察大使于各国。载泽一行既已遥集于东京矣，余辈固披沥满腔热情以欢迎之者。亦欲少陈卑见，以资其采择之万一也”的报道时，认为叙述完全错误，清廷不过是“聊乐一日”罢了：“夫谓满洲从外患刺激而悟变法自强之为急务，此一般根本之误也。夫满洲知内乱耳，何只外患？彼之政策，犹是利用列强冲突之政策。彼之目的，犹是聊乐一日之目的也。”〔4〕这也就是说，只能按照自己的逻辑立宪，绝不认同他人的逻辑，

〔1〕《麒御史黄瑞麒奏筹备立宪应统筹全局分年确定办法折》，《清末筹备立宪档案史料》上册，第315-316页。

〔2〕《敬告同乡书》，《孙中山选集》中册，第137-138页。

〔3〕冯自由：《革命逸史》初集，第150页。

〔4〕《驳法律新闻之论清廷立宪》，《朱执信集》上册，中华书局1979年版，第34页。

也绝不相信他人的成功，绝不给他人以机会。

清廷的立宪，乃是重建政治秩序的努力，孙文主义，则中断了这种努力。如此来看，早期的孙文主义，与其说是建筑秩序的意识形态，不如说是推翻秩序的意识形态。正因为有了这样的思维，所以就算孙文坦陈“革命之事，破坏难，建设尤难”〔1〕之后，孙文仍然义无反顾地掀起了1913年的二次革命。相信革命，相信造反，也就是相信自由能够从一次次对秩序的推倒中产生。从这里我们能够看出，早期孙文主义的确是一束矛盾的综合体，而根本上，它和革命的关系更近，而与民主的关系更远。

〔1〕《临时大总统莅参议院致辞》，《参议院议事录·参议院议决案汇编》，北京大学出版社1989年版，第2页。

张艺谋电影的家国叙事与国家想象

曾小明*

张艺谋对“电影应该成为弘扬中华文化最好的载体”〔1〕一直深信不疑，并且在“充分展现中华文化的神韵和充分挖掘电影视听艺术魅力及其二者的融合”〔2〕中进行着积极的尝试与创新，从而使得其成为儒学核心精神的影像传承的又一股中坚力量。从早期艺术电影到商业化类型大片，张艺谋将儒家文化中的家国一体观念从社会治理以及民众生活层面演进为电影中具有视觉冲击力的影像符码，以此来表达他对传统文化的眷念与想象。

一、家国同构的思想传统

传统中国是依血缘关系而建立起来的宗法社会，君臣、父子、夫妇、兄弟、朋友传统五伦成为人与人之间相处的常道，因而梁漱溟将中国文化的基本精神归纳为伦理精神或伦理本位，〔3〕李泽厚也同样指出：“儒学以人性的情感心理之爱作为轴

---

* 曾小明，湖南师范大学文学院讲师，哲学博士。本文系湖南省教育厅课题“刘恒电影剧本与导演电影文本比较研究”阶段性成果。

〔1〕 中国电影家协会编：《笑论英雄》，中国电影出版社2003年版，第119页。

〔2〕 中国电影家协会编：《笑论英雄》，第123页。

〔3〕 梁漱溟：《中国文化要义》，学林出版社1987年版，第80页。

心和基础，来建构社会的一切，由伦理而政治。”〔1〕梁漱溟和李泽厚均一语中的道出了儒家源远流长的家国同构文化观念的形成脉络，符合儒家政治的基本精神，这可以从先秦儒学以及宋明理学中找到明显印证。

作为先秦儒学的开创者孔子，其家国同构观念的形成源于两个方面，一是他以仁释礼、以仁解礼的理论建构，一是他践仁履仁的道德主张。《礼记》就有“夫礼之初，始诸饮食”之说，吕思勉进一步阐释为：“古书中所载的礼，大抵是父系家庭时代的习惯风俗。后世社会组织，迄未改变，所以奉其说为天经地义。”〔2〕可见，礼源于个体走向社群所必须遵守的生活仪式，在历史传承中又上升为社会规范与国家制度，成为统治阶级治理国家、教化人民的一种基本手段。在此基础上，孔子强调“礼”与“仁”的一致性：“一日克己复礼，天下归仁焉。”在这里，“克己”便是“安分守己”，安于本身的伦常关系，父是父，子是子；“复礼”就是要重新建构一种社会秩序。显然，克己复礼所包含的便是从家庭伦理到国家政治伦理这一基本过程，而其实现路径便是“仁者爱人”。人之爱最初在家庭中获得与表达，然后扩展到团体与社会，从血缘之爱扩展到民族、国家之爱，以及天地之爱，这正是“仁者爱人”的内在理路与基本要求。如此，建立在“克己”基础上的“家”与建立在“复礼”基础上的“国”便具有了一条内在的纽带——“仁”。

另一方面，《大学》则将先秦儒家的入世意识概括为“格物、致知、诚意、正心、修身、齐家、治国、平天下”的道德实践序列，具体来说便是：“古之欲明明德于天下者，先治其国；欲治其国者，先齐其家；欲齐其家者，先修其身；欲修其身者，先正其心；欲正其心者，先诚其意；欲诚其意者，先致其知；致知在格物。”〔3〕在这里，十分鲜明地表达出了儒家伦理建构的基本模式，即在由修身齐家到治国平天下的道德实践中实现融家族伦理、国家伦理、社会伦理于一体。家是联结个体与国家的基本纽带，是实现个体人生价值的立足点，又为治国所面临的各种情感互动以及理想实现提供了基本模式。正是因为此，孔子倡导“出则事公卿，入则事父兄”（《论语·子罕》），“迩之事父，远之事君”（《论语·阳货》）的道德

〔1〕李泽厚：《历史本体论·己卯五说》，上海三联书店2003年版，第277页。

〔2〕吕思勉：《中国通史》，中国文史出版社2014年版，第13页。

〔3〕《四书章句集注·大学章句》，中华书局2012年版，第3页。

实践，孝在家便是“齐家”，孝在社会便是“治国”。孟子将其“迩之事父，远之事君”进一步具体为：“道在迩而求诸远，事在易而求诸难。人人亲其亲、长其长而天下平。”〔1〕显然，经过孔孟等先秦儒家的诠释与建构，承担着社会结构作用的血缘关系便与具有普遍效力的社会政治准则得以沟通与转化，从而使得中国古代的“政”“刑”一直和“礼”“德”并行，极大了保证了古代政治对人性的重视与遵循，并使得严格的等级秩序与博爱的人道关怀水乳交融。

众所周知，先秦儒学对家国同构观念做了全面的理论诠释，但是缺乏一个形而上的论证，因而家国之间的贯通显得并不十分圆融。随着儒学的理学化，家国同构观念亦被拉入到“性与天道”的形而上的思辨之中，并获得了终极存在的依据与意义。北宋张载的《西铭》不仅受到程颢、程颐、朱熹等理学家的肯定与称颂，而且受到后来许多学者的推崇，无愧于宋明理学代表之作的称号。张载指出：“乾称父，坤称母；予乾称父，坤称母；予兹藐焉，乃混然中处。故天地之塞，吾其体；天地之帅，吾其性。民，吾同胞；物，吾与也。大君者，吾父母宗子；其大臣，宗子之家相也。尊高年，所以长其长；慈孤弱，所以幼其幼；圣，其合德；贤，其秀也。”〔2〕乾父坤母、民胞物与、宗子家相所表达的不仅是政治领域作为家庭伦理的直接延伸，更是强调在政治领域中，要像血缘关系一样将他人看作真正意义上的“人”，这显然是对先秦儒家“亲亲，尊尊”的一种更为具体的诠释。正如朱汉民所说：“《西铭》凝聚了儒学的精粹，因为它确是非常概括地论述了儒家对宇宙、社会、人生的总的看法。”〔3〕朱熹的理解便是：“盖以乾为父，以坤为母，有生之类，无物不然，所谓理一也。而人物之生，血脉之属，各亲其亲，各子其子，则其分亦安得而不殊哉！一统则万殊，则虽天下一家，中国一人，而不流于兼爱之弊，万殊而一贯，则亲疏异情，贵贱异等，而不牿于为我之私。此西铭之大指也。”〔4〕显然，经过宋明理学家的诠释，家国同构融入到“理一分殊”的哲学思辨体系之中，既是一种现实的社会组织形式，又是一种人文信仰，从而很好地将

〔1〕《四书章句集注·孟子集注卷七》，第287页。
〔2〕《张载集》，章锡琛校，中华书局2010年版，第65页。
〔3〕朱汉民：《宋明理学通论》，湖南教育出版社2000年版，第162页。
〔4〕《张载集》，章锡琛校，第410页。

儒家的世俗性与神圣性、超越性与内在性很好地统一起来。

概而言之，在中华文化融合发展的历史进程中，历代贤哲对儒家经典中的典范人格的叙述与诠释，都是以朝向建立普遍的道德理则为其目的，从而极大地突出了个体人格所蕴含的道德责任与历史使命。无论是孔子、孟子，还是后来历代儒家贤哲，他们所推崇的典范人物周公以及尧、舜，既是家庭伦理生活上的楷模，又是国家政治实践场域中的典范，其双重身份负荷着家国同构的历史使命。在一个以宗法名教为背景的传统社会结构中，随着血缘关系中的家庭伦理在政治生活领域的渗透，家国一体成为中国人的思维方式与价值观念，塑造着中华民族的文化心理结构。家国意识成为历代士大夫的身份认定与精神信仰，正是基于这一文化心理结构所产生的崇高行为的杰出典范。儒家一直主张伦理主体以积极的精神去实现和谐的社会关系，使得“个体”“家”在社会群体中“安身”。

二、张氏电影的家国叙事

毫无疑义，儒学文化精神不仅仅指向人心，其在满足历代士大夫普遍具有的个体意识、形上思辨等精神需求的同时，始终保持着对国家政权的遵循与依附，因而势必造成建立在“仁者爱人”基础上的礼仪秩序在历史传承中蜕变为压抑、钳制人性的社会规范。正如李泽厚所说，孔子所创立的一套文化思想“在长久的中国社会中，已无孔不入地渗透在广大人们的观念、行为、习俗、信仰、思维方式、情感状态之中，自觉或不自觉地成为人们处理各种事务、关系和生活的指导原则和基本方针，亦即构成了这个民族的某种共同的心理状态和性格特征。值得重视的是，它由思想理路已积淀和转化为一种文化——心理结构”，[1] 家国一体的文化观念在群体日常生活中的渗透与蔓延，积极地参与着“艺术积淀”和民族心理塑造，既根深蒂固地制约着电影创作者的创作冲动又引领着电影观众的欣赏趣味与审美心理定势。张艺谋就直言不讳：“中华文化对我的影响，包括中国人的精神和情感，

---

〔1〕 李泽厚：《中国思想史论》上，安徽文艺出版社1999年版，第39页。

都是最根本的。因为我是百分之百的中国人，我的电影也一样。”〔1〕同时，他还多次指出：“我拍电影，首先希望能从一个通俗的角度讲一个故事。让观众喜欢看，让观众理解，能看懂。但我还是希望这故事能有思想，能有想象力和内涵。我最欣赏的是两者能很好地结合，这样的作品最好。”〔2〕张艺谋在对儒家文化的深刻领悟中，确实找到了一种“让观众理解，能看懂”的艺术表达方式，那便是秉承道德伦理剧的叙事传统，巧妙地进行“家”与“国”的置换。

纵观张艺谋的创作，其家国叙事主要表现在三个方面。首先表现在国对家的挤压，通过“君君、臣臣、父父、子子”伦理束缚中的女性苦难命运的书写，表达着编导者反封建的沉重主题。《菊豆》中“祖上的老规矩”，《大红灯笼高高挂》中的“府上的规矩”，都是国家赋予男人统治女性权力的“钦定文书”。在影片《菊豆》中，杨金山去世，杨家长者“按祖上的老规矩，金山死后，菊豆不准改嫁，守妇道，保贞洁”，继续着对菊豆的权威统治。在影片《大红灯笼高高挂》中，“府上的规矩”成为推进影片叙事的力量，颂莲发疯、梅珊绞死、卓云阴损，无一不是陈府规矩下的变异产物。尤其是雁儿之死的情节，富有深意，丫环雁儿在房中偷挂灯笼来完成对男权想象性的依附与占有，颂莲却以“府上的规矩”为由给予雁儿致命的打击，并得到了大太太“照老规矩办”的认可与鼓励，雁儿因为以丫环的身份梦想陈老爷的宠幸而最终惨死在陈府的“规矩”之中。与《菊豆》《大红灯笼高高挂》相呼应的是《满城尽带黄金甲》，王不断强调“规矩”，在“君为臣纲”与“夫为妻纲”的规矩中，王后服着王“规矩”下的毒药。如此，家的“规矩”与国的“规矩”在张艺谋的电影中获得了呼应与统一，“规矩”让人不断得以异化，正如李学勤所说：“在整个封建社会中，礼一直是束缚和压制人民的一种力量，特别是宋明理学家所鼓吹的礼制，或称礼教，成为广大人民的精神上的桎梏。”〔3〕毫无疑义，反对、批判“规矩”成为其家国叙事的内在情感力量，《菊

---

〔1〕［美］伯特·卡杜罗：《超越第五代：张艺谋访谈》，《世界导演对话录》，龚心怡译，世界图书出版公司2015年版，第243页。

〔2〕张会军、孙欣主编：《我的电影人生·张艺谋访谈录之三》，《电影创作者访谈录》第1辑，中国电影出版社2009年版，第26页。

〔3〕李学勤：《古代的礼制与宗法》，董琨汇编：《中国古代文化史讲座》，广西师范大学出版社2009年版，第108页。

豆》中的菊豆何去何从，《大红灯笼高高挂》中的颂莲，女性悲剧命运的循环反复，昭示着重建新型家庭伦理关系以及寻求全新生命价值的必要性。

其次，张艺谋通过“拯救者”形象的艺术设计，表达着国家伦理情感向家庭伦理情感的回归，从而形成了其独特的家国叙事模式。国家的畸变与动乱自然带来家庭的离散与解体，在家与国走向对立的状态中，温馨的家庭伦理情感成为缺乏人情味的国家伦理政治的美好想象。《我的父亲母亲》《活着》《山楂树之恋》《归来》等影片中，大跃进、反右以及“文革”等政治运动成为国家形象的影像符码，其对家庭成员的冲击以及家庭悲剧的指向带有一定程度的负面建构。《我的父亲母亲》中遭受政治运动迫害的“我”父亲，《山楂树之恋》中被打成右派的静秋母亲，《活着》中经历众多政治运动如同惊弓之鸟的福贵，《归来》中在“文革”中失忆的陆焉识妻子，他们都在美好的家庭伦理情感中获得庇护。显然，与观众心灵得以沟通的中国家庭最为动人的伦理情感，缓解了国家层面上的政治运动所带来的身心伤害，并成为他们走出悲剧命运的力量源泉，从而肯定了家庭天伦之乐对于现代人心灵的拯救意义。值得指出的是，在家与国的对立中，张艺谋并不是为了凸显对国家的控诉与批判，而是通过艺术化的矛盾冲突来表达其对民族文化传统中的家族亲情伦理的捍卫与坚守，正如张会军所说：“张艺谋从对历史和国家的反思，从对民族和文化的反思，开始对人性和情感的反思。”[1] 主人公充满危机的生活状态在美好的伦理情感中获得转变的叙事动机就是引起大众对异化的国家伦理政治的思考，并希望其在本真人性与美好情感中获得净化与提升，在伦理具有政治的强制性同时亦渴望政治具有伦理的情理性。

再次，张艺谋采用家国同一的极端化叙事策略，将中国传统文化中家国同构观念通过王室家庭争权夺利的影像化呈现，客观地再现着家庭伦理情感在国家权利角逐中的丧失与异化，表达着编导者对家庭伦理与国家政治缝合与对接的思考。影片《满城尽带黄金甲》取材自中国文学名著《雷雨》，随着“父王”成为《雷雨》中老爷周朴园的历史再现，一个普通的封建家庭的悲欢离合就被置换成王室家庭的猜疑、乱伦与谋杀的悲剧故事，从而体现出张艺谋对家国叙事的偏爱。毫无疑义，

[1] 张会军：《风格创造·张艺谋电影创作论》，中国电影出版社2010年版，第212页。

"父王"是"父"与"王"的结合，决定"父"身份的是他们的血缘关系，而决定"王"身份的是帝国时代的礼治与法治，张艺谋将"父"的身份置换成"父王"的身份，凝聚着其对家国叙事模式的一贯思考。从《红高粱》到《菊豆》再到《大红灯笼高高挂》，杨金山式的父亲趋向的都是文化意义上身份的呈现与隐喻，其生理身份受到不同程度的忽略与遮蔽，而"父王"这一身份的书写与认定，承载着文化与生理双重身份的象征，表达着家国命运休戚与共、唇齿相依关系的价值诉求。在《满城尽带黄金甲》中，王控制着国家与家庭，既为父子又为君臣相争始于"父王"对杰王子的教诲："朕驱驾前来，就是要你记住，你以前犯的过错，天地万物，朕赐给你，才是你的，朕不给，你不能抢。"而王后的命运在象征家国规矩与王的绝对意志的"服药"中不断走向恶化，并试图通过政变来改变其不利地位，杰王子参与政变不是为了王位而仅仅是为了使得母亲摆脱父亲"服药"的规矩，最终三个王子惨死，家的破碎与国的动乱构成同一过程的两个方面，这显然是对《大学》"一家仁，一国兴仁；一家让，一国兴让；一人贪戾，一国作乱"〔1〕的最为具体的影像化解读。

李泽厚在《孔子再评价》中指出："孔子的政治经济主张是既竭力维护氏族统治体系的上下尊卑的等级秩序，又强调这个体制所仍然留存的原始民主和原始人道，坚决反对过分的、残暴的、赤裸裸的压迫与剥削。"〔2〕一直以电影的形式对传统文化和国家历史进行反思的张艺谋，正是基于对传统文化精神的准确把握，将"上下尊卑的等级秩序"与"原始民主和原始人道"的历史矛盾上升为叙事策略，自觉地将个人、家庭和国家紧密联系起来，以家喻国，以国观家，以影像的方式诠释着传统的家国同构观念。

三、张氏电影中的家国想象

张艺谋以其对国家、对民族、对历史的责任感与使命感，一如既往地"想

〔1〕《四书章句集注·大学章句》，第9页。
〔2〕李泽厚：《中国思想史论》上，第28页。

表现民族精神自强不息”，表达着对传统文化迷恋的同时亦有选择性地批判了传统文化，正如张会军所说：“在张艺谋的电影影像中，不难看出他始终在固守宣传我们国家特有的民族特质，试图展示我们国家更多的历史和文化，这是他最令人敬佩的一点。”[1] 张艺谋以其视听奇观与对国家历史、传统文化迷恋的主题重建起大众对中国电影的关注与信心，促发了大众对历史文化反思的同时又充满了对国家美好形象的期望与建构，同时又“极大地满足了西方对中国的好奇，对中国的文化的想象。他们正是在电影的影像中理解了中国历史和文化的丰富性、生动性和复杂性”。[2] 显然，张艺谋本着对中国传统文化的眷恋与热爱，从而引发了国人乃至外族对中华文化的关注与思考，是以其美好的家国想象为最终目的。

张艺谋在回忆其导演处女作《红高粱》创作成因时指出：“造成我们民族精神萎缩的原因之一是穷，所谓‘人穷志短，马瘦毛长’。而我偏要在影片里把人的志气往高里提。咱们穷归穷，可人穷志不能短，往全世界几百个民族跟前一站，精神气儿得搁在那儿！……《红高粱》实际上是我创造的一个理想的精神世界。我之所以把它拍得轰轰烈烈、张张扬扬，就是想展示一种痛快淋漓的人生态度，表达‘人活一口气，树活一张皮’这样一个拙直浅显的道理。对于当今的中国人来讲，这种生命态度是很需要的。”[3] 显然，张艺谋从导演《红高粱》开始，就十分关注“民族精神萎缩的原因”，并且试图以此来完成对国家形象的建构。在《我的父亲母亲》中，这个“理想的精神世界”在美好的家庭伦理情感中而变得格外的具体。毫无疑义，儒家温馨的伦理情感既是世俗层面的生活准则，又是精神层面的人文信仰，从而上升为温暖中国人民的普世价值。影片分为现实与历史两个时空，分别以黑白和彩色来进行表现：黑白部分是现实时空下的葬礼故事，是沉痛的怀念和对死者的眷念；而彩色部分是对父亲与母亲美丽爱情的回忆，“就是你作为孩子的时候，对自己父母亲年轻时候的印象”。[4] 显然，

---

[1] 张会军：《风格创造·张艺谋电影创作论》，第 20 页。
[2] 张会军：《风格创造·张艺谋电影创作论》，第 19 页。
[3] 罗雪莹：《回望纯真年代：中国著名电影导演访谈录》，学苑出版社 2008 年版，第 360 页。
[4] 张会军：《风格创造·张艺谋电影创作论》，第 64 页。

张艺谋缘于“对亲情很多眷念之情”的创作激情与冲动，将其演绎成含蓄、忠诚、不离不弃的富有“中国味道的恋爱故事”，就是为了表达出对人类纯真情感的渴望与讴歌。影片通过单纯的、朴素的美丽情感展示，将大众带进仁义礼智信的儒家伦理情感的真切感受当中，并因此实现引领大众对国家正面形象的美好想象。

如果说《红高粱》《我的父亲母亲》等影片因为个体情感表达的含蓄，很难引起大众对国家形象的积极想象，那么《活着》却是有意地将大众引导到对国家形象建构当中去。张艺谋认为余华小说《活着》“有一种站得很高看人生命运的感觉”，并将其提炼为改编该小说的创作理念，改编后的《活着》增强了“大跃进”和“文革”等时代背景因素，福贵一家的遭遇和时代背景有了密切关联，时代感的加强无非是将一家的苦难放到整个国家命运走向的大背景中来展示，完美地实现了张艺谋所渴望的“小背景、小命运和大背景、大命运的交融”，家的荣辱盛衰被裹挟到国家此起彼伏的政治运动之中，通过个人承受这一个个不堪忍受的遭遇来完成中国人所持有的豁达、坚韧、负重的人生观的美好想象。福贵“在社会大的时代变迁中，在社会大的政治动荡中，他无能为力，无以应对，苦难屡屡降临在他头上，但是，他坚强地活下去，就是想活得更好”。[1] 正如他对儿子有庆以及对外孙的理想教育：“咱们的日子就越来越好，你看啊，咱们家现在也就是一只小鸡，鸡养大了就变成了鹅，鹅养大了就变成了羊，羊再养大了就变成了牛啦，牛以后便是共产主义啦。就天天吃饺子，天天吃肉了。”从对家的美好追求巧妙过渡到对国家共产主义的畅想，而这种“想活得更好”以及“牛以后便是共产主义啦”的家国想象均源于亲人间的温馨情感。柔顺的家珍承袭着中国传统的贤妻良母的女性形象，以其纯真的情感与丈夫承受并化解来自死亡的凌厉打击以及社会政治运动中的惶惑不安，从而使得人物的沧桑、家庭的变迁、国家的动荡三者相互交织糅合，生活蕴藏着永恒的希望完成了对家、国的美好想象。

毫无疑义，张艺谋电影中的家国想象最为明显的表达体现在《英雄》中秦王形象的颠覆性改变之中。影片《英雄》创作的初衷就是通过个人情欲、英雄气魄

---

〔1〕 张会军：《风格创造——张艺谋电影创作论》，第174页。

和国家民族情感之间纠葛的展示，"把外在的武侠的打斗衍化成内心深处对天下和平的一种忧虑、一种情怀"。[1] 在"浪漫、柔情，歌颂着天下、土地、自然、人情"[2] 而充满远古、沧桑、幽野音乐之中，侠客无名转述着放下私仇的残剑对秦王的理解与尊重："残剑说，七国连年混战，使人民受苦，唯有大王才能结束战乱，残剑希望为了天下，放弃刺杀大王，他跟我说，一个人的痛苦，与天下人比便不是痛苦；赵国与秦国的仇恨，放到天下，也不再是仇恨！"在这里，以"一个人"与"天下人"做对比，凸显了残剑、无名"以天下为己任"的侠义精神，完成了"天下一家"的影像化呈现。随着"宁舍小我"的残剑、无名等侠客放下"刺秦"，延续在《红高粱》《菊豆》《大红灯笼高高挂》等影片中的"弑父"情结在《英雄》中获得了释怀，历史中专制、独裁、残酷的暴君形象被"仁者爱人"这一伟大而崇高的文化形象所取代。显然，从暴君到忧患天下的圣君这一文化身份的改变，承载着张艺谋仁爱、宽容、勇敢、自信等美好的伦理情感诉求与家国想象。正如张艺谋所说："我希望西方人能在电影中看到东方的武侠历史和精神，电影表现除了打得美，打得矫健之外，还会看到武侠里面有一种道义和尊严。"[3] 这种"道义和尊严"既是个人的，又是国家的，指向的便是"天下和平"这一主题，而这一主题正是通过折服英雄的英雄秦王来体现。

概而言之，经典诠释本身就是一种继承与发扬，历代贤哲均以不同的方式诠释着家国同构这一文化理念，从而使得这一理念沉淀为国人集体无意识心理。随着新兴媒介的兴起，电影已经成为具有大量观众的媒介，在观众中产生了深远的影响，不仅成为大众生活的镜像，更是大众生活的关照。张艺谋以影像的形式参与了对中国思想文化独特性与连续性的思考，力求把握到中国文化恒长生命力所在，"让走向世界的中国文明有了更为具体的形象展露"。[4] 张艺谋本着对保证中华文化独特性与连续性的伦理文化的独特理解与把握，遵循家国同构的叙事逻辑，通过视觉形象以参与者与引导者的双重身份重构着民众的记忆，与现实生活构成了一种共生

[1] 中国电影家协会编：《笑论英雄》，第 175 页。
[2] 中国电影家协会编：《笑论英雄》，第 174 页。
[3] 张会军主编：《形式追索与视觉创造——张艺谋电影创作研究》，第 74 页。
[4] 尹晓丽：《儒家文化传统与中国电影民族品性的构成》，北京师范大学出版社 2011 年版，第 5 页。

互观的比照关系，使得观众在轻松愉悦的娱乐中获得对家族血缘关系重温、认同与建构的审美愉悦，并又在集体无意识中完成了从家到国的转换，不断强化着对“己所不欲，勿施于人”以及“老吾老以及人之老，幼吾幼以及人之幼”的道德实践中所催生的家国同构观念的认同。

儒家心学路线下礼法学基础的重建

——评宋大琦著《明儒礼法学的心性论基础及其现代启示》

杨万江*

宋大琦博士是一位人生经历丰富，并对儒学的可能性充满开放态度和持续思考的探索者。他曾历经艰难，完成了借助程朱理学构造儒家礼法学理论的著作《程朱礼法学研究》（山东人民出版社2009年版）。时隔数年，在这本《明儒礼法学的心性论基础及其现代启示》（安徽人民出版社2014年版）的新书中，他突然开始批判自己前一书中论述颇力的程朱理学，并试图从阳明心学的路线为新的礼法学重建基础。这个转变过程自然不能认为是一个人从博士读到博士后的知识增长结果。它关涉一系列对儒学与宋明儒家的再评估，以及理论认识和学术追求的基本指向。当他把程朱理学及其"天理循环"论理解为一种类似黑格尔那样用绝对精神或绝对理性演绎世界的历史过程时，这就暗含着程朱理学作为一种理性霸权的体系乃是注定要被解构和推翻的预设。他接续写作这本新书，是这个预设通过明儒心学对宋儒理学的批判性视角得以展开和实现的途径而已。这一点，可以从该书大多数章节念念不忘断定明代心学家们把道德根据从宋儒的"先验道德律令"拉回到内心经验的表达中看出来。在此"背景"上，假使能够从明儒心学的进路下探得某些建设新礼法学的思想资源，并开辟一条把礼法学奠基于儒家心学而非程朱理学的道路，那自然是令人欢欣鼓舞的事情了。

---

* 杨万江，民间儒家学者，《新诸子论坛学刊》编委。

一、何为“现代性”：拒斥形而上学和理性霸权？

当打开这本书的序言，会看到一种颇具后现代色彩的哲学批判。按照他的理解，“去形而上学、去威权主义，日益表现出更加明显的个人主义”，乃是“现代性的基石”。（第3页）那种笼罩性的形而上学体系，无处不在的理性霸权，对基于个体价值的“自由、平等、民主、人权”构成了压制和障碍，而一个主体性挺立、乃至四六不认的个体及其相互之间的交往，构成一切现代性叙事的基础。作者把他这本书的意义，定位于“引导读者沿着先贤的足迹（主要是以明儒为主的心性论传统）自然而然地探寻出一条通往现代性的道路”，“说明儒学中有现代性基因，或者说儒学今天在推动社会前进上仍有可为”。（第4页）换句话说，作者认为，儒家心学，特别是明代阳明学，本身即主张那样一种被其描述为拒斥形而上学，反对理性霸权的个人主义现代性传统。他甚至宣称，如果这不过只是对西方思想的“强行嫁接，那么本文在学术上毫无意义”。

也许，评论应当从审查该书所论是否如其所是开始。但是，在进入作者预设的思想模式之前，有必要澄清什么是“现代性”，以及一种合理的“现代性”概念应当如何被运用于思想史研究。在本文作者看来，拒斥形而上学和理性霸权与其说是现代性的基本特征，不如说是后现代思想的某种症候。把“后现代性”转用于现代性叙事及其思想史研究，制造了儒学研究不应当有的复杂性。[1]

尽管构造一种有别于西方的“中国现代性”概念是儒学研究的一个有意思的话题，但即便按照该书所依循的西方学术传统下的“现代性”概念，现代性仍然不能被理解为在个体价值上拒斥形而上学和理性霸权。西方现代性无疑是从欧洲中世纪封建社会的转型中形成起来的。从中世纪教会的精神垄断，到宗教改革实现个体与上帝的直接沟通，开辟了以人类理性及其全部能力去发现和追求上帝在自然和人类生活世界中的真理，进而出现理性精神高涨下的科学革命和知识增长。以理性

〔1〕 笔者认为，提出“中国现代性”的必要性在于，中国与欧洲存在非常不一样的社会历史背景。这使中国学者在把西方现代性理论挪用于中国历史研究时，经常左支右绌，凿枘于史实和学理。

发现的人类自然法则重建人类的思想及其政治社会制度，导致了启蒙运动及其自然法传统下的自由民主政治和社会生活的合理化。由此进一步出现知识和理性运用于经济生活而产生工业革命，并随着科技进步和经济生活形态的不断改善迈向了当代世界。这个历史过程的方方面面具有何种基本特性，即是在学术上称之为“现代性”的概念。显然，宗教改革、启蒙运动、文艺复兴、科学和工业革命，乃至自由民主政治等都建立在对人类理性能力的肯定及其知识和法则的自觉运用之上。即便是宗教改革，都并非反对宗教本身，而不过是从迷信教会对真理的垄断，转向类似东方的儒学这样，让每个人靠自己的能力和理性去发现上天在世界和人类生活中的真理（天理），以“下学而上达”。借助天赋人权的观念，现代性申述人权及其自由、平等和博爱的价值，借助自然法则及其人类理性的价值，现代性申述知识、道德和法治、合理的政治民主及其经济社会生活。

在经历19世纪的社会差别冲突、共产主义的兴衰和20世纪两次世界大战之后，西方现代性开始反思人类理性的局限和理性工具主义的泛滥所带来的困惑。西方思想家们认为，对人类理性的崇拜及其理性的傲慢最终导致了计划经济，各种具有理性逻辑体系的意识形态及其生活制度要求普遍性地推之于世界而导致了理性背后的霸权及其两次世界大战的灾难性战争。申述理性的谦卑及其对理性霸权的批判，以及对资本主义产生的一系列精神的、心理的和社会失衡问题的失望，出现了各种批判和解构现代性及其用理性逻辑体系构造形而上学的后现代性主义思潮。反思启蒙理性，成为人们关注的话题。但是，这仍然并不足以让人们放弃理性和基于理性的人类生活制度。无论是试图处理多元理性共存的罗尔斯“政治自由主义”，还是哈贝马斯的“交往理性”，他们都把人类秩序的形成建立在一个尽管充分尊重个体自由及其生存情节但仍然需要公共理性和交往理性的基础之上。理性并非一切皆坏。个体在理性中获得知识和生活秩序，乃是人类文明的一大基础特征和能力。理性也并非就等同于笼罩一切的逻辑体系对人类生活蹩脚的钳制和抽象，它仍然可以有个体理性之间的对抗、协调以及在人类秩序中利用理性申述主体权利和自由的价值。这个巨大的可能性，是那些以“反对理性霸权”的名义把人类理性的价值一笔勾销的人所看不到的宝贵空间和学术生长点。在西方，罗尔斯和哈贝马斯的理论展现了这样的前景，同样，笔者的“新古典儒学”也展现了这样的前景。由此可见，现代性叙事是一涵义丰富的历史过程。用拒斥形而上学和理性霸权来定义现代性，这在学术上并不恰当。

我们需要引入一个历史的视角，并明确我们的任务不是追逐西方思想的时髦和潮流，而是什么样的思想和传统能够解决我们的问题。当我们把某些概念运用于思想史研究，不同的概念涵义会严重影响我们对历史中人类思想意义和价值的理解，并进一步影响人们对思想史线索及其政治和观念生成的认识。当理性精神的高涨不被认为是现代性产生的一个前提而被说成障碍，那么，我们将无法理解和看到知识、自然法则，以及基于理性发现之原则的现代性价值将如何产生和存在，也无法说明现代性将如何从儒家自身传统的内在可能性中产生出来。比如，如果切断一切神圣根源和形上世界，在西方，你将无法理解“天赋人权”的观念以及在现代性中的根基意义；在中国，切断人性与天命的关联，你也将无法理解儒家申述的人性论如何有力支撑了人的天命价值自持及其相关的政治社会安排，乃至根本无法理解即便是明代的心学家们也仍然从未真正放弃儒家“达天德而成圣”的修养传统及其精神超越追求的基本义理。

二、明儒心学路线能够为现代性贡献什么样的“启示”？

该书的主要任务是论证和彰显明代心学家们如何为一个被今天称为“现代性”的事业贡献了何种基于儒学传统的思想前奏和资源。在前文说明作者的现代性概念实际多为后现代性观念后，也许我们已经不太可能指望该书对恰当描述中国思想传统的现代性问题提供合理的分析和发掘。但是，无论该书存在多少理解的偏差和需要商榷的问题，假使我们能够从它对明代心学惊险的描述及其学术冒险中找到一种新的指向，并对一种合理的现代诉求构成支持，我们就有理由对该书的学术工作表达尊重和敬意。

按照作者的陈述，该书的论述意图是把明代心学理解和阐释成为一个从王阳明“心即理”实现的价值内转及其对外部理性法则的拒斥，到阳明后学不断地寻找良知的内涵，并最后在刘宗周“心物同构”“即本体即功夫”的总结性理论和黄宗羲开创性的新礼法学思想下获得完成和开新。这其间经历的过程非常曲折和惊险。心学家们出现良知是不假修炼的现成（王畿），还是需千锤百炼的功夫方能形成（钱德洪）的争辩，申述人人先天具备完整的良知，“满街都是圣人”而不再有任何自己之外的权威（泰州学派），或者认为良知是一种修炼中去体会的神秘本体而近禅，到最后干脆把人心的情欲直接等同天理，进而反对任何礼教和道学（李贽）。这都被视为明代心学在儒家价值基础的反外在性权威的伟大思想冒险中，从内转到崩溃和跌落，再到重建过程中的有趣故事而已。作者谈论问题的侧重，主要不是心学家们的思想是什么，而是它意味着什么，意义何在？

这里有必要锁定这个思想史叙事在理论上的几个主要关节。亦即，王阳明心学之于儒家新方向具有何种可以被期待的可能性？阳明后学历经曲折和冒险而最终成型的刘宗周理论，如何可以奠定新礼法学的价值基础？黄宗羲开创的新外王如何是以心学路线的理论探索为基础的？这些问题需要获得清晰的论证。

作者认为，相对于朱子，王阳明心学之于礼法学的重要意义，在于把人的价值根源从朱子的“性即理”，转向“心即理”，从而实现了把人的价值根据建立在个体内心可以自我把握而非何种外部理性法则的基础上，挺立和高扬了人的主体性。这个说法或许不够准确，因为朱子在“理一分殊”观下正是要确立人之作为人，个体作为“分殊”的独特个体之自有道理的价值和主体性。它是我之为我的所以然和所当然。它内在于自身，而非外在于个体。它不是某种外部理性法则主宰的价值给予性，不是有什么人可以操纵这样的外部理性釜底抽薪，收走或毁灭个体的价值。孟子早就指出：“人人有贵于己者，弗思耳。人之所贵者，非良贵也。赵孟之所贵，赵孟能贱之。”这是价值自具而非外烁的道理。在这一点上，朱王之区别实非价值依据之内外，甚至亦非个体价值是否在人心可以自我把握和澄明。朱王区别的关键，是自我价值的依据到底是客观的，还是主观的。朱子理论无论是居“虚灵不昧”之心而“持敬”的自我体会，还是以“心中之理”对世界和自我“格物致知”来建立对人的认识，这都是对价值实存性和客观性的体会和确认。“持敬”或“居敬”（“涵养须用敬”）是尊重人的价值态度的确立。“格物致知”到的人及其价值，则是一种价值理性的确立。从“惟人万物之灵”的价值认识，到个体独特性的价值认识，这都有非常确定的价值客观性。但在王阳明，“心即理”的观念，意味着人之为人，我之为我的价值之理，乃是我心呈现下的一个结果。它的价值性是靠良知发用于事物而自然出现的内心感受。一个人有其价值，乃是因为我的良知灵明自然会把这个人判断为是有其价值的人。良知不仅指引了我的判断，而且也是一切存在的基础。我心之内，一个藐视人的错误判断，要么会使判断者良心不安，要么就须“存理去欲”让被遮蔽的本心“良知发见”。如此，良心保证了一个并非随意的价值之知。在心学家们看来，一个人只要内心持有自我价值的判断和义气，也就不会被外部任何势力的诋毁和压制所折倒。

把刘宗周学说视为以阳明心学为宗，兼收朱子的理论，无疑是一个很有气魄的学术抱负。作者认为，刘宗周在某些层面上回到朱子并将其整合进心学系统，最终拯救了心学路线。在作者看来，这种理论无疑是对此前现成派和功夫派的一个综合和超越。按照该书的理解，刘宗周理论的意义，是他通过“心物同构”的理论，既解决了理派忽视人心主观方面而“向外求索”的问题，也解决了心派脱离事物“直指本心”所带来的空疏和任意。即便是在修养论领域内，“即本体即功夫”的说法也不那么借助于先验价值的设定。一个从这样的路径去看待问题的儒学，使价值和知识离开了先验的根源而走向一种更加“现代性”的方向，从而，明代心学从王阳明良知学历经艰险而最终在刘宗周的理论上获得圆熟，并具备为一种像黄宗羲那样的新礼法之产生提供宽泛意义之基础的能力。

看起来，这是一个把心学路线如何能够为政治哲学做点什么的努力“说通”了的思想史研究。笔者感兴趣的或许不是刘宗周们如何拯救了濒于精神泡沫的儒家心学，以及与朱子学之间由来已久、聚讼不已的争辩。而是，刘宗周的思路是否能对深化程朱以来的儒学思想做出贡献，以及该书看重的新礼法学的价值基础在心学路线上是否已然形成。该书对刘宗周的描述提出了许多很有价值的观点。尽管它缺乏更进一步的说明、展开和论证，但是，我们已然能够通过这样的思想史叙事，看到儒家心学处理实际问题的可能性。如果说一个“心中有意，意中有知，知中有物”的心学开始言之有“物”了，那么，它会对这个世界及其人类生活建立什么样的道德、知识及其价值观呢？“心物同构”的思路是否会指向一种类似现象学的方法去理解“知”的能力，以及“知识”是如何在人心之中被构造出来的呢？如果道德在刘宗周这里不再只是心善而发用，以为事之善，那么，道德行为是否和如何建立合乎事物道理的规范性讲究？最后，我们该如何来看待“即本体即功夫”

之于礼法学价值基础的意义？它能提供一种稳定可预见的价值列示，以使礼法学足以在某种客观价值基础上建立可公正诉讼的程序理性和实体理性，乃至更加宽广的政治和社会制度吗？这似乎都意犹未尽，有待探讨。

必须指出，试图把刘宗周说成是一个拒斥形而上学及其超验价值根源的人，未免不符其思想事实。在心学路线如何能够支持某种个体价值观问题上，作者声称“阳明学的个体主义特征”（第168页），但在学理上讲，良知是个体性的，还是普遍性的？在第三章第二节中，刘宗周“独”的观念在该书得到专门列示，我们看到作者似乎没有抓住机会去说明心学家如何建立了个体价值观的理论。所谓“圣学本心，惟心本天，维玄维默，体乎太虚，因所不见，是名曰独”。所谓“名曰独，其为何物乎？本无一物之中而物物具焉，此至善之所统会也。致知在格物，格此而已。独者，物之本，而慎独者，格之始事也”。所谓“独之外；别无本体；慎独之外，别无工夫”。所谓“独中具有喜怒哀乐。四者，即仁、义、礼、智之别名”。（第200页）这不正是一种个体价值观的陈述吗？这几句话表达了承袭朱子“理一分殊”观念（“本无一物之中而物物具焉”）的个体，作为从本源而受的实体之“独”（第一句），乃是“格物致知”的认知主体（第二句），是修养的主体（第三句），也是一个仁、义、礼、智的制度秩序所依据的价值主体（第四句）。一个自我人心的重要性被强调和凸显的个体，看上去也是一个自由的主体。

该书作者试图把黄宗羲的政治思想视为从明代心学路线走出来的一条“从哲学革命到制度革命”的治平道路，并为建立一条儒家心学的现代性道路提供思想史支持。作者写道：“黄宗羲的政治哲学形上贯形下，内圣开外王，在坚持儒学核心价值和理学基本思维方式的情况下完成了对程朱天理三纲体系的更新。其过程可以分三步来研究。第一步：什么是理，按即工夫即本体的思维，这里面同时包含着真理如何可能（认识和实践）的问题；第二步：当下的真理（分殊的理，正义标准，价值的历史性、适宜性的制度原则）；第三步：正义的制度。”（第222页）按照该书梳理的思路，黄宗羲继承其师刘宗周，在哲学上重申“理气”一元，归“理”入“气之有则”者，“心即气之灵处”。当说“心体流行，其流行而有条理者即性也”，“理不可见，见之于气，性不可见，见之于心”，这等于是认为“理是气存在的可把握性”。把“理”视为“心对气之世界的把握方式”，是“黄宗羲的创新性贡献”。在黄宗羲这里，“理不是先验俱全于心中，而是靠工夫所至，工夫到哪里，理就明确到哪里，同时心体也就建设到哪里”。这种从心中来把握事物之理的主张，乃是“明儒三百年心学认识自然所至之结果。其所探讨仍在程朱的天理循环大框架下。但其所关心之理范围比程朱狭隘得多，淡化宇宙，突出人生。这也是明儒心派的普遍特点”（第228页）。

在这样一种哲学之下，“天理发生了转型”：“由求‘真’（客观性）转移向求‘理’（实践理性），由朱熹的先验客观性变成了黄宗羲的主体间性。”在他看来，“朱熹的天理是‘宇宙之间一理而已，张之为三纲，纪之为五常’，也就是说，三纲五常是先验的客观定律，人只能遵从的命运。而黄宗羲的天理是气化流行到此处的定在或工夫所至之本体，用现代哲学的话来说就是‘实践创造真理’……黄宗羲的理偏于内在、现世、经验……即在各个主体的气质欲望之间建立的公共理性，它既不同于朱熹的单方面强调客观性、普遍性，也不同于李贽的一味肆张主体性、个别性。在政治哲学上，黄宗羲的理表现为权利平等但限制自由竞争的、即伦理即功利的基本原则，其比朱熹的不变之天理具有革命性，比心学现成派的任其自然有建设性”（第228-229页）。

从对黄宗羲哲学的叙述，到上述结论，我们不清楚这一系列判断和结论是如何可能的。它缺乏严谨的学理论证，有太多阐释者自己的发挥和引申。但是，尽管理论的内在逻辑尚不清楚，但把黄宗羲描述成一个革命性的现代思想家，却仍然大体符合黄宗羲在《明夷待访录》等政治著作中的卓越表现。在那里，“人各自利，人各自私”，而又“兴公利，除公害”的政治公共性逻辑成为被推崇的政府和国家理论。天子独断的权威让位于“公其是非于天下”的公共理性和议会式“学校”制度的设立。政治性分权治理的思想超越了数千年行政性分权的传统观念。权力政治的基本性质，被表述为“天下为主，君为客”。政治看起来更加贴近一个知识精英集团可以制度性地而非只是道义性地抗衡皇权，从而人民变得更有安全和福利的儒家理想。笔者认为，我们可以承认，来自心学的影响或许会使黄宗羲选择更加不在乎外部权威的思想和政治结构，心学家们凸显的人心自由问题或多或少地影响着儒学家对僵化秩序的不满和批评，但黄宗羲政治理论的真正源流，与其说在学理上跟心学路线有多少直接联系，不如说是朱子“理一分殊”下“自有道理”的个体之间，如何寻求“公共底道理”，这样一种清晰的思想逻辑在政治哲学上的进一步展开和落实。纠缠于理气论问题上的形上学争议及其朱黄之别，反而掩盖了新思想的真正根源及其朱子开创性的思想大背景对黄宗羲政治理论形成的孕育关系。如果研究者们并不能在学理上揭示心学的何种理论对政治哲学的直接影响，那么，思想史的研究和政治哲学的源流，就可能并不总是像何种学案的划分那样，泾渭分明地表现为某种派别差异。

从人的价值依赖先验性、超验性根源的儒学，转进到一种更加经验性的可以被认知的历史性来重新解释价值依据，进而由此理解思想史如何发生了从“三纲五常”的僵化到黄宗羲汹涌澎湃的“民主”思想的儒学，这无疑是一项试图跟何种现代性之特定理解联系起来的学术工作。但这既不是现代性的必要条件，也不是现代性的必然结果。价值的经验性依与价值的先验性根源并不总是矛盾和冲突的。亦如孟子从小孩落井，人皆恻隐对道德心的经验论证，并不影响其奉持人性根源追溯观念中的天命价值观。如果一位后世思想家，看起来使知识和道德在经验层面的理论更加凸显了，但这未必在学理上能够说明某种特指的现代性观念正在发生。向中国思想史寻求某种后现代观念的学术冒险，是这本书最大的特征。它的成功和失败都不是最重要的，重要的是那些人们熟悉的思想在新的观察角度上产生的意义空间，会带给人们新的思考和启示，能够打开你的视野，激发你的思维。而这，大概算是该书最大的贡献吧。

怀念马积高教授

张军德*

我于1983年在湖南师大中文系毕业即考上本系古典文学专业研究生，攻读硕士学位，马积高教授是我的指导教师。关于马积高教授的生平、行状及学术成就等，师弟廖可斌君评述颇详，[1]在此不赘。但有关马积高教授的几件往事，令我难以忘怀。

马积高教授身材比较高大魁梧，头发稀疏霜白，说话时带有浓重的衡阳口音。他在与人打招呼或交谈时，常面带微笑，态度和蔼可亲，我几乎从未看见过他发脾气。一次，马积高教授去外地参加一个赋学研讨会，有几个研究生随同前往。由于组委会工作人员的疏忽，接待人员误将马积高教授安排在学生宿舍，与几个研究生同住一室。看到年迈的马积高教授行动诸多不便，随行的几个研究生都感到不平，要去组委会为马积高教授争取一个单间住宿。这时，马积高教授连忙拦住他们说："莫去，莫去，夫子之道，忠恕而已。"

马积高教授平时很少生气，我所见到的例外情况仅有一次。那是1980年师大进行区人大代表选举。由于校方擅自改动参选代表的得票数额而引发了学生的抗议行动，史称"十九运动"。后来，中文系七七级学生毕业分配时，有一位品学兼优的学生被教授们推荐留校任教。但因为他曾经参加过"十九运动"而被校方拒绝。马积高教授为此向校方慷慨陈情，希望校方同意这位优秀学生留校任教。由于众所

---

* 张军德，湖南师范大学和文化研究所客座教授。

〔1〕 见马积高：《风雨楼晚年诗钞》，跋，岳麓书社2007年版。

周知的原因，最终还是未能如愿。马积高教授愤而辞去了中文系系主任的职务，以示不满。从马积高教授的身上，我看到了当年北大校长蔡元培先生那样的爱护学生的仁厚之心与刚正不阿的国士风骨。

马积高教授在教学上循循善诱，他常对我们说，读研主要是思维方法的训练。研究文学一定要将研究对象放在古今中外的宏观背景下来考察，确立其坐标，这样才能看得清楚。在方法上要打通研究，要从跨学科、多学科的角度来考察研究对象，力求全面、准确地把握研究对象，尤其要克服主观主义和本本主义。他还说，你们初学写作学术论文时，要力求口子小（题目），肚子大（内容），先练习写短文，循序渐进。马积高教授的谆谆教诲，言犹在耳，使我终身受益匪浅。

马积高教授很重视对学生的基本功训练。有一次，他让我们做旧体诗绝句作业。我胡乱做了三首绝句呈上：

咏松

薰风吹送解严冬，杨柳桃花春意浓。
阅尽四时凉与暖，岁寒三友爱青松。

无题

墙里开花墙外香，只缘德赛隔围墙。
开门迎得先生入，满园春色自芬芳。

咏竹

飒飒秋声月上迟，千条万叶斗霜姿。
蝶蜂只解桃花好，不识西风劲节枝。

后来，马积高教授阅后在我的作业本上批曰：“立意平平，然格律尚工稳。”

马积高教授常教导我们治学要有“独立之精神，自由之思想”，要坚持实事求是的治学原则。这也是马积高教授自己“知行合一”的真实写照。

1961 年，马积高教授发表了他的第一篇学术论文《从金圣叹谈起》。当时的学术空气谈不上宽松。“农民起义是推动历史前进的动力”的主流历史观不容置疑。在大专院校里，衡量经过反右运动后的知识分子的政治态度也是以对待农民起义的态度来划线。马积高教授却认为“研究中国古代作家和文学理论批评家，不能只看他对农民起义的态度，而应从多方面考察”。他进而指出“对金圣叹就应一分为二，应给予重新评价”。马积高教授说：“就他（金圣叹）对《水浒》的批评来看，金圣叹也表现出他的思想和文学见解都有进步的一面，特别是批语中某些精湛的艺术分析，超过了他以前与同时的小说批评家。”这些观点虽然正确，显然不合时宜。后来，这些观点果然获罪，马积高教授因此而受到了批判。在“文革”中，这使他受到了更为严厉的批判和打击。后来，马积高教授不无感慨地说：“如果说政治上的专制在特定的历史条件下还有其存在的理由，那么文化上的专制在任何情况下都没有存在的理由。”〔1〕

随着改革开放以来经济的快速发展，也带来了生态破坏和环境污染等种种弊端。一些学者就提出了“天人合一”说，试图以此来平衡人与生态环境之间的关系。这种愿望是良好的。但马积高教授认为，笼统地提“天人合一”说并不准确，例如，以对“天”的看法不同分，有上帝的意志即人间的准则的天人合一说，有某种所谓宇宙终极法则（道、理、气化……）即人类社会法则的天人合一说，其间相通之处往往亦即相类之处，只是强调的方面或有不同；有神（有人格意志的主宰神）与无神的界限有时亦较模糊。马积高教授还将理论表现形式不同的几种天人合一说分别归纳如下：“（1）毫无隐讳的上帝意志即人类生活准则说，以及由之演变的天人交感说。这是较为原始粗糙的一种，《诗》《书》所载及墨子天志说属之。(2）天人之道皆以自然为宗说，这是道家的天人合一说。(3）以阴阳八卦的变化绾合天、人的天人合一说，这是《易传》的观点，扬雄《太玄》、司马光《潜虚》、邵雍《皇极经世》皆其演变。(4）以阴阳五行的变化绾合天、人的天人合一说，这是阴阳五行家的观点。（5）以性善说绾合天、人的天人合一说，这是儒家思、孟一派的思想，后来的理学家大体沿用其思路发展，然亦吸收《周易》的阴阳变化之论，其间又有以性理贯通天人和以气或心贯通天人之别。此外尚有其

---

〔1〕 马积高：《从金圣叹谈起》，《湖南文学》1961年第10期。

他说法（如王充以气、命贯通天人等），然影响较大的是以上五种。”马积高教授肯定了“天人合一”说在中国历史上曾起过一定的积极作用后指出：“必须看到，所谓天人合一并不是人与自然界的关系的科学的认识和说明，而只是从天、人间相通相类那一部分事实出发所做的玄想或神秘幻想的推衍。”与“天人合一”说相比较，马积高教授更重视荀子提出的“天人相分”说。他认为荀子提出的“天人相分”说较接近于天人统一观。为此，他专门撰写了《荀学源流》专著，并直言不讳地说：“写这本小书的目的是要给炒得过热的天人合一说泼一点冷水，为天人相分说争一点存在的空间。”〔1〕

2004 年以来，构建和谐社会的提法在社会上蔚为风气，但收效甚微。马积高教授认为，要真正达到人与人之间、人与社会之间、人与自然之间的和谐统一与协调发展的社会状态，必须在制度上深化改革。如果没有这个前提条件而孤立地呼吁构建和谐社会，实难奏效。他在古体诗歌《近今五百年歌》中写道：“……共荣共富恨未及，民生民智已改观。虽改观，强弱悬，南北东西不同情，异国殊群有炎寒。奋者争伸孱者绌，沉迷苟且多愁怨。嗟夫！人言天人本合一，又言和合为道之真诠。吾尝放眼观当世，稽史览遗编。曾未见天人相与若符契，但见相依亦相干。太古猛兽毒蛇常噬人，只今耕作伐碧山。残天无度人之愚，任天无为人早殚。人以群分利害殊，和合之道益多艰。民族仇，阶级斗，至今血迹尚斑斑。大同之世吾所求，前路盘旋待跻攀。未来千载期太平，别异万世恐难刊。和合信美孤难行，珠玉堪赏不可餐！”从这首诗歌中，我们可以看到马积高教授具有像屈原一样的忧国忧民、心怀天下的赤子情怀，也可以看到他对历史与现实的深刻认识与殷切期盼。

2005 年，温家宝总理在看望钱学森的时候，钱老感慨地说：“这么多年培养的学生，还没哪一个的学术成就，能够跟民国时期培养的大师相比。”钱老接着又发问：“为什么我们的学校总是培养不出杰出的人才？”这就是著名的“钱学森之问”。这个问题确实是关于中国教育事业发展的一道艰深命题，需要我们全社会来共同破解。

马积高教授虽然已经离开了我们，但他的高大形象值得我们永远怀念。

---

〔1〕 马积高：《荀学源流》，上海古籍出版社 2000 年版。

编后记

本辑《原道》起个大早，赶个晚集，但终于和读者诸君见面了。

2015 年是《原道》的第 21 个年头。按照古礼，《原道》早已加冠，事实上承蒙各界朋友厚爱，我们的确收获了一些口碑和声誉；根据今法，《原道》刚够法定婚龄，因而也具有一些后青春期的表征，我们的作者和编辑队伍趋向年轻化。年轻，意味着可能性，同时也有年轻的不确定性。我们这一年大力推出的新人新作，未必皆属精品；就连我们年初设想的一年四辑出版频次，也由于种种原因而步履踉跄。好在 2015 年已经过去了，我们有收获，也有沉思。未来的发展，我们将和同仁一道，走得更加平和而坚定。

2015 年也是香港回归的第 18 个年头。18 岁的“一国两制”实践和香港基本法，连同重回祖国怀抱的 18 岁的新香港，更加像一个青春期的孩子：富有朝气，又怀叛逆。近年来的央港博弈，表面上看如同青春期遇上更年期的亲子关系，实质上却蕴含着国家建构的近代治理主题，因而格外牵动人心，包括多年来矢志求解国家建构与国族建构命题的《原道》。因此，本辑《原道》以“香港基本法与国家建构”为题组织专题研讨，并邀请到香港问题研究青年才俊、北京航空航天大学田飞龙博士担任专题组稿人兼特约责编。在田飞龙博士的精心组织下，本辑专题荟萃香港和内地 8 位基本法研究专家学者和青年新锐，组成了一席丰盛的智识盛宴。而且，本席盛宴未曾开动，就已经香飘甚远，引起多方关切，必欲先睹而后快，阅后而称之曰“可”。因此，我们可以肯定，本辑专题对于各方理解和把握“香港基本法与国家建构”问题将多有裨益。

本辑专题组稿之外的各篇稿件也值得关注。“思想与学术”板块中，本刊主编陈明先生奉献了近年来反复运思的有关“国家之发生、国族之建构以及帝国之转型”大块文章，而且仅为上篇，既与本辑专题相呼应，又平添悬念。王开元、赵浩、朱仁金三位博士有关先秦知人思想、冯友兰道德行为观和朱光潜悲剧美学论的文章，则从真、善、美的不同角度观照了人的问题。

“读书与评论”版块中，白彤东、王维嘉、鲍鹏山等不同派别学者在微信畅聊儒家权利观念及其他，不乏思想火花与观点碰撞。董彦斌对孙中山的重读，为明年预期到来的“孙中山热”贡献了冷思考。曾小明揭示了张艺谋电影中的家国叙事与想象，也是对本辑专题的预流。杨万江的书评与张军德的散文，一阅书，一阅人，文书之间，儒家情怀与担当涌动。

照例需要交代的是，本辑不少稿件在编辑过程中有所删节，读者若觉意犹未尽，责任不在作者而在编辑部；作者必定有所遗憾，尚期体谅编者苦衷。

由于《原道》28 辑已经先于本辑出版，最后的预告变得可有可无，但我们还是希望借此机会，感谢各位新老朋友关心，并期待大家更多关注与支持。

2015 年已经过去了，我们很怀念。

投稿邮箱：yuandao1994@ 163. com；

讨论网址：www. yuandao. com

微信公号：原道（yuandao_ rujia）

QQ 交流群：308299147

图书在版编目（CIP）数据

原道．第 27 辑／陈明主编．—北京：东方出版社，2015.8
ISBN 978-7-5060-8905-0

Ⅰ．①原…　Ⅱ．①陈…　Ⅲ．①文史哲—中国—文集　Ⅳ．①C53

中国版本图书馆 CIP 数据核字（2016）第 023466 号

原道：第 27 辑
（YUANDAO：DI27JI）

主　　编：陈　明　朱汉民
责任编辑：冯文丹
出　　版：东方出版社
发　　行：人民东方出版传媒有限公司
地　　址：北京市东城区朝阳门内大街 166 号
邮政编码：100706
印　　刷：北京京都六环印刷厂
版　　次：2016 年 1 月第 1 版
印　　次：2016 年 1 月第 1 次印刷
开　　本：710 毫米×1000 毫米　1/16
印　　张：19.5
字　　数：305 千字
书　　号：ISBN 978-7-5060-8905-0
定　　价：50.00 元
发行电话：（010）64258117　64258115　64258112